Götter-, Götzen- und Gralstempel

Dieses Buch ist dem alten Orden gewidmet,
der einst dafür eintrat,
alle Heiligtümer zu schützen,
jedweder Religion und jedweder spirituellen Ausprägung.

Clemens H. Zerling

Götter-, Götzen- und Gralstempel

Kultplätze in Deutschland

Ein Führer zu magisch-mystischen Orten

Herausgegeben von
Wolfgang Bauer

AT Verlag

Die in die Kapitel eingefügten Sagentexte
wurden durch das Lektorat
teilweise sprachlich angepasst.

AT Verlag, Aarau, Schweiz
Fotos: sofern nicht anders vermerkt C. Zerling, Berlin
Umschlagabbildung: Kyffhäuser, Barbarossa-Denkmal
Lektorat: Eva Zwahlen, Langnau a.A.
Satzerstellung/Lithos: Atelier Bachmann, Merlischachen
Druck und Bindearbeiten: Kösel, Kempten
Printed in Germany

ISBN 3-85502-724-2

INHALTSVERZEICHNIS

VORWORT

Jedes Buch hat seine Geschichte. So auch dieses. Der Autor war vier Jahre alt, als ihn sein Onkel, ein Heimatforscher, mit auf Feldforschung nahm. Der Onkel suchte keltische und germanische Fliehburgen. Dabei hörte der Junge zum ersten Male von dem Volk der Sigambrer, das seine Heimat im Bergischen Land (Nordrhein-Westfalen) einst bewohnt hatte, und von ihrem geheimnisvollen Heiligtum Tanfana, das bislang noch niemand entdecken konnte. Der Onkel glaubte auch nicht, dass es sich jemals finden lasse. Damals nahm sich der Vierjährige vor, Tanfana aufzuspüren, sobald er erwachsen wäre ...

21 Kapitel führen zu großen, wichtigen und interessanten Kultplätzen und Heiligtümern. Dorthin, wo man nicht nur dem Göttlichen opferte, die Orakel befragte, bedeutende Tote begrub, Recht sprach, über wichtige Ereignisse abstimmte und (mit oder ohne Ritus) ausgelassene Feste feierte, sondern auch sein Heil suchte und den Willen Gottes durch mystische Versenkung ergründen wollte. Dorthin also, wo man ihm zu Ehren großartige Kunstwerke schuf, Geisteswissenschaft betrieb und lehrte. Und wo man – nicht zuletzt dadurch – Geschichte schrieb und Geschichte machte. Bei all dem waren die Menschen immer zugleich auf der Suche nach dem Sinn und Ziel der Schöpfung, nach der Ursache allen Leids und den Möglichkeiten der Erlösung. Die Suche nach Hilfe wurde zur Suche nach Gott.

An diese Tradition möchte dieses Buch anknüpfen. Jedes Kapitel verfolgt den »Geist des Ortes« an den diversen Kultplätzen, das Bewusstsein und Wesen seiner inneren Lebenskraft, die sich Ausdruck verschaffen, sich offenbaren wollen. Damit begeben wir uns ebenso auf die Spuren Gottes, seiner Aspekte und »Entäußerungen«. Ein unvoreingenommener Leser vermag die Welt dabei mit anderen Augen zu sehen, gewissermaßen mit »größeren Augen«.

Beispielhaft sind die ausgewählten »Orte der Offenbarung«, weil sie etwas von dem Respekt, der Verehrung und sogar der Zuneigung zu wecken vermögen, die ihnen zustehen. Sie sind ein besonderer Teil der Natur, die uns mehr als die Grundlagen unserer physischen Existenz liefert – sofern wir ihr nicht die Möglichkeiten dazu verbauen. Wir selbst haben es in der Hand, ob wir die Welt als pure Ressource ansehen wollen oder als ein ganzheitliches Heiligtum.

EINLEITUNG

Tausend Namen, tausend Gesichter, tausend Orte – ein Gott

»Wenn die Menschen von ihm als dem Vater und der Quelle aller Wesen sprechen, nennen sie ihn Bacchus; nennen sie aber den Namen Herkules, so bezeichnen sie damit das Unermüdliche und Unbesiegbare an ihm; und in der Betrachtung seines Denkens, seines Ausmaßes, seiner Ordnung und Weisheit in seinem Tun nennen sie ihn Merkur; sodass, wie immer sie ihn auch ansehen mögen und in welche Namen sie ihre Meinung auch kleiden, sie dabei doch nie verfehlen, ihn zu finden, denn er ist überall und füllt sein eigenes Werk vollständig aus. Würde sich ein Mann von Seneca Geld leihen und dann sagen, dass er es dem Annaeus oder dem Lucius schulde, wird er auf diese Weise wohl den Namen ändern, aber nicht seinen Gläubiger ...«

(Lucius Annaeus Seneca, ca.4 v. Chr. bis 65 n. Chr)

Einer oder viele? Oder die Vielfalt des Einen?

Das wissenschaftliche Bild über die Menschen der Frühzeit unterliegt in den letzten Jahrzehnten einem steten und tiefen Wandel. »Nicht der Neandertaler war primitiv«, so die Schlagzeile einer Tageszeitung, »sondern unsere Auffassung von ihm!« Vielen macht die Vorstellung Mühe, dass in der Urzeit selbst für heutige Begriffe unvorstellbares Wissen und völlige Unbedarftheit gleichzeitig nebeneinander existierten. Vielleicht unterscheiden sich spätere Zeiten bis heute überhaupt nur dadurch von der Vergangenheit, dass sich diese Kluft stetig weiter verringerte. Wir dürfen also das religiös-spirituelle Niveau unserer Vorfahren keineswegs unterschätzen, auch wenn der Großteil der Menschen eher einem primitiven Aberglauben anhing und nur eine Minderheit sich der offensichtlich mitunter recht hohen Theologie und der geistigen Suche verschrieben hatte. Aber das ist heute ja nicht anders!

Seit der Mensch über sich selbst reflektiert, begannen einige wenige darüber nachzudenken, wen sie für das Dasein mit seinen Gesetzen verantwortlich machen könnten. Wenn es aber jemanden gibt, der als Schöpfer, Erhalter und Zerstörer im Hintergrund waltet, scheint es angebracht, sich diesem mit menschlichen Vorstellungen zu nähern. Und dies heißt ziemlich bald in unserer Entwicklung: mit hierarchischen Vorstellungen.

Einige Religionswissenschaftler behaupten, schon in der Frühzeit den Glauben an ein höchstes Schöpfungsprinzip ausmachen zu können. Seine unüberschaubare Vielfalt an Emanationen (Ausströmungen) sei dann durch eine entsprechende Vielfalt von Göttern und deren Mythen nur erklärt und veranschaulicht worden, wobei gerade diese Vielfalt die Allmacht dieses Schöpfungsprinzips hervorhebe.

Ob nun einer oder mehrere hinter dem mitunter seltsamen Treiben allen Geschehens stecken sollten: Es schien angebracht, das Göttliche zumindest gelegentlich gnädig zu stimmen. Schließlich hatte es die Macht, Leben zu schenken oder mit Verderben zu drohen. Recht früh scheinen die Menschen nach dem geeigneten Platz gesucht zu haben, einem Platz, der eine gewisse Sicherheit gewährleistete, dass Opfer und Kulthandlung auch ihr Ziel erreichten: den Ansprechpartner und seinen wohlwollenden Rückfluss.

Was ist ein Kultplatz?

Ein Kultplatz ist ein Platz, an dem ein Kult stattfand oder noch stattfindet. Viele Zeitgenossen denken dabei vermutlich eher an den Skattisch in der Stammkneipe, an den Platz hinter dem Steuer ihres Wagens oder vor dem PC. In diesem Buch orientiert sich die Definition »Kultplatz« am Phänomen der Gottsuche, der Gotteswahrnehmung und der Gottesoffenbarung. Auch ein eigens genutztes Zimmer in der Wohnung kann auf Dauer mehr Qualität anreichern als öffentlich zugängliche Räumlichkeiten und so zum Kultplatz, zu einem Heiligtum werden.

In der nördlichen Hemisphäre unserer Erde suchte man das Göttliche vor dem Auftauchen des Christentums zumeist außerhalb des menschlichen Körpers und der menschlichen Behausung und fand es überall in der Natur und im Kosmos. Für die Stätten von Kult und Verehrung bot die offene Natur die beste Umgebung, geheiligt durch die direkte Allgegenwart der Elemente und damit durch die Gegenwart darin enthaltener subtiler Geistkraft.

Über Ägypten und Vorderasien war wohl die Kenntnis nach Norden vorgedrungen, wahre Gotteserfahrung sei nur über das eigene Innere möglich. Alles außerhalb von uns sei nur – wie der physische Mensch – Ausdruck und Spiegel des Göttlichen. Kultstätten in der Natur oder Tempel könnten allein durch die Anwesenheit der Besucher geheiligt werden, die dort das Göttliche in sich aktivierten. Anders ausgedrückt: Ein heiliger Tempel wird nur durch die Gedanken, Worte und Werke aller beteiligten Menschen erbaut. Da sich dies bis heute noch nicht überall herumgesprochen hat, müssen wir davon ausgehen, dass es früher vielleicht noch weniger verstanden wurde.

Wo trifft man Gott am ehesten?

Die Menschen der Frühzeit scheinen äußerst sensibel durch ihre Welt gestreift zu sein, um an bestimmten Orten dann mit Sicherheit sagen zu können: Hier oder dort ist man den Göttern ausgesprochen nah. Das zurückweichende Eis der letzten Eiszeit hinterließ sicherlich eine matschige und unberechenbare Landschaft. Die ersten Verehrungsstätten in Mitteleuropa waren offensichtlich auf das Firmament bezogene Felsheiligtümer, die Sicherheit vor Überflutungen garantierten. Die Brandaltäre auf den Bergkuppen umgab oft eine Wallanlage. Sie diente weniger dem Schutz vor einer Gefahr als dem Abschirmen dessen, was in ihrem Inneren vorging. Höhlen im Fels als von der Natur geschaffene Symbole für den Uterus, den Mutterschoß.

Als sich das Eis ganz verzogen hatte, blieben riesige Findlinge zurück, oft vom langen Schiebetransport seltsam gezeichnet. Die so genannten Großsteinleute und -völker nutzten noch bis etwa 1500 v. Chr. solche Findlinge, um damit die Landschaft zu zeichnen. Manche vermuten in dem System von Menhiren (aufrecht stehende Steinsäulen), Cromlechs (Gruppe von zwei bis vier Großsteinen mit riesigen Deckplatten) und Hünengräbern lokale Landkarten. Ob diese wohl kosmische Systeme auf der Erde widerspiegeln sollten?

Die keltischen Völker legten große, viereckige Kultbezirke an, oft weitab von ihren stadtähnlichen Siedlungen. Auch hier bleibt die Frage offen: Richtete sich die Anlage der Plätze nach einem kultischen Ordnungssystem in der Landschaft oder nach einer kosmischen Orientierung, ausgerichtet auf Planeten und Sternbilder?

Leider haben die meisten Menschen diese Sensibilität für das besondere Etwas verloren, das sich gelegentlich in der Natur präsentiert. Berge, Felsformationen, Steine, Bäume und Seen können einzeln oder im Zusammenspiel sonderbare Formen aufweisen, die in unserem Unterbewusstsein Bilder, Gefühle und Botschaften auslösen. Oft lässt sich an besonderen Orten zudem eine starke Energie spüren.[1] Noch heute glauben sensible Menschen, ein nach Evolution strebender Geist, eine Art »Überseele«, suche via Natur die Kommunikation mit uns. Seit Immanuel Kant versteht man in der Religions- und Geisteswissenschaft unter Evolution – anders als in den Naturwissenschaften – die Rückentwicklung zum Ausgangspunkt allen Werdens, zur Urquelle göttlicher Einheit, zur höchsten vorstellbaren Bewusstheit. So bieten solche Orte gelegentlich günstige Voraussetzungen für eine mystische Erkenntnis und öffnen eine Tür zur so genannten Anderswelt. Schon früh nutzte man solche lokalen Qualitäten für bunte Orakeltechniken.

1 Die Wissenschaft der Geomantie sucht neben den energetischen, seelischen und geistigen Qualitäten eines Ortes auch größere Zusammenhänge zu erfassen und zu deuten. In diesem Buch werden die heiligen Orte unter einem anderen Blickwinkel betrachtet und aus ihrem jeweiligen lokalen oder überregionalen Raumgefüge herausgelöst.

Das 1880 entstandene berühmte visionäre Gemälde »Die Toteninsel« von Arnold Böcklin zeigt einen megalithischen Tempel und fand bis heute zahllose Bewunderer und Interpretationen. Während einige glauben, die Vorlage auf der westlich von Italien liegenden Insel Ischia gefunden zu haben, behaupten andere, Böcklin habe ein von bestimmten okkulten Traditionen gehütetes geistiges Heiligtum auf die Leinwand gebannt.

Der römische Philosoph Seneca umschrieb die für ein Erfassen vom Geist in der Natur notwendige Sensitivität folgendermaßen: »Erblickst du einen Hain von dicht stehenden, alten, über die gewöhnliche Höhe aufragenden Bäumen, wo die Masse des über- und durcheinander sich erstreckenden Gezweiges den Anblick des Himmels ausschließt, dann gibt der riesige Baumwuchs, das Geheimnis des Orts und die Bewunderung des im offenen Felde so dichten und zusammenhängenden Schattendunkels dir das Gefühl von der Gegenwart einer Gottheit (numen). Und wenn eine Grotte mit tief ausgefressenem Felsgestein sich in einen Berg hinein erstreckt, keine künstliche, sondern durch natürliche Ursachen zu solcher Weise ausgehöhlt, so wird sie dein Gemüt mit Ahnung von etwas Höherem ergreifen. Wir verehren die Ursprünge großer Flüsse, wo ein gewaltiger Strom plötzlich aus dem Abgrund hervorbricht ... (dort) stehen Altäre, heiße Quellen haben ihren Gottesdienst, und manche Seen werden wegen ihres dunklen und unermesslich tiefen Wassers für heilig gehalten.«

Von Kelten und Germanen haben wir die Lust an Wallfahrten übernommen. Man zog zu Festen und besonderen Anlässen in bestimmte Wallanlagen oder Thingstätten (Versammlungsplätze), opferte, feierte Hochzeiten, sprach Recht, überlegte, wen man überfallen sollte, und palaverte über Gott und die Welt. Überflüssig zu erwähnen, dass man dabei orgiastisch schmauste, zechte, prügelte und sich dabei köstlich amüsierte. Das war reiner Gottesdienst! Alltag und Religion, Profanes und Heiliges existierten noch in einer unauflöslichen Einheit. Doch schon im dritten und vierten Jahrhundert n.Chr. kursierten Gerüchte, dies könnte sich ändern. Zumindest gab es Boten einer seltsamen Lehre, die ihren Gott eher durch strapaziöse Dienste, Dauergebet und Askese unterhalten und gnädig stimmen wollten. Diese neue Lehre schien entschieden freudloser und strenger zu sein. Sie fußte auf einer höchst komplizierten Theologie und verbreitete bei eher auf äußeren Kampf ausgerichteten Menschen auf den ersten Blick pure Langeweile.

Wohnplätze der Götter: ausgedient oder noch recht lebendig

Merkwürdigerweise gibt es unter den kultischen Plätzen und Anlagen auch solche, die offensichtlich nie ein seriöses oder geachtetes Heiligtum geworden sind. Einige fanden dauerhaft Verehrung. Manche wurden offensichtlich später reaktiviert, und wieder andere wurden in bestimmten Zyklen von unterschiedlichen Völkern und Kulten genutzt. Selbst das Christentum okkupierte gelegentlich einen Platz und den damit verbundenen Kult, der natürlich ein wenig verändert und veredelt, das heißt von allem Heidnischen befreit wurde, wie man damals in frommer Einfalt dachte. Andere Orte scheinen dagegen schon in der Frühzeit verlassen worden zu sein und liegen seither in tiefstem Dornröschenschlaf. Die Frage nach dem Warum öffnet zumeist den Spekulationen Tür und Tor.

Bei den in diesem Buch beschriebenen Beispielen der Bruchhauser Steine im Hochsauerland oder der »Stadtstelle« nördlich des odermärkischen Strausbergs scheint folgende Lösung nahe zu liegen: Ein Kultbund löste sich im Zuge der Völkerwanderung auf, die Völker zogen mehrheitlich weiter. Die Übriggebliebenen starben aus oder gingen in nachrückenden Stämmen auf. Letztere konnten an die Tradition nicht anknüpfen, da sie vielleicht nicht in verständlicher Form überliefert worden war. Oder sie wollten sie nicht weiterführen, da sie eine andere und in ihren Augen bessere Verehrungsform kannten. Manchmal hatten Kult und Ort auch einfach ausgedient und entsprachen nicht mehr den Bedürfnissen und höheren Intentionen einer späteren Zeit. Oft schufen auch zwei aufeinander prallende Kultformen eine dritte, die einen anderen Ort beanspruchte, der den neuen Glaubensformen besser angepasst schien.

Wünschelrutengänger und Geomantiker stellten gelegentlich fest, dass im Schnittpunkt erdmagnetischer Kräfte energetische Qualitäten entstehen, die kaum genauer zu beschreiben sind. Sie zeichnen sich aber durchaus geologisch und botanisch ab. Bestimmte Pflanzen gedeihen hier besonders gut, ein Artenreichtum von Flora und Fauna macht uns staunen. Andererseits können diese energetischen Verhältnisse zu Deformierungen führen, die bei Bäumen beispielsweise deutliche Krebsgeschwulste hervortreten lassen. Andere, weniger deutliche Auswirkungen liegen im psychisch-emotionalen Bereich. Hier lassen sich nur schwer objektive Aussagen treffen.

Kultplätze nach der von uns gewählten Definition liegen fast immer in einem solch aktiven Kraftfeld. Man spricht von unterirdischen Drachen- oder Schlangenkräften und meint tellurische und erdmagnetische Strömungen, geleitet von Wasseradern. Diesen Strömungen könnte nun gelegentlich aber ein anderer, neuer Verlauf besser gefallen. Schnöde widerstehen sie allen weiteren Fixierungen durch Kult und Ritual. Der Kultplatz wird bald weiträumig umgangen, und die Nutzer haben das Nachsehen, weil der Zauber verwelkt. So siecht die Örtlichkeit bald dahin, kraftlos, leer, ohne »Saft und Kraft« und wird zu Recht verlassen.

An einer heute verlassenen Stelle wurden vielleicht auch nur niedere Prinzipien verehrt. Der Kult verlor deshalb auf Dauer an Anziehungskraft, da andere konkurrierende Orte mehr zu bieten hatten. Manchmal hat man es auch schlicht mit dem Prinzip der Vergänglichkeit zu tun, das unweigerlich nach dem Stadium des Wachsens und der Reife eintritt, um Neuem Platz zu machen.

Das Christentum kam, sah und siegte

Warum aber durften viele uralte Verehrungsstätten »heidnischer Götter« durch christliche Überformung und Weiternutzung bis heute überdauern? Unterlag die Auslese einem Zufallsprinzip? Oder übernahm man das komplizierte und kaum durchschaubare uralte Koordinatensystem von Linien und Schnittpunkten im Netz einer Landschaft, die man sich als Abbild des Kosmos dachte? Wurde dieses Netz damit bewusst vervollständigt oder verändert? Oder bestimmte die Qualität eines Ortes selbst das Überleben? Papst Gregor der Große (dessen Amtszeit von 590 bis 604 dauerte) hatte die Order ausgegeben, die alten Heiligtümer der germanischen und keltischen Völker nicht im Übereifer zu zerstören. »Umfunktionieren« hieß die Devise.

Christliche Heilige sollten die heidnischen Götter ersetzen und ihre Zuständigkeiten einnehmen. Der Erzengel Michael und der Drachentöter Georg symbolisierten vorrangig die mögliche Beherrschung naturgewaltiger Energien an ehemaligen Bergheiligtümern. Betrachtet man allerdings die zahllosen Götter tatsächlich als Erklärungsmodelle für die Erscheinungsformen der Allmacht, scheint diese Überformung kaum mit dem ersten Gebot der Kirche vereinbar: »Du sollst keine fremden Götter neben Mir haben!« Die dazu oft angepassten Heiligenlegenden erfassen auch kaum die Tiefe der spirituellen Prinzipien, die sich lokal nur eine ihrer vielfältigen Ausdrucksmöglichkeiten verschafft hatten.

Mit dem Christentum traten neue Formen von Heiligtümern in unsere Welt, Bauten von einer bemerkenswerten und vielschichtigen Aussage. Diese Bauwerke waren entweder mit dem Sitz und der Arbeit eines Bischofs verbunden oder beherbergten die Gebeine oder Reliquien eines außergewöhnlichen Heiligen oder Märtyrers. Eine anspruchsvolle Architektur unterstrich die Bedeutung dieser Heiligtümer. Romanik und Gotik griffen die Muster und Traditionen älterer Symbolik auf und schufen in Kirchen und Kathedralen nicht nur mystische Bilderwelten. Der Bau selbst wurde zum Symbol schlechthin und zum Werkzeug. Manche Bauten waren und sind mit kühnster Berechnung wie ein Saiteninstrument gestimmt. Manche geben in Zahl und Geometrie Wege und Ziele der Menschheit wieder: Varianten des himmlischen Jerusalems, Sinnbild für unser höheres Bewusstsein. In Anlehnung an das heilige Gebäude entstanden vor Ort oft wichtige Dom- oder Kathedralschulen, gelegentlich sogar Mysterienschulen, die ihre Vorbilder in der Antike hatten.

Für die breite Masse beschränkte sich der Kult zumeist aufs Zuhören und Zusehen, aufs Gebet und den Gesang. Trotzdem formte das Christentum den Menschen, verwies ihn auf die höchsten Tugenden und auf eine ethische Lebensführung. Nur selten aber suchte noch jemand den direkten Willen Gottes zu erkunden. Man begnügte sich damit, vor dem Altar unzählige Wünsche zu äußern und um Hilfestellungen zu bitten. Zwar rief

Viele Sagen erzählen von knorrigen Baumriesen mit ausgeprägter Persönlichkeit. Diese Bäume hatten Menschen, die sie immer wieder aufsuchten und eine Beziehung zu ihnen aufbauten, viel zu berichten. So mancher König wartete vor der Schlacht, an einen als heilig geltenden Baum gelehnt, auf den weissagenden Traum, suchte etwas von der Standfestigkeit und Ausdauer des Baumes – oder auch einfach heilende Ruhe.

Der Schlangenstein im Park der Ilmaue, geweiht dem Genius dieses Ortes und dieser Landschaft. Gottfried Klauer (1742–1801) schuf im Auftrag Herzog Karl Augusts von Sachsen-Weimar diesen Stein nach antikem Vorbild; während Goethes Italienreise wurde er 1787 am Hang gegenüber von Goethes Gartenhaus aufgestellt.

Baum mit Schlangengenius vor der Cluskapelle in Schöningen im Elm.

man gelegentlich gemeinsam den Heiligen Geist an, doch blieben die Lehre von den Riten und die Ansätze eines tieferen Verständnisses dem Klerus, den Priestern und Mönchen, vorbehalten. Die Demokratie von Theologie und Kult entsprach – und entspricht – nicht den Vorstellungen einer hierarchisch strukturierten Kirche. Und würde auch schnell zu einem natürlichen Widerspruch zum Selbstzweck einer solchen Institution führen.

Auf den Spuren des Genius Loci, des Geistes eines Ortes

Wir unterstellen den Menschen der Frühzeit einen Blick für das geistige Weben in der Natur, also das, was wir heute Atavismus nennen und das sich teilweise in abgelegenen Gegenden oder dort, wo der Materialismus einer Industriegesellschaft nicht alles überlagert, erhalten hat. Noch heute gibt es Menschen, die den Geist eines Baumes, eines Teiches oder einer Quelle spüren und mit ihm kommunizieren können. Vor allem sensible Kleinkinder reden und spielen gelegentlich mit Elfen, Feen oder wie immer wir solche Wesen nennen wollen.

Als Geist des Ortes bezeichnen wir gewöhnlich die Gesamtheit der Qualität und aller Facetten der lokalen Natur, zusammengesetzt aus unterschiedlichen Kräften, Energien und Einflüssen sowie äußerer Beschaffenheit. Vergleichbar mit den Schichten unseres Unterbewusstseins, die sich als »Geist« über das Oberbewusstsein ständig Ausdruck verschaffen. Dieser Geist unterliegt so einem dauernden Fluss, der zu einem Strom drastischer Umwälzungen anwachsen kann, besonders wenn der Mensch mit seinen Gefühlen, Emotionen, Intentionen, Taten und Eingriffen naht.

Dieser Mensch bringt zudem seinen eigenen Genius mit, sein höheres Bewusstsein, und es kommt zu Verbindung und Austausch. Bei aktiven Kultplätzen springt der Funke des Austausches stärker über als an anderen Orten. Gelingt es dem Genius des Menschen dabei, ohne allzu herbe Missverständnisse ins Alltagsbewusstsein vorzudringen, vermag er das Ergebnis der Kommunikation auch in eine vernünftige Intention oder Tat zu kanalisieren. So kann der Geist eines Ortes, eines Kultplatzes oder einer Wallfahrtsstätte fast ausschließlich durch Leben und Werk einer einzelnen Person bestimmt sein, wie wir es anhand einiger Beispiele noch erfahren werden. Ja, die Ausstrahlungskraft eines oder mehrerer Menschen kann an ihrem Aufenthaltsort ein Heiligtum entstehen lassen. Und die Natur bringt an dieser Stelle eine starke Vielfalt und Pracht hervor, als gäbe es eine heimliche, aber funktionierende Wechselbeziehung und Zusammenarbeit zwischen Mensch und Natur.

In Weimar setzte 1787 der regierende Herzog dem Genius Loci ein subtiles Denkmal: den Schlangenstein. Die Schlange repräsentierte hier die sich unterirdisch schlängelnden und windenden Energien, die an einigen Punkten an die Erdoberfläche drängen. Dort kann sie der Mensch nutzen – in Gedanken, Wort und Tat. Gerade hatte der Geheimrat Goethe den Auf-

Die Lübbensteine bei Helmstedt gelten laut Sagen als Heimat von Helden wüster Schlachten und vergrabener Schätze.

trag, das Tal der Ilm in eine Park- und Kulturlandschaft umzuwandeln, zur allgemeinen Zufriedenheit ausgeführt. Der Auftraggeber, Karl August von Sachsen-Weimar, und der Künstler signalisierten mit diesem Denkmal, dass der Genius Goethes nur aus einem vorhandenen Reservoir schöpfte. So wie der Bildhauer aus Stein oder Holz etwas herausmeißelt, das schon vorher präsent war. Der Künstler hat allerdings die Gabe, es zu »schauen« und ihm Ausdruck zu verleihen. Das Reservoir aber liegt in dem Geist des Ortes: ein Konglomerat von Vergangenem, das die Zukunft weitgehend festlegt und darauf wartet, mit immer neuen Mustern die Gegenwart zu bereichern.

Damit betreten wir einen Bereich, wo sämtliche Messungen versagen. Höchstens der Grad einer aktiven Energie lässt sich feststellen. Wir können uns diesem Geist des Ortes nur mit unserer hochgradigen Sensitivität nähern, mit einem Gefühl für Zusammenhänge. Zugleich aber auch mit Fragen und Beobachtungen, die ein Licht auf unsere eigenen Potenzen werfen.

Für unsere Ahnen war jede Einzelheit in der Landschaft, in der Welt, ein Ausdruck, eine Offenbarung des Göttlichen. Die abendländischen Mysterienschulen behaupteten, dieses Göttliche verfolge dabei einen Sinn und Zweck: den der stetigen Höherentwicklung allen Bewusstseins. Diesem Zweck sei alles in einer zentralen Programmierung unterworfen. Darf man also beim Genius Loci von einem Geist des Ortes sprechen, der sich – einmal erweckt – immer wieder neu manifestiert? Auf neuem Niveau? Man darf. Aber die Definition stimmt und passt nur gelegentlich. Gelegentlich auch nicht. So ist nun mal das Leben ... Die Natur mag – außer ein paar Grundregeln – keine starren und einengenden Grenzen, sie liebt eher das Spielerische. Die beeindruckende Chaostheorie geht davon aus, dass zerstörende und alles zersetzende Elemente, gegeneinander gerichtete Re-Aktionen und Gesetzmäßigkeiten in der Natur einzig darauf aus sind, immer wieder neue und noch genialere Ordnungssysteme zu erproben.

Gibt es also doch eine Ordnung in der Unordnung? Vermag der Mensch nur einen Zipfel der dahinter verborgenen Weisheit zu erfassen, ist er dem Prinzip »Gott« ein Stück näher gerückt. Und das Göttliche selbst? Es scheint sich gern hinter solchen Gegensätzen und ihren integrativen Bandbreiten zu verstecken! Oder sich genau darin zu offenbaren!

»Grim hieß ich,
Gangmatt hieß ich,
Herrscher und Helmträger,
Walvater, Allvater,
Wunschherr und Graubart,
Har und Heerblender.
(...)

Odin heiß ich jetzt,
hieß einstmals Schrecker,
hieß vor Zeiten der Zürnende,
Einschläfrer, Fressler:
mich dünkt, dass alles dies
einzig mich nur meint.«
(Edda: Grímnismál)

EXTERNSTEINE IM TEUTOBURGER WALD

Olymp der germanischen Götter

Die Externsteine seien die älteste und – neben dem irischen Iona – bedeutendste Mysterienstätte Nord- und Mitteleuropas, das »geomantische Zentrum Deutschlands« und der »Sitz unserer Volksseele«, meinen die einen. Die anderen halten das für völligen Unfug; ihrer Ansicht nach stammen alle Bauten und sakralen Reste von Mönchen, die hier zwischen dem 11. und 13. Jahrhundert eine Nachbildung der Heiligen Grabesstätten von Jerusalem in die Felsen geschlagen hätten.

Die gewaltige Kulisse der Externsteine zieht jährlich Hunderttausende Besucher in Bann. Sie bewundern – sofern sie sie überhaupt bemerken – die Großskulpturen, Tiere und Götterbilder, von der Natur mit oder ohne Nachhilfe des Menschen in die bizarren Felsgebilde gemeißelt. Sicher standen hier schon unsere Vorfahren staunend und ehrfürchtig. Die Frage nach dem Alter des Heiligtums drängt sich auf. Hielt hier der große Einiger der germanischen Stämme, Arminius, seine flammenden Reden? Orakelte hier die selbst in Rom bekannte Priesterin und Seherin Veleda? Stand hier die Irminsul, Weltenbaum und Hauptheiligtum der sächsischen Stämme, die Karl der Große zerstörte? Befand sich hier die materielle Spiegelsphäre von Asgard, dem Aufenthaltsort der germanischen Götter? Und fügte sich die christliche Kreuzsymbolik an diesem Ort einfach nur nahtlos in eine gewachsene Tradition ein?

Man muss etwas Toleranz aufbringen, nähert man sich zu den üblichen Tageszeiten den Steinen. Regelrechte Buskarawanen entladen täglich Zehntausende von Besuchern, die laut und lästig die letzten etwa 1000 Meter vom überdimensionalen Parkplatz zu den Felsen zurücklegen. Treten sie aus dem Wald heraus und bietet sich ihnen der erste Blick auf die erhabene Kulisse, zeigen sie ganz unterschiedliche Reaktionen. Manche bleiben ergriffen stehen, andere suchen eine ruhige Ecke, um das großartige Panorama auf sich wirken zu lassen. Viele aber beginnen laut herumzualbern, um damit vielleicht eine für sie beängstigende Ergriffenheit zu überspielen.

Genießer sollten die Abendstunden wählen. Nach 19 Uhr, wenn auch die Restaurants und Andenkenläden geschlossen sind, kehrt Stille ein. Die Stille, die ein großes Heiligtum braucht, um seine volle Ausstrahlung zu entfalten.

Die Brücke Bifröst verbindet Midgard mit Asgard, die Welt der Menschen mit der Welt der Götter.

Schon der Name gibt Rätsel auf

Die Externsteine, das sind dreizehn einzelne, freistehende und nackte Felsen von ungleicher Höhe, die sich in einer Reihe von Südost nach Nordwest hinziehen. Eine uralte Straße, auf der schon in grauer Vorzeit Bernstein und Salz von West nach Ost transportiert wurde, trennt neun der Felsen von den letzten vier. Diese Erhebungen gehören zum östlichen Ausläufer des Osninggebirges, im 19. Jahrhundert Teutoburger Wald getauft. Sie muten aber an wie separat aus der Erde hervorgehoben und dann bis auf den Boden gespalten. Die älteste überlieferte Bezeichnung »Agistersteyn« soll vom althochdeutschen »Agalasta« (= Elster) herrühren. Heißt es also eigentlich Elsternstein? Oder stammt der Name vom benachbarten Eggegebirge (Egge = Grat, Bergkamm)? Vom altdeutschen »Eke« (schwedisch Ek, angelsächsisch Ac, Aec und englisch oak) für Eiche, also Eichen-(Hain-)stein?

Einen heiligen Hain bei den Felsen erwähnt die älteste Urkunde von 1093, die den Kauf der Steine besiegelte. Jakob Grimm glaubte, den Namen von Ehe-gestern-Stein ableiten zu dürfen. Andere mutmaßten Eggesternenstein, Sternstein nahe der Egge, und glaubten, im zweiten Felsen ein frühes Gestirnsheiligtum erkennen zu können. Interessant, dass alle älteren Überlieferungen den Namen immer in der Einzahl setzen und »vom Stein« sprechen.

Als zu Anfang der Siebzigerjahre einige Hopi-Indianer während ihrer Deutschlandtournee vor die Felsen geführt wurden und die Namenserklärungen vernahmen, schüttelten sie verwundert den Kopf. »Nein«, sagten sie mit Bestimmtheit, der Name käme von »Eckensteinen«, Ecksteine des Himmels, das sähe man doch sofort.

Nur eine christliche Wallfahrtsstätte?

Während der Romantik entdeckten viele Dichter und Künstler die Vergangenheit neu und ließen sich von ihr bezaubern. Mit der ersten Übersetzung der »Edda«, der altgermanischen Spruch- und Liederdichtung, loderten die Flammen der Begeisterung für die nordische Mythologie auf. Nicht wenige glaubten, den unmittelbaren Schauplatz mancher »Edda«-Gesänge an den Externsteinen wiederzuerkennen. Hier sei der wahre, unsichtbare Gott als Allvater und Allherrscher verehrt worden. Hier habe der »Lichtdienst der alten Deutschen« sein zentrales Heiligtum gehütet. Steht man vor den Externsteinen und besitzt ein Gefühl für das Heilige in der Natur, muss man zumindest eingestehen: Hier könnten sich die alten Götter tatsächlich wie zu Hause gefühlt haben. Nicht einmal Richard Wagner hätte das Ambiente für sie eindrucksvoller arrangieren können ...

Die romantische Schwärmerei beschwor sogleich Widerstand herauf. Der Streit dauert bis heute an und hat wenig von seiner Schärfe verloren. Die polarisierten Fronten streiten sich um die Frage, ob dieser Ort vor dem Auftauchen christlicher Mönche im 11. Jahrhundert überhaupt je eine besondere kultische Rolle gespielt hat. In den Zwanzigerjahren des 19. Jahrhunderts legten Forscher eine Urkunde vor, die den Kauf der Steine durch das Paderborner Kloster Abdinghof dokumentiert. Im Jahre 1093 erwarben sie die Mönche von einer edelfreien sächsischen Sippe, die dort, in einem heiligen Hain (nemus), ihre Kult- und Gerichtsstätte besaß. Die Benediktiner und ihr Bischof, Meinwerk von Paderborn, sollen die Absicht gehabt haben, in dieser Steinlandschaft die drei wichtigsten Felsheiligtümer von

Wodan, der Rufer oder Schreier (Hròptatyr), meldet sich als innere Stimme bei uns.

Der Wackelstein, heute durch Eisenschienen befestigt. Der Teufel soll gedroht haben, dass der Stein eines Tages herabstürzen und dabei die letzte lippische Prinzessin – oder ersatzweise eine Bürgersfrau aus Horn – erschlagen werde.

Jerusalem nachzubilden. Eine Idee, die im Mittelalter, beeinflusst durch die Kreuzzüge und die Eindrücke im heiligen Land, äußerst beliebt war. Die Externsteine – eine bedeutende christliche Wallfahrtsstätte des Nordens? Im Jahre 1115 soll Bischof Heinrich von Paderborn sie feierlich eingeweiht haben, wie eine Inschrift in der Grotte mitteilt.

Allerdings fehlen Beweise für diese Ausbauabsicht und für tatsächlich stattgefundene Wallfahrten. Im Gegenteil: Die Nachbildungen der heiligen Stätten, wenn es denn solche waren, wären sehr frei und lasch vorgenommen worden, ohne dass äußere Gegebenheiten zu dieser Ungenauigkeit gezwungen hätten. Außerdem erwähnen alle bisher vorgefundenen Urkunden nur eine »Kapelle der Klause am Externstein«, und die Weiheinschrift in der Grotte ist eine Fälschung aus späterer Zeit, vielleicht erst aus dem 17. Jahrhundert. Seltsamerweise fehlt bis heute eine seriöse, objektive und interdisziplinäre Gesamtuntersuchung an diesem Ort.

Mit Sicherheit lebten aber gottgefällige Klausner und Eremiten in den Felshöhlen, vielleicht schon seit der Sachsenunterwerfung durch Karl den Großen in der ersten Hälfte des 9. Jahrhunderts. Ihre Frömmigkeit ließ allerdings im Zeitalter der Reformation rapide nach, und sie vertauschten stille Einkehr gegen Raub und Wegelagerei. Der zuständige Landesherr, der Graf von Lippe, musste sie schließlich »verjagen und ausrotten«. Möglicherweise stammten von ihnen die mittelalterlichen Bearbeitungen an den Felsen. Die Frage ist, ob sie dabei auf ältere Einrichtungen zurückgreifen konnten. Zwei der Höhlen in Fels I scheinen schon in vorchristlicher Zeit angelegt worden zu sein. Bewohnt wurden die Felsen bereits seit etwa 10 000 v. Chr., und zwar von Rentierjägern der späteren Altsteinzeit, wie kleinere Funde beweisen.

Die Natur schuf sich selbst ein Denkmal

Man hat die Felsen dieser mythischen Urlandschaft nummeriert. Vier von ihnen bilden die Hauptanlage. Felsen IV grüßt von oben mit einer Kopfskulptur, einem göttergleichen Relief, von der Natur selbst meisterhaft geformt. Es trägt den Namen »Rufer« und lässt an den Gott Wodan/Odin denken. Dicht neben dem Durchlass, dem jahrtausendealten Hellweg, durch den im 19. Jahrhundert zeitweise sogar eine Straßenbahn ratterte, springt eine riesige Figur ins Auge. Sie erinnert an einen Gekreuzigten. Jesus, der Christus, von den Mönchen eingemeißelt? Wohl kaum. Die Felsritzen, die das Porträt einrahmen, führen ganz durch den Fels und sind von der Natur geschaffen. Allerdings scheint man im Detail etwas nachgeholfen zu haben, ob erst im Mittelalter, bleibe dahingestellt. Die Anhänger der Theorie von einer frühzeitlichen Kultstätte wollen in dieser Firgur ebenfalls Odin sehen. Neun Tage hing er am Weltenbaum, »mit dem Speer verwundet, geweiht dem Odin; ich selbst mir selbst geweiht«.[2]

Auf der Rückseite fasziniert ein kolossaler Stein, von der Natur waghalsig und wunderlich arrangiert, sodass er nur auf der Spitze eines Felsens notdürftig aufliegt. Damit könnte er sich bei Sturm bewegen. Seine knirschende Bewegung oder das dabei entstehende dröhnende Geräusch diente der Götterbefragung. Dieses in der ganzen Alten Welt und in Nordamerika bekannte Phänomen heißt Wag-, Wahrsage-, Gottesgerichts- oder Wackelstein. Schon vor hundert Jahren verklammerte man ihn, dank deutscher Bauaufsicht, sicherheitshalber mit starken Eisen. Vielleicht ist es besser so, denn der Teufel wollte mit diesem Stein eigentlich einen Priester erschlagen, als der gerade »sein« so genanntes Sacellum auf Felsen II in einen christlichen Kultraum umfunktionierte. Der Teufel zielte aber höchst ungenau. Als der Stein auf dem heutigen Fleck haften blieb, drohte der Höllenfürst: Eines Tages werde der Koloss herabstürzen und die letzte lippische Prinzessin erschlagen. Oder – ersatzweise – eine Bürgersfrau aus Horn.

Brennpunkt weltgeschichtlicher Ereignisse?

Zum mächtigen Felsen III hinauf führt eine Treppe. Im oberen Treppenteil, tief in den Stein eingeschnitten, eröffnet sich ein kleines, unregelmäßiges Plateau. Bankartige Felssitze reihen sich beidseits einer künstlich

2 Zum Symbol des Hängeopfers siehe Kapitel »Engelberg im Odenwald«, Seite 225.

erweiterten Rinne. Ein kleiner hübscher Steg überbrückt auf der Höhe den Abgrund zu Felsen II und führt zum geheimnisvollen Sacellum, einem unregelmäßigen Raum, der einst ein Dach trug. Handelt es sich hier nur um einen Nachbau der Golgathakapelle, im Mittelalter von den Mönchen in den bis dahin unberührten Stein gehauen? Oder war der Raum Teil eines archaischen Sternenheiligtums? Eine kreisrunde Fensteröffnung nach Nordosten fängt am 21. Juni zur Sommersonnenwende exakt den ersten Sonnenstrahl über dem Horizont auf. Davor erhebt sich ein aus dem Fels gewachsener Ständer, der vielleicht in christlicher Zeit eine Altarplatte trug. Beobachtete man hier oben das Firmament? Die Externsteine, ein Zentrum germanischer Sternenforschung? Oder erwartete man hier nur die »Hoch«-Zeit des Jahres?

Im Märchen wird zum Zeitpunkt der mystischen Vereinigung von Himmel und Erde, wenn der erste Sonnenstrahl des Mittsommertages durch das Rundfenster in das »Brautgemach des Lichtes« einfällt, die im türlosen Turm gefangene jungfräuliche Braut geküsst und erlöst. Durch die gesuchte Verbindung zwischen Himmel und Erde findet das befruchtende Licht den zur Empfängnis bereiten Mutterschoß, den Kelch, die reine Form. Das Mysterium irdischer Manifestationen kann beginnen, Leben und Fruchtbarkeit gebärend.

Ein Rundloch im Boden der Gipfelspitze steht mit dem Zentrum des Sacellumfensters und einem mysteriösen Schacht vor Felsen II lotrecht in einer Peillinie zum Sonnenaufgangspunkt am Tag der Mittsommerwende.

Odin, am Kreuz hängend?

Gehörte dieser Schacht, der während der Ausgrabungen entdeckt und wieder zugeschüttet wurde, zu einem Brunnen, zu einer Opfergrube, oder symbolisierte er die Verbindung mit dem Erdinnern? Diente das Rundloch auf dem Felsgipfel zur standfesten Aufnahme der Irminsul, einer hölzernen Nachbildung der Weltensäule? Diese Weltensäule verband – wie das Kreuz – Himmel und Erde, höheres und niederes Bewusstsein, und symbolisierte die rettende Verankerung des Menschen in einer göttlichen Welt. An dieser Stelle hätte sie sich damit aus dem Scheitel der darunter liegenden Felsskulptur erhoben, welche die Forscherin Neumann-Gundrum als »lehrende Seelenlenkerin oder Priesterin« deutet. Als Hauptheiligtum der Sachsen ließ Karl der Große 772 jene hölzerne Säule zerstören, um das »Nervenzentrum« ihres Widerstandes zu treffen. Er traf genau und zielsicher. Allerdings sind mehrere Standorte für die sagenhafte Irminsul im Gespräch. Als am ehesten ernst zu nehmende Konkurrenten gelten die Iburg bei Bad Driburg und die alte Eresburg in Obermarsberg. Möglicherweise prangte auf Felsen II auch das christliche Kreuz.

Von einem kleinen Vorfels am Fuße des Felsens, Kanzel genannt, hätten Priester oder Mönche den Pilgern und Wallfahrern gepredigt, heißt es. Stammt aber auch die Kanzel schon aus älterer Zeit? Nach örtlicher Überlieferung hielt hier der Cheruskerfürst Arminius seine begeisternden Reden, wenn zu hohen Festtagen germanische Stämme ihre Delegationen zum Hauptheiligtum entsandten. Durch seine Einigungspolitik vermochte er 9 n.Chr. die römischen Truppen des Feldherrn Varus zu schlagen, und zwar irgendwo im Umkreis des Teutoburger Waldes. Außerdem vermutet die Volksüberlieferung auf Felsen II den Sitz eines von Priesterinnen gehüteten überregionalen Orakels, die Heimstatt Veledas.

Der Turm der Veleda

Der römische Historiker Tacitus (Germania 8, Historien IV, S. 61f.) berichtete von einer Seherin und Wahrsagepriesterin Veleda, die zu Zeiten des Kaisers Vespasian Verehrung genoss »wie ein höheres Wesen«, und zwar sowohl bei links- als auch rechtsrheinischen Stämmen, bei Germanen wie Kelten. Veleda stammte aus dem Volk der Brukterer und wusste sich mit einem höchst geheimnisvollen Nimbus zu umgeben. Bei allen wichtigen Ereignissen schickte man Gesandte zu ihr, um ihre Ratschläge und Prophezeiungen zu hören. Wie Rapunzel in einem hohen Turm lebend, fand niemand Zugang zu ihr. Sie zeigte sich auch nie persönlich, sondern ließ ihre Botschaften über nächste Verwandte überbringen. Dabei empfing sie große Geschenke, so beim Bataver- und Bruktereraufstand einen echten römischen Legaten, der aber sein Ziel nicht lebend erreichte. Und, als weitere Aufmerksamkeit, eine von den Römern erbeutete Admiralsgaleere, die ihr über den Fluss Lippe zugeführt wurde, an deren Ufer sie wohnte. Allerdings fließt die Lippe etwa zwei Wegstunden von den Externsteinen entfernt. Andererseits deutet der furiose Wackelstein auf ein frühes Orakelzentrum an den Felsen. Sollte Veleda direkt an einer traditionellen Orakelstätte gelebt haben? Die Römer wussten sie jedenfalls aufzuspüren, ahnten sie doch, dass sie die Fäden des großen Aufstandes 69–70 n.Chr. gezogen hatte. Bei einem Rachefeldzug der Römer geriet sie in Gefangenschaft und soll unter Kaiser Domitian im Triumphzug durch Rom geführt worden sein.

Die Initiationsstätte

Der mächtige Felsen I weist die meisten Eigentümlichkeiten auf. Weithin sichtbar ist das Felsrelief, das größte in Europa, etwa 5 auf 5,50 Meter, durch eine waagrechte Kante in zwei Teile gegliedert. Es enthält germanische, irische, christliche Elemente, in einer Formensprache zwischen Byzantinisch und Hochromanik. Dementsprechend datieren einige es in die Zeit Kaiser Ludwig des Frommen (der von 814 bis 840 regierte), andere in die Zeit der Kreuzzüge. Man fand bisher kein direktes Vorbild, und so stellt es ein außergewöhnliches Unikat dar.

Im unteren, stark verwitterten und erheblich älter erscheinendem Teil umschlingt ein mächtiger geflügelter Drache mit vogelartigem Bauch und Löwenkrallen ein kniendes Menschenpaar. Dazwischen richtet sich ein Schwan auf. Die Interpretationsversuche des Gesamtkunstwerks könnten ganze Bände füllen. Zeigt es die älteste Darstellung Sigurds/Siegfrieds aus der Nibelungensage zusammen mit einer Walküre? Oder befreit Jesus – im Bildteil darüber – Adam und Eva aus den Klauen des heidnischen Drachen? Symbolisiert das Bild Erlösung durch das Kreuz als Weltenbaum (Irminsul), an dessen Schnittpunkt, der Verbindung der Vertikalen mit der Horizontalen, sich unser Bewusstsein entfalten kann?

Der obere Teil zeigt die Kreuzabnahme Jesu. Josef von Arimathia – der Legende nach als Jünger in England (Glastonbary) gelandet und seitdem Stammvater einer auf keltisch-germanischer Mystik basierenden christlichen Esoterik – steht auf einem geknickten Baum wie auf einer Leiter. In diesem Baum sehen viele das Symbol der Irminsul und damit einen Hinweis auf den möglichen Standort hier an den Externsteinen.

Gegner jeglicher Rückbesinnung auf vorchristliche Elemente wollen in diesem Untersatz nur einen Stuhl sehen. Es wäre dann allerdings ein künstlerisch gewagtes Modell ...

Die Kulthöhlen

Hinter diesem Relief liegt ein System von drei miteinander verbundenen künstlichen Höhlen. Links neben der kleinsten Höhle erkennt man ein

Das Relief atmet eine feierliche Ruhe. Wie muss es in seiner geheimnisvollen Komposition auf die mittelalterlichen Gemüter gewirkt haben!

stark verwittertes Relief mit Schlüssel, von daher als Petrus gedeutet. Doch auch Göttervater Odin, ein Opferpriester mit Beil oder ein einäugiger Hüter der Schwelle kommen in Frage. Die eigenartige Raumgestaltung der nach dem Relief als Petrus-, aber auch Kreuzauffindungsgrotte bezeichneten Höhle lässt auf eine der ältesten Anlagen an den Steinen schließen. Von innen geht ein immer schmaler werdender Lichtschacht ab und mündet unterhalb des Drachenschwanzes ins Freie – ein Luftschacht, Orakelsprachrohr oder Teil eines Entsorgungssystems?

Die Hauptgrotte birgt eine Halle von 10 Metern Länge und 3 Metern Breite, mit zwei Öffnungen. Im Rahmen der angeblich mittelalterlichen Nachbildung der Jerusalemer Grabeskirche gilt sie als Kapelle der heiligen Helena, die der Legende nach das Kreuz Christi wiederfand. Diese Hauptgrotte diente vermutlich lange als christlicher Kultraum und ist zweifellos die mehrfach urkundlich bezeugte »Kapelle der Klause«. Über einer der Öffnungen deutet man eine Vertiefung als Adler. Hatten hier die Germanen erbeutete Legionsadler (Heeresstandarten) nach der Varusschlacht aufbewahrt, die Feldherr Drusus dann zurückgewann? Drusus wollte auf seiner Racheexpedition (11 n. Chr.) das Schlachtfeld des Varus besuchen, wo die Knochen der unbestatteten Römer verbleichten. Er fand das Feld, und der römische Geschichtsschreiber Tacitus schilderte eine grausliche Szene mit an Bäumen gehefteten Schädeln und »barbarischen Opferaltären«. Da »barbarisch« damals nicht unbedingt ein Schimpfwort war, sondern eher »fremd, urzeitlich, rückständig« bedeutete, vermuten manche dahinter die »barbarischen« Felsen der Externsteine.[3]

Eine beckenartige Vertiefung an der Rückwand der Halle hat schon viele Deutungen gefunden. Nahm sie Weihwasser auf, Met, Rauschgetränke oder Opferblut? Diente sie als Fußwaschbecken? Korrespondiert sie bei angeblich 127 Zentimeter Durchmesser mit dem Poldurchmesser der Erde von 12 700 Kilometern? Schüttet man Wasser in die Schale, versickert es rasch im porösen Sandstein.

Im rechten Winkel zweigt eine Nebengrotte ab. Ein Graffiti an der Wand sorgte für weiteren Zündstoff: Sind es nur Steinmetzzeichen? Oder eine Binderune aus zwei Yr-Runen, Symbol der Wintersonnenwende und des herabsteigenden Erlösers? Oder nur Ausdruck von »Galgenhumor« eines der gelegentlich vom Amt Horn in diesen Höhlen eingesperrten Delinquenten? So schwankt die Einordnung des Raumes denn auch zwischen Sakristei, Tempel der Hierophanten (Lehrer der Mysterienweisheit) oder Ort der Wintersonnenfestkulte mit später Fremdnutzung. Oder war sie gar dem sterbenden Gott geweiht, der vom Höhepunkt des Jahres an langsam in der Dunkelheit entschwand?

Eine vierte Höhle, die so genannte Rekluse (Zelle, in die sich Klausner von der Welt zurückziehen), gähnt in 10 Metern Höhe über dem Teichrand. Sie ist so klein, dass ein Mensch weder darin stehen noch liegen kann. Vielleicht blieb sie unfertig. Visionäre vermuten in ihr die Schatzhöhle des Heiligtums, in der die Opfergaben verstaut wurden – oder Veledas Tresor.

Sicher inspiriert dieser Ort oft die Phantasie der Menschen. Wer für seine Faszination und äußerst kraftvolle Ausstrahlung empfänglich ist, der findet Verständnis dafür, ja, der vermag hier selbst fast mühelos die parallelen Welten der verschiedenen Realitäten zu durchwandern. Oder er empfindet zumindest wie der einst in Bad Pyrmont kurende Goethe den gefährlichen Zauber dieser Gegend: »Da ist ein Gebirgs-, ein Ortsname, der dorthin Winke zu geben scheint, herkömmliche Gebräuche sogar deuten auf die frühesten, roh feiernden Zeiten, und man mag sich wehren und

3 Der Zusammenhang mit Arminius und der Vernichtung dreier römischer Elitelegionen steht und fällt mit dem Ort der Schlacht im Teutoburger Wald, den man erst im 17. Jahrhundert in den Raum Lippe-Detmold verlegte und damit den Osning umtaufte. Seit 1989 glaubt man aber nun das Schlachtfeld gefunden zu haben: Weitab im Wiehengebirge, am Kalkrieser Berg bei Bramsche (nördlich von Osnabrück) gräbt derzeit ein internationales Team von Wissenschaftlern auf 17 km Länge und 2 km Breite ein römisch-germanisches Schlachtfeld aus. Bisher deutet vieles darauf hin, dass damit der Ort des Debakels des römischenn Feldherrn Varus gefunden wurde.

wenden, wie man will, man mag noch so viel Abneigung beweisen vor solchem aus dem Ungewissen ins Ungewisse verleitenden Bemühungen, man findet sich wie in einem magischen Kreise gefangen, man identifiziert das Vergangene mit der Gegenwart (...) weil man für einen Augenblick wähnt, man habe sich das Unfasslichste zur unmittelbaren Anschauung gebracht.«

Der heilige Sarg: Gott ist Erweckung

Vor dem Stausee, erst 1863 angelegt und nach dem Krieg erneuert, liegt ein isolierter Felsblock, der Sargstein. Unter der halbkreisförmigen Nische wurde in der Horizontalen die Hohlform eines menschlichen Körpers ausgemeißelt. Er blieb lange Zeit von einem Erdhügel überdeckt. Als man ihn freilegte, kamen auf der Rückseite zwei schmale, erst auf halber Höhe beginnende Treppen zum Vorschein. Natürlich prallen auch hier die Vorstellungen aufeinander: Haben wir es nur mit der mittelalterlichen Nacharbeit des Felsengrabes von Jesus zu tun oder mit einer altehrwürdigen Stätte für den Initiationsschlaf[4]? So genannte Kopfnischengräber lassen sich spätestens ab dem 7. Jahrhundert als germanisches Brauchtum nachweisen und dienten offensichtlich zur Bestattung christlicher Heiliger, Stiftsherren und vornehmer weltlicher Personen. Doch in diesem Grab hier scheint niemand beigesetzt worden zu sein.

Die so genannte Sakristeihöhle dahinter wartet mit einem besonderen Phänomen auf: Sie wirkt wie ein tönender Körper mit Verstärker. Wie eine offizielle Führerin berichtet, lässt sich das, was darin gesprochen wird, angeblich bis zum 300 Meter entfernen Waldrand hören. Da alle Grotten für den Besucherstrom verschlossen bleiben und durch starke Gitter abgesichert sind, kann man das nicht nachprüfen. Eine besonders starke Akustik entfaltet sich angeblich vor dem Sargstein. Sprach Gott aus der Grotte durch seine Priester zu den im Sarg Schlafenden? Ließ sich ein Rufer vernehmen? Gab er die unmissverständliche Aufforderung für eine Wiederauferstehung?[5]

Eine nationale Weihestätte

Vermutlich kamen die Edelherren und späteren Fürsten von Lippe schon im 12. Jahrhundert in den Besitz der Externsteine. Doch im Spätmittelalter sank ihre religiöse Bedeutung, die letzten Klausner wurden vertrieben.

4 Zum Initiations- und Tempelschlaf siehe Kapitel »Alter Turm im Klosterpark Mettlach/Saar«, Seite 159.

5 Beim megalithischen Haupttempel auf Malta, dem Hypogeum, fand man im »Kellergeschoß« einige nierenfömige Nischen, die als Schlafnischen gedeutet wurden, da sie, im Gegensatz zu anderen Räumen, keine Skelettreste aufwiesen. Über ihnen liegt der Orakelraum mit einer auffallenden Akustik. Ein kleines Loch, das so genannte Orakelloch, produziert, wenn man mit tiefer Stimme hineinspricht, ein solch pulsierendes Echo, dass es fast im ganzen Labyrinth hörbar ist.

Im fernen Florenz wusste man aber noch um die Heiligkeit der Anlage. Der katholische Großherzog aus dem Hause Medici bot im Jahre 1659 die ansehnliche Summe von 60 000 florentinischen Kronen für den Kauf des ganzen Objektes. Die Verhandlungen waren schon weit gediehen, als der protestantische Graf von Lippe plötzlich davon Abstand nahm. Sorgte er sich vor einer Belebung katholischer Kulte in seinen Landen? Oder gab es für die esoterisch sehr aufgeschlossenen Medici andere Interessen an diesem Heiligtum? Der Besitzwechsel hätte durchaus eine reizvolle Wende in der Geschichte des Ortes einleiten können. Stattdessen wandelte sich die Felslandschaft nun in eine gräfliche Vergnügungsstätte mit Anbauten und Bastionscharakter. Doch das Vergnügen dauerte nicht lange. Desinteresse ließ gegen Ende des 17. Jahrhunderts das Anwesen zusehends verwahrlosen und überwuchern.

Erst die Romantiker entdeckten es wieder. Schriftsteller, Künstler und Gelehrte pilgerten herbei und sorgten für einen neuen Mythos. Fürstin Pauline zur Lippe (die von 1810 bis 1813 regierte) ließ die Felsen in den »ursprünglichen« Zustand zurückversetzen sowie Treppen, Geländer und Brücken erneuern. In diesem Zustand finden wir sie heute noch fast unverändert vor.

Auch die Nationalsozialisten fügten sich in die Reihen der Bewunderer und erhoben die Externsteine zur »nationalen Weihestätte«. Reichsführer der SS, Heinrich Himmler, übernahm 1934 den Vorsitz der Externsteinstiftung. Seit dieser Zeit hat der Genius Loci gelegentlich etwas Mühe mit den Gästen und ihrem Treiben ... Mir persönlich war es noch nicht vergönnt, an einem der Feste zu den Tag-und-Nacht-Gleichen teilzunehmen, aber die Autorin Gisela Graichen reiste in den Achtzigerjahren zur Wintersonnenwende an: »Nachts nahm der Nebel noch zu, es begann zu stürmen. Durch die Dunkelheit ging ich vorsichtig den Weg zu den Felsen. Schon von weitem hörte ich eine sich überschlagende, schreiende Stimme, die vom Fuß der Steine herschallte: Allvater – Dir, Größter der Himmlischen, zeuge das Feuer, ich bin bei Dir, Deine Freunde sind bei Dir, seht her, die Sonnenwende! Immer und immer schrie die Stimme des Unsichtbaren in die Nacht hinein. Die Felsspitzen waren von schwankendem Fackelschein erhellt, überall flackerten Lichter, und wie bestellt schrie im Hintergrund ein Käuzchen.«

Der Himmel über den Externsteinen

Interessanterweise wurde das Gebiet um die Externsteine im Mittelalter Idafeld genannt. Genau so heißt in der »Edda«-Dichtung die Umgebung der Götterburg Asgard, die in der Nähe der Welt der Menschen (Midgard) lag: »Auf dem Idafeld/die Asen [das jüngere Göttergeschlecht] sich finden/und reden dort/vom riesigen Wurm/und denken da/der großen Din-

Der Riesenwidder an Felsen IV, Symbol des Gottes Heimdall und des Ram, eines Menschheitsführers des 7. Jahrtausends v. Chr.

ge/und alter Runen/des Raterfürsten«, so lautet »Der Seherin Gesicht« in der Edda. Die Regenbogenbrücke Bifröst verband Midgard mit Asgard und führte zu den zwölf Götterwohnungen mit ihren goldschimmernden Sälen. Eine Weltesche, der Weltenbaum Yggdrasil (Irminsul), erfasste mit ihren obersten Zweigen diesen Himmel. Ihre Wurzeln aber reichten in das tiefste Innere der Natur. Dort unten plätscherte Urd, die Quelle des Schicksals, an der die Nornen (Schicksalsgöttinnen) ihre Fäden spannen und in die Zukunft blickten.

Ringsherum zog sich der von Riesenhand errichtete Schutzwall. Außerhalb lag Utgard, das Reich der Riesen und Dämonen. An der Brücke Bifröst aber wachte der Widdergott Heimdall, dass niemand Unbefugtes in den Himmel eindrang. Mit dem Zeitalter des Widders, so heißt es, verlor der Mensch seine sonnenhaft hellseherischen Fähigkeiten, die ein leichteres Kommunizieren mit den höheren Bewusstseinsstufen ermöglichten. Im Zeichen des Widders vermag er sie sich aber neu zu erwerben und in die Einheit mit allem, was war, ist und sein wird, zurückzufinden.

Sind diese frappierenden Übereinstimmungen zwischen »Edda«- und Externsteinwelt zufällig? Eine Laune des Schicksals? Der Anthroposoph Rudolf Steiner behauptete, dass im Bannkreis dieser Felsen aus dem Geistigen heraus die Qualitäten und Inspirationen für die germanischen Stämme erweckt wurden. »Wenn Sie etwa eine Kreislinie zögen, sodass in diese Kreislinie hineinfallen würden die Städte Detmold und Paderborn, so kommen Sie in die Gegend, von der ausströmte die Mission der erhabensten Geister, welche nach Nord- und Westeuropa ihre Mission ausdehnten. Weil dort das große Inspirationszentrum war, deshalb ging später die Sage, dass Asgard eigentlich an diesem Punkte der Erdoberfläche gelegen habe. Es lag aber da das große Inspirationszentrum in uralter Vergangenheit, das Zentrum, welches dann später seine Hauptwirksamkeit abgegeben hat an das Zentrum des heiligen Gral« (Steiner, 1910, S. 135).

Die okkulte Überlieferung

Die alten Mythen der Menschheit, oft in ihren heiligen Büchern niedergeschrieben, beanspruchen keinen historisch-wissenschaftlichen Sachverhalt. Leider übersah man dies – nicht zuerst und nicht zuletzt – in der NS-Zeit. Mythen wollen über Sinnbilder und Symbole Erklärungen liefern, die, richtig verstanden, einen Weg ebnen, um zu ganzheitlicheren Wahrheiten vorzudringen.

Nach einer dieser Mythen gab es in der Menschheit bisher vier große Rassen. Die älteste, die gelbe, entstand im Osten, die rote im Westen, die schwarze im Süden und die jüngste, die weiße, im hohen Norden. Am Grab des Pharao Sethos I. sind sie alle vier vermerkt. Sämtliche Völker von heute sollen Mischungen, Abspaltungen oder Selektionen von ihnen entstammen. Ihnen allen aber gingen die Riesen voran, Riesen auch an Wissen über die Natur, noch fast in völliger Einheit mit ihr.

Die weiße Rasse soll nun irgendwann von ihrem ursprünglichen Siedlungsgebiet um die heute vereisten Gebiete des Nordpols aufgebrochen sein; begleitet von ihren Hunden und Rentieren, geführt von kühnen Häuptlingen und vorwärtsgetrieben von ihren Seherinnen. Ihre ursprüngliche Primitivität und Wildheit schliff sich in langen und bitteren Abhängigkeitsverhältnissen mit den ihr überlegenen Rassen allmählich ab. Wie jedes junge Volk lernte die weiße Rasse schnell und ertrotzte nach und nach überall die Freiheit oder gar die Herrschaft. Ihre eigene Überlieferung forderte, den wahren Kult um das Geheimnis der Sonne wieder aufzurichten[6] und die Sehnsucht nach der Wahrheit des Himmels in die Welt hineinzutragen. Ein Schisma, herbeigeführt durch Prophetinnen, die ihre Macht durch die Einführung von Menschenopfern absichern wollten, verursachte eine Aufspaltung der Rasse. Ihr großer Führer und Lehrer Ram (Rama) zog mit allen Traditionalisten um etwa 6700 v. Chr. gegen Osten und eroberte Indien und Tibet. Die Nachkömmlinge kehrten Tausende Jahre später in mehreren Wellen aus dem Osten zurück.

Ram, der auch den Beinamen Zodiak trug, legte in dieser Zeit sein Symbol des Widders ab, um sich mit dem des Lammes zu schmücken. Die alten heiligen Stätten der weißen Rasse aber bewahrten sein Symbol und warteten auf den Messias ihrer Rasse, der im Zeichen der Sonne weitab im Süden geboren werden sollte. Bis zu seiner Ankunft bewahrten sie die Mythen, die für seine Aufgaben Erklärungen boten. So weit die vor allem im 19. Jahrhundert »wiederentdeckten« kursierenden Überlieferungen. Sollten der »hängende Odin« und der große Widderkopf dicht unter dem Wackelstein am Wahrsagefelsen auch an die Lehren und Zeiten von Ram erinnern?[7]

6 Zum Sonnenkult siehe Kapitel »Der Questenberg in Questenberg«, Seite 76.
7 Auch an den Bruchhauser Steinen, die im nächsten Kapitel behandelt werden, sind vier Widderköpfe in die Felsen gemeißelt.

Mit der Zeit warf man den Mönchen des Paderborner Klosters Abdinghof Zügellosigkeit und Ausschweifungen vor. Deshalb, so erzählt man, unterstellten die Grafen von Lippe die religiöse Betreuung der Externsteine dem Kloster Werden bei Essen. Zahllose Sagen berichten vom Treiben und Widerstand Satans gegen eine Christianisierung der Stätte, ein deutliches Zeichen für eine nicht christliche Vorgeschichte. Vor allem soll der Teufel sein Recht auf das Sacellum geltend gemacht haben.

In folgender Sage werden zwei verschiedene Geschichten vermengt. Gerade der zweite Teil lässt darauf schließen, dass hier ältere Sinnbilder verändert und christianisiert wurden. Das hereinbrechende Licht der Sonne und der Eichenbrand könnten zu Metaphern erfolgreicher Verbindung (Hochzeit) zwischen Himmel und Erde, Gott und Natur gehören. Gott Donar suchte seine Eichen, fuhr mit dem Blitz hinein, um sie und die Erde zu heiligen.[8]

Die auf der Spitze des westlichen Felsens befindliche luftige Kapelle war kaum vollendet, als sie eingeweiht und die erste Messe in ihr von einem Mönch gelesen werden sollte. Dieser kam bei Tagesanbruch von Holzhausen her marschiert, erschrak aber nicht schlecht, als er beim ersten Stein aus dem Waldesdickicht hervortrat und etwa 50 Schritte vor sich den Satan erblickte, mit lang herausgestreckter glühender Zunge, aus den Augen Blitze schießend und von den Spitzen seiner Hörner Feuerflammen aussprühend. Das Böse hatte sich dem Felsen deshalb so genähert, um ihn womöglich samt dem auf seiner Spitze erbauten Kirchlein umzustürzen. Der Mönch, der die Absicht durchschaute, wandte sich deshalb zur Linken und kam so in einem halben Bogen an den Aufgang zur Kapelle. Er hatte sich ihr bereits genähert, als der aus seinem Versteck tretende Unhold grimmig brüllend einen ungeheuren Stein ergriff und nach dem heiligen Mann schleuderte, der aber durch die vorstehenden beiden Felsen hinlänglich geschützt war. So traf der Stein nur die äußerste Kante des vierten Felsens, wo er hängen blieb und wunderbarerweise heute noch hängt.

Unser eifriger Priester hatte nun kaum wohlbehalten seine Messe beendet, als er von einem ungewöhnlichen Mute beseelt wurde und den Trieb in sich fühlte, dem Widersacher rückhaltlos Trotz zu bieten und dadurch den Glauben der um ihn versammelten Menge zu stärken. Gedacht, getan. Im Nu entstanden von selbst zur Seite des Altares vier Treppenstufen. Durch dieses Wunder noch mehr ermutigt, bestieg dergeistliche Held sie sogleich, ohne an die Gefahr des Hinabstürzens zu denken, und stand auf

8 Zu Donar und seinen heiligen Eichen siehe Kapitel »Donareiche zu Geismar«, Seite 148.

einmal auf der Zinne des kleinen Tempels, umleuchtet von den Strahlen der soeben aufgegangenen Morgensonne. Von hier sandte er dem inzwischen etwas vorgedrungenen Fürsten der Finsternis einen Schwall Weihwasser und Verwünschungen entgegen, sodass Letzterer zurückwich und sich in eine benachbarte hohle Eiche zurückzog, die sogleich verdorrte. Der Teufel verschwand, um nie wieder in diese ihm verhasst gewordene Gegend zurückzukehren. Ein von einem furchtbaren Donnerschlage begleiteter Blitzstrahl fuhr noch am selben Tag in die Eiche, entzündete und vernichtete sie, sodass keine Spur mehr von ihr übrig blieb.

Steckbrief: Externsteine im Teutoburger Wald

Lage:

Auf der A2 Hannover–Dortmund bis zur Ausfahrt Bad Salzuflen, dann auf der Bundesstraße 239 über Detmold nach Horn-Bad Meinberg oder ab Ausfahrt Hillegossen via Bundesstraße 66 über Lage nach Detmold. Zwischen Detmold und Horn-Bad Meinberg liegt das gut ausgeschilderte Naturschutzgebiet mit den Externsteinen. Vom überdimensionierten Parkplatz ist noch etwa 1 Kilometer Wegstrecke zurückzulegen.

Besonderheiten:

Die Externsteine sind der östliche Ausläufer der langgezogenen Kette des Eggegebirges, die etwa auch an dieser Stelle in den Teutoburger Wald übergeht. Sie bestehen aus dreizehn Sandsteinfelsen. Vier bilden die eigentlichen Externsteine, neun sind nach Osten hin zu einem eigenen Höhenzug vereinigt, dem so genannten Knickenhagen. Einst wuchsen in ihren Spalten Moose, Algen, Gräser, Sträucher und Bäume. 1934 wurde dieser Bewuchs entfernt.

Geschichte und Sage:

Vielleicht schon eine Kult- und Mysterienstätte der Vorzeit, verbunden mit Orakel und einem Sternenheiligtum; manch einer möchte vor den Germanen schon Kelten vor Ort vermuten. Arminius, der Germaneneiniger, soll hier in den ersten Jahren nach der Zeitenwende vor den alljährlich erscheinenden Delegationen der Stämme gepredigt haben. Die Seherin Veleda, von römischen Autoren im Zusammenhang mit dem Aufstand des Civilis 68–70 n. Chr. erwähnt, soll hier geweissagt haben. Die Felsen gelten als einer der möglichen Standorte für die Irminsul, Hauptheiligtum der sächsischen Stämme, die Karl der Große 722 zerstören ließ. Seit dieser Zeit oder später lebten Eremiten in den Felsen und in den schon vorhandenen Höhlen. 1093 kaufte das Benediktinerkloster Abdinghof die Steine von einem sächsischen Adelsgeschlecht. Angeblich bildeten sie in der Landschaft die Felsheiligtümer von Jerusalem nach. Bis zur Reformationszeit fanden in der Haupthöhle Gottesdienste statt, danach entstand eine Vergnügungsstätte mit Bastionscharakter der Grafen von Lippe, die bald verwahrloste. Fürstin Pauline von Lippe ließ die Felsen zwischen 1810 und 1813 in ihren ursprünglichen Zustand bringen, in dem sie weitgehend bis heute verblieben.

Anfahrt mit der Bahn:

Regionalverkehr Bielefeld–Paderborn, Bahnhof Detmold; von dort mit einem Bus bis Holzhausen. Da die Externsteine mitten in einem Naturschutzgebiet liegen, braucht man von hier zu Fuß noch etwa 20 Minuten.

Nächstes Tourismusbüro:

- WMG Lippe, Abt. Touristik, Bachstraße 45, D-32756 Detmold; Tourist-Information, Kirchplatz 6, Schlangen, Tel. 0049 (0) 5252 810-0;
- Kur- und Verkehrsverein Horn-Bad Meinberg, Postfach 2349, D-32797 Horn-Bad Meinberg, Tel. 0049 (0) 5234 989 03

Wichtige kunsthistorische Ziele in der Umgebung:

- Hermannsdenkmal auf der Grotenburg bei Detmold;
- Residenzschloss und historischer Stadtkern Detmold;
- Burg Sternberg, Extertal;
- Jagdschloss Oesterholz,
- Burgruine Kohlstädt und archäologischer Lehrpfad in Schlangen;
- Burg und historischer Stadtkern von Horn-Bad Meinberg.

Nächste Museen:

Burgmuseum
- (Externsteinmuseum), Burgstraße 13, Horn;
- Frühgeschichtliches Freilichtmuseum Oerlinghausen;
- Residenzschloss Detmold;
- Westfälisches Freilichtmuseum,
- Krummes Haus in Detmold;
- Lippisches Landesmuseum, Ameide 4, Detmold.

Der besondere Tipp:

Nicht weit von den Externsteinen erhebt sich die ihre Landschaft beherrschende Groteburg. In dieser bedeutenden und gewaltigen altgermanischen Wallburg errichtete man im Jahre 1840 für Arminius (Hermann), den Einiger Germaniens, ein etwa 27 Meter hohes Standbild, das Hermannsdenkmal. Ein interessanter und informativer Videofilm berichtet über das ehemalige Fürstentum Lippe und dessen Nachfolger, den Landesverband Lippe, ein Ländchen »im Zeichen der Rose«.

ISTENBERG UND BRUCHHAUSER STEINE IM HOCHSAUERLAND

Der Kultbund der Istväonen

Nahe der Stadt Brilon im Sauerland erheben sich vier malerische Felskanzeln über die Kronen der Bäume. Sie sind Teil eines Gebirgsrückens, der sich von Winterberg bis hierher erstreckt, Bruchhauser Steine genannt. Diese vier Höhen wiederum prägen gemeinsam den mythischen Istenberg: den nördlichen Bornstein (700 m) mit seiner 87 Meter hohen Wand, den Ravenstein im Nordwesten, den nordöstlich gelegenen, stark zerklüfteten Goldstein im Osten und im Süden den Feld- oder Königsstein (756 m) mit seinem Gipfelkreuz. Sie alle entstanden in der so genannten Devonzeit durch das Erkalten von Lavaströmen. Seit 1951 steht der Istenberg unter Naturschutz; hier wachsen rund dreißig zum Teil sehr seltene Pflanzen- und Flechtenarten. Außerdem brütet der Wanderfalke in dieser Bergregion.

Wanderer und Besucher wissen oft nicht, dass sie vermutlich eines der ältesten Heiligtümer Mitteleuropas betreten, eine ehemals bedeutende Mysterienstätte und Mittelpunkt eines Kultbundes früh- oder vorgermanischer Stämme. Hier, mitten in der heute noch wenig besiedelten Landschaft, könnte mittels Felsreliefs Menschheitsgeschichte gemacht und gelehrt worden sein. Eine frühe Weisheitsschule, an der man den Weg der Menschheit lehrte? War dieser Naturtempel und diese zugleich gewaltige vorchristliche Wallburganlage zugleich die Urzelle eines frühen germanischen Priesterkönigtums, auf das sich später die fränkischen Karolinger stützten, um damit das deutsche Kaisertum zu begründen? Möglicherweise handelt es sich bei diesem Ort sogar um das sagenhafte germanische Heiligtum Tanfana? Wie dem auch sei: Das Land Westfalen wirbt auf alle Fälle mit einem »Denkmal ersten Ranges, älter als die Dinosaurier«!

Im Sommer 1997 reiste ich mit dem EC nach Köln. Neben mir saß ein gepflegter älterer Herr, die Augen geschlossen und ganz in sich selbst zurückgezogen. Kaum hatte ich aber ein Buch aus der Tasche hervorgeholt, als er die Augen aufschlug und einen raschen Blick auf den Titel warf: Otto Höfler, »Der Runenstein von Rök« (über germanisches Sakralkönigtum). Es dauerte nicht lange, und er sprach mich an. Im Laufe der folgenden Unterhaltung erfuhr ich die spannende Überlieferung vom ersten Exodus eines der zwölf Stämme Israels nach Germanien.

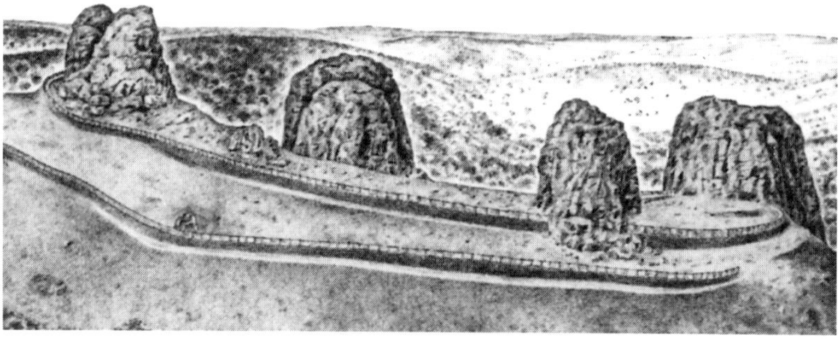

Die vier heiligen Felskuppen des Istenbergs lassen den Betrachter unwillkürlich an die vier Ecken, Säulen oder Richtungen der Welt denken, vielleicht auch an die untere Welt der Elemente?

Aus dem ersten Königreich Israels vertriebene Hebräer im Sauerland, werden Sie sich fragen. Benjamin, der zwölfte und in der festgelegten mythischen Reihenfolge letzte Stamm des Volkes Israel, hatte schon während der Landnahme die größte soziale und politische Einheit geschaffen. So kam auch der erste König aus ihren Reihen, der Richter, Prophet und »von Gott erweckte« Saul. Ihm gelang es, aus dem losen Sakralverband die Reichseinheit Israels unter einem Heereskönigtum zu sichern. Dabei scheinen er und sein eigenes Volk mehrmals gegen die alte Sakralordnung verstoßen zu haben. Die Bibel lässt diese Geschehnisse im Dunkeln. Saul verfiel schließlich dem Wahnsinn und beging nach einer Niederlage gegen seinen Gegner und Nachfolger David um 1002 v. Chr. Selbstmord. Mit David saß nun einer aus dem Stamm Juda auf dem Königsthron.

Starke Verbände der Benjaminiter müssen um diese Zeit aus nicht geklärten Gründen Israel fluchtartig verlassen haben oder vertrieben worden sein. Sie brachten Königtum und Einheitsgedanken über Griechenland (Sparta) zu den germanischen und keltischen Stämmen. Ob der langhaarige Mystiker Saul dabei als Vorbild für das frühe Königtum der Franken diente? Dies versichern zumindest einige selten ernst genommene Legenden.[9] Stammte das sagenumwobene erste fränkische Königsgeschlecht der Merowinger ebenfalls aus hebräischer Blutslinie? Lebten und lehrten Benjaminiter im Sauerland, am Istenberg?

9 Auch die Ursprungssage der vermutlich keltisch-germanischen Böhmen spricht vom ersten Führer des Volkes, dem »Richter Krock«. (Die bekannteste seiner drei Töchter ist Lebussa, die erste Königin.) Einen ähnlichen Namen führt in einigen hessischen Sagen der Riesenkönig Kruko oder Kruk, der mit seinen drei Töchtern auf dem Krukenberg residierte. Und mit der Invasion der jütländischen Angeln und Sachsen seien die Engländer zu Benjaminitern geworden, behauptet eine Inselüberlieferung.

Der benjaminitische König Saul, ein Vorbild oder gar Ahnherr der sugambrischen Könige?

Die Bruchhauser Steine: Nachbarn des »ewig Seienden«

Die vier Felsen des Istenberges bilden so etwas wie Eckbollwerke einer Wallanlage, die man ins 6. Jahrhundert v. Chr. datiert. Den Ausgrabungen nach war die Anlage bis etwa 150 v. Chr. in Gebrauch, um danach erst wieder im frühen Mittelalter genutzt zu werden. Das Geviert von 220 auf 380 Meter ist nur im Norden und Süden durch zwei hintereinander liegende und ungleich lange Mauerwälle aus mächtigen Porphyrblöcken gesichert. Im Westen und Osten genügten wohl die Steilhänge als Schutz. Auch die einzelnen Felsen wurden zu kleinen, in sich geschlossenen Befestigungswerken ausgebaut. Ob Einzel- oder Gesamtbefestigungen zugleich entstanden, bleibt ungewiss. Die Fundstücke lassen zusätzlich einen Versammlungsplatz und ein Felsheiligtum der Frühzeit vermuten, wie der Ausgräber Winkelmann meinte (1983, S. 6).

Die Forschungsarbeiten an Felsen und Wall begannen schon 1819. Leider wurden die Grabungen nach dem Zweiten Weltkrieg bis heute nicht weitergeführt, sodass »zunächst mehr Fragen und Rätsel als sichere Antworten« blieben. Noch mehr Rätsel ergeben sich, folgt man den Aufsehen erregenden Fotos und Interpretationen der Vorgeschichtsforscherin und Dozentin für Bildende Kunst, Elisabeth Neumann-Gundrum. Ihre Deutungen von Felsskulpturen ließen sie zu dem Ergebnis kommen, hier vor einem »ehemaligen bedeutendem geistigen Zentrum« zu stehen. Sie deutete Ist(enberg) als megalithischen Sprachrest, der von den indogermanischen Einwanderern übernommen worden war und »das Nicht-Entstehende, Nicht-Vergehende, das, was bleibend wirklich ist, Ewiges im Unterschied zu Sterblichem« meinte (Neumann-Gundrum, 1981, S. 34).

Dieser Seitenfels wird »Der große Kurfürst« genannt.

Bornstein: Der »Alte vom Berge«, Attribut des großen Schöpfers, der »uralte heilige Vater«, die Quelle allen Seins.

Da im Ungarischen »isten« Gott bedeutet und Elisabeth Neumann-Gundrum – im Einklang mit anderen Sprachforschern – Istväonen als Umwohner des Ewig Seienden übersetzt, glaubt sie, im Istenberg das Hauptheiligtum des gleichnamigen Kultbundes gefunden zu haben.

Kultbünde der alten und vorgermanischen Völker ...

Der römische Schriftsteller Tacitus berichtete in seiner »Germania« von drei Kultbünden der Germanen: Istväonen, Ingväonen und Herminonen. Sie sollen ihren Namen nach den Söhnen des germanischen Stammvaters Mannus tragen. Mannus selbst war der Sohn des Tuistos, eines »der Erde entsprossenen Gottes«. Tacitus nannte aber keine zugehörigen Stämme der Kultbünde. Der römische Historiker Plinius der Ältere holte dies nach, irrte sich dabei aber leider häufig. Die Sigambrer oder Sugambrer (= Hüter des Stammesheiligtums) samt ihren Untervölkern beherrschten den Bund der Istväonen und hüteten dessen Überlieferungen. Ihrem frühen Sakralkönigtum fiel vermutlich eine zentrale Rolle zu. Die Volkszuschreibung dieser Stämme verursacht aber bis heute weiteres Kopfzerbrechen.

Die etwas naive, politisch zweckmäßige und langlebige Einteilung Caesars, nach der links des Rheins Kelten, rechts des Rheins dagegen Germanen lebten, gilt bei vielen interdisziplinär arbeitenden Forschern heute als unhaltbar. Keltische Stämme in Gallien nannten sich schließlich selbst Germanen, rechtsrheinische Germanen dagegen wurden durch neue Funde und Sprachforschungen als Kelten entlarvt. In den letzten Jahrhunderten vor Christus lebten, vermutlich stark zusammengedrängt, in einem Keil zwischen Oise und Aller zudem noch ältere Völkerstämme, die sich nicht genau einordnen lassen. Sie dürften zumindest in vorchristlicher Zeit weder den Germanen noch den Kelten zugeordnet werden. Im Osten reichte das Gebiet der alten Völker bis in den Harz. Westlich setzte es sich durch Belgien bis nach Nordfrankreich fort (Hachmann, Kossack, Kuhn, 1962). Die Sigambrer mit ihren mutmaßlichen Teilstämmen der Kugerner oder Kuberner (= Kuhdiebe, keltischer Spottname für einen unbekannten älteren Eigennamen) und die Marser (oder Marsen = Marsanhänger?) gehörten wahrscheinlich zu jenen alten Völkern. Auch die Gambrivier (= Entschlussfreudige in Wort und Tat). Hierbei mag es sich auch nur um eine ältere Bezeichnung der Sigambrervölker handeln.

Sie alle, zusammen mit den anderen Stämmen der Istväonen, könnten damit zu den Vorläufern der Erbauer der Großsteinanlagen zählen. In vielen Sagen tauchen die Angehörigen dieser Völker als alte Riesen auf. Mehr als eine ungewisse Zuordnung von Mitgliedern hat sich über diesen Kultbund nicht überliefert, zumindest nicht direkt.

... und ihr angebliches Ende

Die Römer stempelten die Sigambrer zu ihren Erbfeinden, wofür es aus ihrer Sicht zumindest psychologische Gründe gab. In den zahllosen Auseinandersetzungen hatte sich das Volk der Sigambrer nämlich als nicht sonderlich zimperlich erwiesen, wenn es um das Töten römischer Soldaten, vor allem aber römischer Offiziere ging. Besonders aufreizend fanden die sieggewohnten Legionäre des Imperiums, dass die Sigambrer jeweils schon vor den Kriegszügen gegen die Römer provokativ zuversichtlich die erwartete Beute verteilten. Und sie machten in der Tat große Beute, die sie über den Rhein brachten. Dem römischen Feldherrn Drusus gelang es schließlich im Jahre 11 v.Chr., die Sigambrer vernichtend zu schlagen.

Rom hielt von da an den freiheitsliebenden und aufmüpfigen Stämmen gerne die totale Vernichtung der Sigambrer als warnendes Beispiel vor Augen – eine frühe »Ente« aus der militärischen PR-Küche. Der größte Teil des Volkes entging der Vernichtung vermutlich durch Rückzug in den Osten. Die Römer selbst siedelten 40 000 Überlebende auf dem linken Rheinufer an. Dort gingen die Sigambrer später in den Kannefaten und Kugernern auf oder tauften sich um. Diese beiden Stämme wiederum gehören mit zu den Völkern, aus denen später die salischen Franken entstanden, die das als besonders heilig geltende Königsgeschlecht der Franken stellten: die merowingischen Könige mit ihren langen Haaren, die sich ihrem Volk auf von weißen Ochsen gezogenen Kultwagen zeigten.

Als der Merowingerkönig Chlodwig (der von 481 bis 511 n.Chr. regierte) seine Verwandtschaft flächendeckend ausgerottet und damit die

Oft glaubt man Tiergesichter zu sehen ...

Einheit der Franken erzwungen hatte, fühlte er sich bereit, das Christentum anzunehmen. An einem Weihnachtstage im Jahre 481 wurde er von Bischof Remigius von Reims getauft, der dabei die viel zitierten Worte sprach:

> *»Beuge demütig dein Haupt, Sigambrer,*
> *bete an, was du bisher verbrannt hast,*
> *und verbrenne, was du angebetet hast.«*

Der Ravenstein

Nähern wir uns dem Felsen des Ravensteins, blickt uns eine weibliche Figur entgegen. Leider kann im Zuge der Erhaltung des Naturschutzgebietes und der archäologischen Denkmalpflege der Ravenstein nicht mehr direkt betreten werden. Elisabeth Neumann-Gundrum beschrieb aber, dass sie Mund- oder »Atemgeburt« eines reifen Mannes und die Nasengeburt zweier Köpfe, eines Mädchens und eines Jungen, erkennen konnte. Solche Atemgeburten spielen in alten Mythologien eine wichtige Rolle. Auch das Johannesevangelium beginnt mit den viel zitierten Sätzen: »Am Anfang war das Wort. Und das Wort war bei Gott, und Gott war das Wort ...« Steht nicht an jedem Anfang zunächst die begriffliche Fixierung einer Idee, die erste Beschreibung oder die Lautmalerei? Dem Bildwerk genau gegenüber lädt ein ausgehauener Steinsitz zum Betrachten und Meditieren ein.

Der Feldstein

Vom Ravenstein führt ein schmaler Pfad zum Feldstein, der höchsten Erhebung. Unmittelbar vor dem östlichen Fuß erstreckt sich ein beachtlich flaches Gelände. Deutet es auf einen Versammlungsplatz oder ein Versammlungsfeld? Von der Nordwand des Feldsteins blickt ein überdimensionales Gesicht auf uns herab. Etwa 11 Meter hoch, mit breiter Stirn, schaut es uns mit zwei unterschiedlich geformten Augen an, wobei das dem Betrachter zugewandte rechte sehr viel dunkler ist. Das ungleiche Augenpaar, oft als Zeichen eines erwachten Bewusstseins gedeutet, prangt auch von ägyptischen Tempelwänden. Der germanische Gott Wodan und sein keltisches Gegenstück, Lug, tragen sogar eine dunkle Klappe über dem rechten Auge.

Auf der Feldsteinkuppe steht ein schlichtes Kreuz. An seinem Fuße treffen sich die Bewohner der umliegenden Dörfer zu christlichen Andachten. Dabei stehen oder sitzen sie vor einem natürlichen Tonnengewölbe mit höhlenartigem Durchgang, der möglicherweise ebenfalls kultischen Zwecken diente. Diese Umgebung mit ihren abstrusen und eigenwilligen »Bildprogrammen« aktiviert die Phantasie und lässt unsere Spekulationen ins Kraut schießen.

E. Neumann-Gundrum datierte diese «abstrahierende Monumentalkunst« mutig in das Jungpaläolithikum (um 32 000 v.Chr.), dessen Ende mit den Höhlenmalereien des so genannten Magdalenien (etwa 8000 v. Chr.) zusammenfällt. Der Beginn des Jungpaläolithikums wäre dann gekennzeichnet vom ersten Auftreten des Homo sapiens, der folglich eine ganz erstaunlich hohe Spiritualität und Kunstfertigkeit aufgewiesen hätte. Warum nicht!

Vom Bornstein zum Goldstein

Auf dem Gipfel des Bornsteins entsprang früher eine Quelle, so glaubten zumindest die Menschen dieser Gegend. Dabei sammelt sich nur das Regenwasser in einer natürlichen Mulde und fließt mitunter in starken Rinnsalen von der Höhe herab. Diese Bergkuppe trägt am Gipfel den markigen Kopf eines Alten mit hoher Stirn und leicht lächelndem Mund, eine Figur voller Anmut und Würde. Man denkt unwillkürlich an den «Alten vom Tage«, eine Metapher für Gott, den Schöpfer der Urquelle und des universalen Zentrums, aus dem alle Dinge hervorgehen.

Die gesamte Westkante des Goldsteins – der Berg verdankt seinen Namen vermutlich den goldgelb glänzenden Quarzadern im Fels – bildet ein riesiges, eindrucksvolles Kopfprofil. Aus seinem Mund wird ein weite-

Goldstein: Zwiesprache mit dem Homo sapiens. Die Szene ist selbst nur eine so genannte Atemgeburt eines noch größeren Kopfes.

rer Kopf geboren, der wiederum Augenkontakt mit einem dritten Kopf an der gegenüberliegenden Wand sucht, auf den er hinunterblickt. Dieser kleinere Kopf hat wulstige Augenbrauen, einen flachen Nasenrücken und einen vorgeschobenen Mundbereich. E. Neumann-Gundrum schrieb hier von «Zwiesprache mit einem schönen jungen Mann (Sapiens)« und zitierte den Schweizer Zoologen Professor Dr. Hans Mislin: »Man weiß, dass gleichzeitig mit dem Neandertaler in verschiedenen Regionen der Erde Homo sapiens lebte. Das waren Partner. Die hatten tatsächlich Zwiesprache. Diese Konfrontation war sicher als eine echte Konfrontation gelebt worden, und dieses echte Gegenüber muss wohl einer der gewaltigsten Bewusstseinserkenntnisprozesse für den Menschen gewesen sein, den man sich überhaupt denken kann. Der Urmensch lebte zusammen mit dem neuen Menschen. Was müssen die sich gesagt haben? (...) Der Homo sapiens sah und sieht dem Neandertaler ins Auge ..., das ist mehr als heiter, dass ist so erheiternd, dass das Tagwerden, das Bewusstsein des Homo sapiens in Realisierung des Neandertalers wohl überhaupt stattgefunden haben dürfte. Das Erwachen des Homo sapiens zu sich selber resultiert aus diesem Gespräch! Der Überlegene, der Unterlegene, der Herr, der Knecht? Was wissen wir? Es ist wahrhaft eine tolle Sache, und es ist welterregend!« (Neumann-Gundrum 1981, S. 122.)

Rätselhafte Gesichter und Symbole: Gott ist Erwachen

Vom Zauber des Ortes gefangen, finden wir überall monumentale Bilder. Andere Augen, andere Stimmungen werden jeweils neue Figuren aus den Felsen hervortreten lassen: seltsame Tiergestalten, götter- und men-

Der Spitznasige vom Bornstein.

schenhafte Wesen. Leider lassen spätere, teilweise wohl mutwillige Zerstörungen ursprüngliche Intentionen nicht immer erkennen. Vor allem Einzelheiten, wie sie E. Neumann-Gundrum noch entdeckte, sind aus der Ferne nicht auszumachen.

Die Felsen selbst dürfen mit Ausnahme des Feldbergs nicht mehr erklettert werden. Das größte Rätsel liegt nun darin, dass die Natur im Wesentlichen selbst diese Reliefs geformt hat und der Mensch vermutlich nur in Details ein wenig nachhalf, um seine Eindrücke stärker zu betonen. Mit großem Staunen und Respekt stehen wir heute davor. Und mit immer neuen Fragen:

Was mag das für ein geistiges Zentrum, was für eine uralte Mysterienstätte sein, die das Erwachen der Menschheit darstellte und in der es nicht um leibliches Werden, sondern um geistige Geburten ging? Dürfen oder müssen wir hier von einer zentralen Einrichtung ausgehen, die ihren eigenen Kult gebildet hatte? Oder sollten diese Felsengötter nur über das Land wachen und bestimmte Wahrheiten über die Zeitalter festhalten, wie man es von den großen Pyramiden und der Sphinx vermutet? Eine ähnliche Bilderfülle in Felsengestalt ist bislang auf deutschem Boden nur von den Externsteinen bekannt. Warum weiß uns die Überlieferung nichts davon zu berichten?

Möglicherweise ist dieses Heiligtum aber mit dem des Kultbundes der Istväonen identisch. Dann verehrten diese hier die Göttin Tanfana. Das behaupten jedenfalls die meisten Übersetzer des Tacitus.

Istenberg und der geheimnisvolle Tempel Tanfana

Im Jahre 14 n. Chr., 25 Jahre nach der vermeintlichen totalen Vernichtung der Sigambrer, eroberte der Feldherr Claudius Drusus der Jüngere, genannt Germanicus, das Gebiet der Marser. Er wollte sich rächen für die schmähliche Niederlage seines Vaters Varus im Gebiet des Teutoburger Waldes. Bei dieser Schlacht hatten die Marser neben den Cheruskern eine nicht unerhebliche Rolle gespielt. In vier keilförmigen Abteilungen verheerten die Römer nun einen Landstrich von 75 Kilometern Breite, »kein

Vom Feldberg aus gesehen, erinnert der fünfte Fels an ein Trollweibchen.

Geschlecht, kein Alter, keinen Altar schonend«. Dabei ließ Germanicus das zentrale Heiligtum Tanfana, in einem nicht zu lokalisierenden »Caesischen Wald« gelegen, zerstören. Die Römer hatten ein leichtes Spiel. Niemand von den Marserkriegern vermochte nämlich Widerstand zu leisten, befand sich doch der gesamte Stamm infolge eines wahrhaft gelungenen Erntedankfestes im Zustand der Volltrunkenheit.

Die Marser lebten also an der gleichen Stelle wie vorher die Sigambrer. Diese neuen Bewohner trugen offensichtlich die Verantwortung für das zentrale Heiligtum. Der germanisch-romanisierte Kriegsgott Mars galt als Hüter des Things, der Versammlungs- und Kultstätte des Volkes. Die Stammesbezeichnung (Marser) könnte diese Verantwortung andeuten. Eine solche Verantwortung umfasste neben dem Schutz eines Heiligtums in aller Regel auch den priesterlichen Kult. Aus diesem Grund können die Marser aber kaum fremde Eindringlinge gewesen sein, die nach Teilumsiedlung und Vernichtung der Sigambrer deren verlassenes Gebiet besetzt hatten. Die Marser dürften eher ein Unter- oder Teilstamm der Sigambrer gewesen sein.

Ein wirkliches Volks- und Stammesbewusstsein hatte sich zur damaligen Zeit noch nicht ausgeprägt. Man scharte sich höchstens um einen Kult oder einen Führer. An eine politische Einheit dachte dagegen noch niemand. Die Namengebung erfolgte zumeist von außen, variierte und änderte sich häufig. Es ist ein Phänomen, dass sich die Zuordnungen einzelner Familien und sogar ganzer Stämme bis zur Völkerwanderung noch völlig im Fluss befanden.

Groß- oder Allheiligtum

Befand sich hier am Istenberg also das Heiligtum Tanfana, das die Marser zu behüten hatten? Ist es identisch mit dem Hauptheiligtum aller im Bund der Istväonen versammelten Stämme? Wenn dieser Bund, wie gesagt, weniger germanische als vielmehr ältere Traditionen umschloss, dürfen wir keinen schlichten germanischen Hain erwarten. Eine Lehr- und Ausbildungsstätte an heiligen Felsen läge näher. Archäologische Funde sprechen von einem Verlassen der Bruchhauser Steine noch im 2. Jahrhundert v. Chr. Also haben die Römer 14 n. Chr. nicht dieses Heiligtum zerstört. Welches aber dann?

Tacitus nennt in den »Annalen« I, S. 51, eine Göttin Tanfana, die sonst aber nirgendwo erwähnt wird und völlig unbekannt ist. Der genaue Text lautet: »Profane und heilige Stätten und auch das bei jenen Völkern für hochheilig geltende Heiligtum, welches man das der Tanfana nannte (celeberrimum illis gentibus templum quod Tanfanae vocabant), wurden dem Erdboden gleichgemacht.« Wilhelm Teudt (1936, S. 253ff.) machte den interessanten Vorschlag, das »e« am Ende zu ignorieren und den Nominativ pluralis einzusetzen. Dann hieße »fana« Heiligtum, während das vorangestellte »tam« oder »tan« (vor einen Begriff gesetzt, als Vergrößerung) ein Gesamtheiligtum, Großheiligtum oder Allheiligtum bezeichnete. Wenn dies stimmt und wir den Istenberg mit dem Hauptheiligtum der Istväonen gleichsetzen, dann hätte Germanicus nicht ein Zentralheiligtum zerstört, sondern lediglich eines, das er dafür hielt, beispielsweise eine Wallanlage mit heiligem Hain, den Festplatz oder Bier-(Met-)garten der Marser. Oder befand sich etwa der Kultbund schon in Auflösung und traf sich an einem neuen Ort, um neue Götter zu verehren?[10] Oder sind gar die Historiker wieder einmal einer erfolgreichen Propaganda römischer Militärs aufgesessen?

Das Großheiligtum am Istenberg überstand und überlebte offensichtlich alle: Istväonen, Römer, Altsachsen und Benjaminiter. Nur unverdrossene und alle Schilder missachtende Hobbykletterer sowie des Nachts ihr Unwesen treibende suspekte Sekten bereiten heute Mühe – und irreversible Schäden.

Ganz im Gegensatz zu den Bruchhauser Steinen, deren kultische Nutzung allzu weit zurückliegt, gibt es einige Sagen rund um den nahen Borberg. Die Sage von der Nonne Pia am Borberg und ihrer Schwester weist gerade noch kenntliche Teile des häufigen Grundmusters eines Initiationserlebnisses auf: die Hochzeit der reinen, hübschen und jungen Braut mit dem stattlichen Bräutigam, die mystische Hochzeit der aufnehmenden Form mit dem Geist, der Idee. Pia sucht das Licht außerhalb ihres Eingeschlossenseins (Kloster) und bezahlt ihre Neu- und Wiedergeburt mit dem Tod ihrer »alten Persönlichkeit«. Ob man dieses Erlebnis auch tatsächlich mit dem Kultzentrum am Istenberg in Verbindung bringen darf?

10 Auch der Essener Stoppenberg, wo im Jahre 1073 ein Kloster und Frauenstift auf einer heidnischen Opferstätte erbaut wurde, zählt zu den mutmaßlichen Tanfanaorten. Heute leben und beten an diesem Ort Schwestern aus dem Orden der »beschuhten Karmeliterinnen«.

Im Mittelalter stand auf dem Borberg ein Nonnenkloster, in dem auch die Tochter des Grafen von Bruchhausen als Nonne lebte. Die Burg der Grafen ragte fest und drohend unterhalb der sechs Bruchhauser Steine empor. In der Burgkapelle fand einst die festliche Trauung einer weiteren Tochter des Grafen, einer Schwester der Nonne Pia, statt, die mit dem Prinzen Harald aus Nordland vermählt wurde.

Die beiden Grafentöchter hingen sehr aneinander, und so wurde es der Nonne Pia schwer ums Herz, als sie erfuhr, dass ihre Schwester bald als Gattin mit dem nordischen Prinzen fortreisen würde, ohne ihr ein letztes Mal die Hand zum Lebewohl drücken zu können. Die Ordensregel verbot ihr nämlich, die Mauern des Klosters zu verlassen oder auch nur einen Blick auf den Prinzen aus dem Nordland zu werfen. Ungeachtet des Verbots brannte in ihrem Herzen die Sehnsucht, der Trauung beizuwohnen.

Als sich nun die Nacht auf Berg und Burg herabsenkte, legte Pia heimlich das Ordenskleid ab, schlüpfte in das Gewand einer treuen Magd und stieg beim ersten Morgengrauen zur Burgkapelle hinab. Unbemerkt gelangte sie hinein, während Hunderte von Neugierigen unter dem Klang der Glocken, brausendem Orgelton und festlichem Kirchengesang sich in der Halle drängten. Unerkannt kniete Schwester Pia in einer der Kirchenbänke. Nun schwiegen die Glocken, und die Orgel spielte zarte Weisen, denn das Brautpaar betrat die Kapelle. Pia erhaschte einen Blick auf ihre vor Glück strahlende Schwester und den stolzen, jungen Bräutigam. Stille Seligkeit senkte sich in Pias Seele, und sie betete um Glück und Segen für das Brautpaar. Erst nach der Trauung, als alle Gäste verschwunden waren, schreckte sie auf, erhob sich müde und voller Scham, gegen die heilige Ordensregel verstoßen zu haben. »Vergib mir, o Gott«, stöhnte sie, »und nimm mein Leben zur Sühne für meine Sünde!«

Draußen aber lag Gewitterschwüle über der Landschaft, als Schwester Pia die Kirche verließ und zum Kloster hinaufstieg. Düstere Wolken dräuten Unheil. Und als Schwester Pia an einem der Bruchhauser Steine vorbeischritt, zuckte der erste grelle Blitz nieder, dem ein krachender Schlag folgte. Ein markerschütternder Schrei, dann das Aufschlagen felsiger Trümmer: Schwester Pia lag unter den Stücken des zerschmetterten sechsten Felsens begraben. Seitdem zählt man nur noch fünf Bruchhauser Steine.

Steckbrief: Bruchhauser Steine

Lage:

An der Bundesstraße 7 von Brilon nach Meschede, Abzweigung (Bundesstraße 480) Richtung Olsberg zur Landstraße nach Bruchhausen.
Dort, am Schützenplatz, Wegweiser zum gebührenpflichtigen Parkplatz am Fuß der Steine.

Geschichte:

Frühe Wallanlage zwischen dem 6. und 2. Jahrhundert v. Chr., als Heiligtum und Mysterienstätte vorgermanischer Völker von E. Neumann-Gundrum ins Jungpaläolithikum datiert, diente möglicherweise als Lehrstätte für die Menschheitsgeschichte. Mutmaßlicher Mittelpunkt des Kultbundes der istväonischen Völker und Standort des von den Römern angeblich zerstörten Tempels Tanfana, sagenhafte Keimzelle des fränkischen Sakralkönigtums durch Einfluss der hebräischen Benjaminiter, möglicherweise einer der bedeutendsten Naturtempel in Mitteleuropa.

Besonderheiten:

Istenberg, 720 Meter Höhe, Tonschiefer und Keratophyrgestein. Die Bruchhauser Steine sind als Naturschutzgebiet ausgewiesen und Lebensraum seltener und gefährdeter Blütenpflanzen, Flechten und Moose (teilweise Relikte aus der Eiszeit). Gleichzeitig Brutstätte seltener Vogelarten, vor allem des Wanderfalken. An der Mautstelle, im Service- und Informationscenter »Bruchhauser Steine«, werden auch geologisch-botanisch-ornithologische Führungen angeboten.

Anfahrt mit der Bahn:

An der Strecke zwischen Hagen und Kassel, Bahnhof Olsberg. Von dort mit dem Bus weiter nach Bruchhausen.

Nächstes Tourismusbüro:

- Verkehrsverein Bruchhausen, Hochsauerlandstraße 29, D-59939 Olsberg, Tel. 0049 (0) 2962 2261;
- Kur- und Verkehrsverein, Ruhrstraße 32, D-59939 Olsberg, Tel. 0049 (0) 2962 9737-0.

Wichtige kunsthistorische Ziele in der Umgebung:

- Wasserschloss Bruchhausen aus dem 14. Jahrhundert;
- St. Servatius in Brunskappel;
- Rathaus, Nikolaikirche und Propsteikirche St. Petrus und Andreas in Brilon;
- Schloss Gevelingshausen.

Nächstes Museum:

- Stadtmuseum Brilon, Heinrich-Jansen-Weg 6.
  Die Freiherr von Fürstenberg-Gaugreben'sche Verwaltung führt ein Informations- und Service-Center mit einer ständigen Ausstellung über das geologische und kultische Phänomen Bruchhauser Steine am unteren Parkplatz der Steine, wo man auch die Gebühren und den Eintritt entrichten muss.

Der besondere Tipp:

Reise nach Obermarsberg; Nikoleikirche aus dem 13. Jahrhundert an Stelle eines alten sächsischen Heiligtums und der Volksburg Eresburg; unterhalb der Kirche die Drachenhöhlen, menschliche Zufluchtstätten und Kulthöhlen aus vorgeschichtlicher Zeit.

PETERSBERG IM SIEBENGEBIRGE

Mars sorgt für den Frieden oder: Die Tradition rheinischer Gastlichkeit

Das weltweit bekannte Siebengebirge am Rhein besteht aus etwa dreißig kleineren Erhebungen, von denen neun oder zehn besonders herausragen. Lokale Sagen lassen vermuten, dass diese ehemaligen Vulkane in einer sonst eher flachen Landschaft in früherer Zeit von den Menschen für etwas Besonderes gehalten wurden. Riesen, Zwerge, heilige Jungfrauen und andere »lichte« Erscheinungen hatten einst Konjunktur in diesen Bergen ...

Der schon sehr früh benutzte Begriff »Siebengebirge« lässt auf ein Bezugssystem zu den Planeten schließen. Einige vage Anhaltspunkte sind noch erhalten: So wird auf der Löwenburg ein ehemaliges Sonnenheiligtum vermutet. Der Ölberg könnte dem Jupiter zugeordnet, die Wolkenburg – als Wodansberg – dem Merkur geweiht gewesen sein.

Mit seinen 336 Metern Höhe bietet der alte Stromberg eine unvergleichliche Aussicht über das romantische Rheintal. Schon in der Eisenzeit gab es hier oben Befestigungsanlagen. Hünengräber, die man im 19. Jahrhundert entdeckte, deuten auf eine noch frühere Nutzung als Kultberg. Eremiten und Mönche griffen dann im Mittelalter diese alte Tradition wieder auf und erhoben den Gipfel als Petersberg zum Wallfahrtsort. Noch heute hält die kleine barocke Wallfahrtskapelle inmitten alter Bäume die spirituelle Erinnerung wach und steht jedem Suchenden offen.

Alle Besucher sprechen von einer besonderen Stimmung auf dem Berg. War er wohl ursprünglich Sitz eines Planetenheiligtums? Eine Stätte, die dem Mars geweiht war? Und was passierte in grauer Vorzeit hier oben? Was taten die Riesen aus der Sage auf diesem Gipfel? Und was tun die heutigen Gäste der Bundesregierung hier?

Während der Kosovo- und Balkanfriedensverhandlungen unter der deutschen EU-Präsidentschaft im Jahr 1999 tagten und dinierten die Präsidenten, Außenminister und Generäle der Nato im malerischen Siebengebirge am Rhein. Nicht zuletzt die »einzigartige« Atmosphäre auf dem Petersberg soll rasch zu einer Einigung und zu einer gemeinsamen Vorgehensweise geführt haben. Die Serben beugten sich dem Druck dieser Einigkeit, lenkten ein und die Angriffe der Nato fanden ein Ende. Was aber verursacht die außergewöhnliche Atmosphäre auf diesem Berg? Die viel besungene Aussicht und der »romantische Rhein« bei gemütlicher Weinseligkeit? Sicher auch. Doch da gibts noch mehr.

Das alte Hotel Petersberg vor dem Umbau mit Blick auf den Rhein. Die Preise waren schon in den Sechzigerjahren nicht an das Gehaltsniveau der Durchschnittsbürger angepasst. Trotzdem gehörte es sich für die Menschen der Umgegend, sonntags mit Kind und Kegel und marsischer Unverfrorenheit in die Gartenterrasse einzufallen und lange bei einer Tasse Kaffee oder einem Glas Limonade auszuharren.

Der Berg: eine Feste »germanischer Gemeinschaften gegen römische Eindringlinge«

Schon eine Urkunde aus dem Jahre 1172 erwähnte einen eisenzeitlichen Ringwall auf der Kuppe des Stromberges. Wallberge in Verbindung mit lokalen Heiligtümern tragen übrigens häufig die Flurbezeichnung Stromberg. Aus den vulkanischen Basaltblöcken errichtete man wohl im 1. Jahrhundert v.Chr. eine drei Meter hohe und ebenso breite Trockenmauer rund um das Plateau. Die Burg könnte auch in den Abwehrkämpfen gegen die vordringenden Römer eine Rolle gespielt haben. Allerdings scheint der Ringwall nie durch Angreifer zerstört worden zu sein. Zur Zeit der fränkischen Landnahme beherbergte er wiederum eine Siedlung.

1936 begann, beeinflusst von der Naziideologie, eine archäologische Untersuchung von zwölf ausgewählten rheinischen Befestigungen »germanischer Gemeinschaften gegen römische Eindringlinge«. Dabei entdeckte man auf dem Petersberg Teile einer hölzernen Palisadenwand und einen unvollendeten Vorwall im Nordwesten. Heute lassen sich Reste dieser Fliehburg nur noch im Norden und Nordwesten ausmachen. Im Westen fielen etwa 400 Meter Mauer dem Bau des ersten Hotels samt späteren Neubauten und Erweiterungen zum Opfer. Im Süden und Osten stürzten

Teile der Mauer wegen Steinbrucharbeiten den Hang hinunter. Von einem allfälligen Marsheiligtum haben sich keinerlei Spuren erhalten, nicht einmal eine mündliche Überlieferung.

Die Römer weihten den ersten Monat des Jahres nach ihrer Zählung (den März) ebendiesem Gott Mars. Ursprünglich als Fruchtbarkeitsgott verehrt, bestanden die Heiligtümer des späteren Kriegsgottes zumeist aus Naturaltären auf Feldern oder Erhebungen. Irgendwann entdeckte man wohl, dass Neuem meist ein Prozess der Zerstörung vorausgeht. Ja, je größer die Zerstörung, desto mehr Antrieb für Neues wird freigesetzt. Viele Fruchtbarkeitsgötter wandelten sich so mit der Zeit zu Gottheiten, in deren Zuständigkeitsbereich Kampf und Krieg gehörten. Mars zu Ehren vollzogen die Römer große Reinigungsriten, tanzten zu Beginn und zum Ende eines Krieges ausgelassen an seinen Altären und opferten ihm einen Teil der Siegesbeute.

Die esoterische Psychologie weist der Marsenergie die Fähigkeit zu, die abgenutzten Formen des Bewusstseins zu zerstören, damit auf den Ruinen Schöneres und Tragfähigeres entstehen kann.

Eremiten und Mönche

Zwischen 1131 und 1137 ließen sich zwei adlige Eremiten, Walter und Hermann, in dieser marsischen Befestigungsanlage nieder. Was mag sie dazu verleitet haben? Die stille Einsamkeit mit grandioser Aussicht? Vielleicht fanden sie hier oben auch Qualitäten vor, die ihr inneres Wachstum beschleunigten. Jedenfalls folgten ihnen rasch weitere Klausner, die eine Marienkirche errichteten und sich zu einem Leben nach der Regel des Augustinus verpflichteten. Nach dem Tod der Gründerväter verließ der Konvent aber schon 1176 den Berg.

Auf Wunsch des Kölner Erzbischofs zogen nun Zisterzienser aus dem Eifeler Himmerod auf den Berg. Wegen »unwirtlicher Verhältnisse« hiel-

Ausgrabungen der ersten (fünfschiffigen) Benediktinerkirche aus dem 12. Jahrhundert. Ihre beeindruckende Größe zeugt von der Anziehungskraft des Berges im frühen Mittelalter.

Die barocke Wallfahrtskapelle Sankt Peter stammt aus dem Jahre 1764. Sie hat ihren spirituellen Charme bewahrt und steht täglich jedem Pilger offen.

ten sie es allerdings nur vier Jahre aus in der Höhe, danach zogen sie in die Ebene hinab, wo sie das nahe Kloster Heisterbach gründeten. »Auf dem höchsten Punkt« hinterließen sie eine Kapelle, die dem heiligen Petrus geweiht war und dem Berg seinen neuen Namen verlieh. Schon bald setzte eine rege Wallfahrtsbewegung ein – die vielleicht nur eine viel frühere wieder aufnahm.

Bei Grabungen im Jahre 1980 legte man im Osten, auf dem höchsten Punkt des Berges, die Fundamente einer Kirche von 27,5 Metern Länge und 30,5 Metern Breite frei. Am Südturm lagen zwei parallel ausgerichtete Körpergräber eines Mannes und einer Frau, in der Nähe ruhte ein dritter Toter in einem Grab mit einer ausgehöhlten Kopfstütze aus Stein, in dem man den 1143 verstorbenen Rittereremiten Walter vermutet. Kopfstützengräber dienten gelegentlich Wiedergeburtsritualen.[11] Ob es sich bei den Ruinen um die erste Marienkirche handelt oder um die erste Petrus-

11 Siehe dazu Kapitel »Alter Turm im Klosterpark Mettlach/Saar«, Seite 159.

kapelle, ist noch nicht endgültig geklärt. 1764 weihten die Mönche von Kloster Heisterbach jedenfalls nicht weit von ihr die neue Kapelle ein, die bis heute nichts von ihrer ganzen Barockpracht eingebüsst hat.

Wichtiger als die Frage der Lokalisierung ältester Gebäude auf dem heiligen Berg scheint die Frage nach den Wallfahrten, denn die Pilger kamen nicht nur aus der näheren Umgebung. Sollte der Berg heilig geworden sein, weil hier unzufriedene Mönche vier Jahre lang ihren Dienst versahen? Oder weil hier vorher einige Eremiten dem weltlichen Treiben entsagt hatten? Oder etwa, weil sich Eremiten und Klausner in aller Regel an altüberlieferten Kultplätzen niederließen?

Steinkulte oder erste Petersberger Gipfelgastlichkeit

1882 behauptete der Bonner Anthropologe Hermann Schaaffhausen, die vor dem Pächterhaus des landwirtschaftlichen Gutshofes auf dem Westplateau liegenden Basaltblöcke könnten auf ein megalithisches Denkmal nach Art der Hünengräber deuten. Auf Veranlassung des damaligen Besitzers des Petersberges, Peter Joseph Nelles, wurden sie großzügig freigelegt. Dabei kam an der nördlichen Seite des Rasens ein etwa 3 Meter hoher Dolmen zum Vorschein, der aus fünf Steinblöcken bestand; drei davon dienten als Unterlage, die anderen als Decksteine. Die Lücken zwischen den Blöcken füllten kleine Steine aus. Schaaffhausen berichtete: »Vor diesem Denkmal liegen 20 andere Blöcke in einer Anordnung, als hätten sie ursprünglich ebenso übereinander gelegen und seien auseinander gewälzt worden. Der

Reste des Hünengrabes. Die alten Megalither werden gelegentlich mit den Riesen unserer Märchen in Verbindung gebracht. Wenn sie wirklich zur Cro-Magnon-Menschengruppe zählten, wie manche Forscher vermuten, müssen sie mit einer Körpergröße, die der unseren vergleichbar ist, auf die relativ kleinwüchsige Bevölkerung von vor 5000 bis 4000 Jahren schon recht bedrohlich gewirkt haben.

Mars schwingt über dem Licht geistiger Erkenntnis das Schwert der Gerechtigkeit.

größte Steinhaufen entging der Zerstörung, sein größter ist 11 Fuß lang und 5 Fuß 8 Zoll hoch und ebenso dick, der zweitgrößte 8 Fuß 7 Zoll lang und 5 Fuß 5 Zoll breit. Das ganze Steinfeld ist 63 Fuß lang und 18 Fuß breit. Diese Denkmale fehlen in unserer Gegend fast gänzlich, weil die erratischen Blöcke fehlen, aus denen sie in Norddeutschland und in anderen Ländern meist errichtet sind. Dass diese mächtigen Steine eine Opferstätte bildeten, ist nicht wahrscheinlich, weil sie, wie man schließen muss, ursprünglich von Erde bedeckt waren und nur im Laufe der Zeit zum Teil entblößt wurden. (...) Es mögen megalithische Gräber sein. Irgendwelche Funde, welche die Deutung erleichtern würden, sind bisher nicht gemacht worden« (Biesing 1990, S. 11). Die Mutmaßungen des heute gelegentlich belächelten Forschers könnten durch aktuelle Ausgrabungen bestätigt werden. Funde auf noch weiter südlich gelegenen Höhenzügen des rechten Rheinufers nahe des Loreleyfelsens werden von den Forschern als ehemalige Hünengräber gedeutet.

Beim Bau des 1914 eröffneten Kurhotels verteilte man die Blöcke wahllos über das ganze Plateau. Erst als bei Ausschachtungsarbeiten für das Gästehaus der Bundesregierung weitere Blöcke gefunden wurden, lagerte man alle am nördlichen Rand der Hochebene. Einer dieser zuletzt entdeckten Findlinge hatte solche Ausmaße, dass er zum besseren Transport in zwei Teile gespalten werden musste. Durchaus möglich, dass sie zu einer ursprünglich kultischen Steinsetzung oder zu einem oder mehreren Hünengräbern gehörten.

Zur Zeit Schaaffhausens deutete man die Hünen- und Kammergräber – wie es die Bezeichnung schon angibt – als Bestattungsanlagen. Heute zeichnet sich da eine vorsichtige Bereitschaft ab, über komplexere Theorien nachzudenken. Einige solche Anlagen wiesen nämlich keinerlei Spuren von Skelettresten auf. Bei anderen standen die Bestattungsreste in keinem zeitlichen Zusammenhang mit dem vermuteten Bau solcher Megalitheinrichtungen (3000 bis 2000 v. Chr.). Vielleicht nutzte man das Grab eines Ahnen, Königs, Priesters, Anführers oder einer ganzen Sippe zur nachträglichen Kommunikation mit dem oder den Verstorbenen. Möglicherweise belegten erst spätere Generationen aus praktischen Gründen die alten Gräber weiter. Denkbar ist auch, dass sie als Stätten für Wiedergeburtsrituale, für Meditation, für eine Zwiesprache mit der göttlichen Sphäre dienten.

Manche Wissenschaftler vermuten aufgrund vorgefundener Schädelöffnungen sogar kannibalische Vorlieben unserer Vorfahren. Dann dürften wir bei einer solchen Anlage also auch an eine makabere »Gast-Stätte« denken ... Von Völkern mit einer verhältnismäßig jungen kannibalischen Vergangenheit wissen wir, dass vor allem Knochenmark und Gehirnmasse als kultische Leckerbissen galten, da man in ihnen die persönliche Kraft der

Eremit, bei einem Felsblock stehend. (Zeichnung des Romantikers Josef von Führich, 1827)

Opfer oder Feinde vermutete, die man sich mit dem feierlichen Verzehr aneignen wollte.

Gott ist Antriebskraft

Zurück ins 19. Jahrhundert! Mit der durch Napoleon eingeleiteten Säkularisation des Kirchengutes änderten sich auf dem Petersberg die Besitzverhältnisse. Zur Überraschung der Historiker blieb die Kapelle unangetastet, und zwar – trotz aller großbaulichen Turbulenzen – bis heute. 1834 kaufte die Familie Mertens den ganzen Berg von der königlichen Regierung zu Köln. 1860 ging er an die Brüder Nelles, die den Gutshof auf dem Westplateau in eine Berggaststätte und 1899 sogar in ein Hotel umwandelten. 1911 erwarb der Unternehmer Ferdinand Mülhens (4711, »Echt Kölnisch Wasser«) das Hotel mitsamt der Kapelle und eröffnete hier 1914 einen Kurbetrieb.

Im Jahr 1888 entging der heilige Berg nur knapp der Stationierung eines Denkmals für den Reichsgründer Kaiser Wilhelm I., welches ein gnädiges Schicksal an die Moselmündung in Koblenz verlegte, wo der Kaiser heute regelmäßig im Hochwasser steht. Im Juli 1892 erstieg König Alexander von Serbien den Petersberg, genau 107 Jahre vor dem Ende der Bombardierung seines Landes durch die Nato. Im September 1938 weilte der britische Premier Chamberlain hier, bevor er sich in Bad Godesberg mit Reichsführer Adolf Hitler traf. 1949 quartierte sich die Alliierte Hohe Kommission im Berghotel ein, und am 21. September 1949 stellte Konrad Adenauer den Besatzungsmächten auf dem Petersberg sein erstes Kabinett vor. Seitdem nächtigten zahlreiche illustre Staatsgäste auf dem heiligen Berg, so etwa der Schah von Persien, Kaiser Haile Selassie von Abessinien und Königin Elisabeth II. von England.

Das Hotel schloss 1969 seine Pforten und wurde lediglich für den sowjetischen Präsidenten Leonid Breschnew noch einmal aufpoliert. Dieser fuhr auf der kurvenreichen Auffahrt zur Edelherberge sein Mercedes-Benz-Coupé, das ihm die Bundesregierung als kleines Präsent geschenkt hatte, zu Schrott. Dieselbe Regierung kaufte im Jahr 1978 die 100-Hektar-Anlage und ließ sie ab 1989 für stolze 128 Millionen Mark renovieren. Seit der Wiedervereinigung 1990 steht hier das Edelgästehaus der Bundesregierung, mittlerweile durch den Umzug nach Berlin allerdings etwas ins Abseits geraten.

Deshalb versuchte 1998 das Bundesfinanzministerium, das Objekt samt Kapelle zu veräußern. Bei allem Verständnis für leere Staatssäckel erhob sich bald lokaler Protest. Eine Initiative des zuständigen Oberkreisdirektors und der Bürgermeister der nahen Städte Bad Honnef und Königswinter machte den derzeitigen Außenminister Joschka Fischer noch einmal auf die Beziehung zwischen Bergatmosphäre und Einflüsse auf Verhandlungsergebnisse aufmerksam – und zwar mit Erfolg. Der Bund verlängerte den Nutzungsanspruch seines Gästehauses im August 1999 bis zum Jahr 2004, mit der Option auf Verlängerung um weitere vier Jahre.

Der Königswinterer Bürgermeister brachte es auf den Punkt, als er bemerkte: »Viele gehen, der Petersberg bleibt!« Genauso wie seine Qualität, die offensichtlich immer etwas Neues, Größeres und Edleres hervorbringen will und die nach Vollkommenheit strebt.

Über die Kunst, den Genius Loci zu erfassen

Ganz anders sah das alles meine Tante Gretchen, nicht zuletzt was die Gastronomie auf dem Petersberg betrifft. So richtig begonnen habe das nämlich alles mit ihrem Großvater, der als Pächter der Familie Nelles den Gutshof auf dem Berg bewirtschaftete. Schon damals tauchten des Öfteren Wanderer auf der Kuppel auf, welche die Kapelle besuchten sowie die reizvolle Aussicht, das Besondere dieser Höhe und das faszinierende Licht genossen. Diese Besucher wurden freundlichst mit frischer Milch und einem Wurstbrot versorgt. Gegen einen nicht ganz unerheblichen Obolus, notabene, denn schließlich war man hier oben weit und breit konkurrenzlos. Dies nahm bald solche Formen an, dass die Erben Nelles auf die Idee mit der Berggaststätte kamen. Kurz und gut: Wenn meine Verwandtschaft nicht schon früh die Initiative ergriffen hätte, gäbe es heute statt einer Nobelherberge für Staatsgäste nur zwei Hünengräber mit einer Kapelle auf dem Petersberg ...

Manche Sage überzeugt durch den psychologischen Tiefengehalt ihrer Bilder. So auch die folgende vom Wechselbalg Timönchen im Siebengebirge. Denn: Zeugen wir nicht alle vermeintlich hehre und schöne Anlagen (symbolisch: Kinder), die durch die polaren Kräfte unseres Unterbewusstseins gewissermaßen zu einem Wechselbalg »umgedreht« werden können? Welche geradezu perfiden Gestalten nehmen beispielsweise Demut, Frommheit oder Keuschheit an, wenn sie ins Extreme übersteigert werden und uns ihre fratzenhafte Kehrseite zeigen?

Am Fuße des Petersberges wohnten einst brave Bauersleute, die getreu tagaus, tagein ihrer Arbeit nachgingen und fromm und gottesfürchtig lebten. Eines Tages gebar die Bauersfrau ihr erstes Kind, und beide freuten sich über dieses Geschenk Gottes. Nun hausten aber in den wild zerklüfteten Bergen zu jener Zeit Zwerge, die einen Schatz hüteten. Diese Zwerge stahlen eines Nachts das neugeborene Kind aus der Wiege und legten statt seiner einen Zwerg hinein. Die guten Bauersleute merkten den Betrug zunächst nicht und zogen den Wechselbalg auf. Seltsamerweise geschahen in dem Bauernhaus von dieser Zeit an eigenartige Dinge. Wenn die überarbeiteten Leute müde vom Feld zurückkehrten, waren im Haus allerlei Streiche verübt worden. Sahne- und Milchtöpfe waren ausgeschleckt, Süßigkeiten genascht worden. Trotz aller Bemühungen konnten die Bauersleute den Taugenichts nicht fassen, und die Unarten dauerten monatelang fort. Zu ihrem Schrecken mussten sie nun auch noch feststellen, dass ihr Kind überhaupt nicht wuchs. Da beschlossen sie, einen Bittgang zum Petersberg hinauf zu machen, nahmen das Kind auf den Arm und wanderten betend den Berg hinan. In halber Höhe sprang plötzlich ein hässlicher Zwerg hinter einem Felsbrocken hervor und rief: »Timönchen, wo gehst du hin?« Darauf antwortete das Kind: »Nach Stromberg zu Gebitt.« Nun lachte der Zwerg und rief: »So geh nur hin, aber besser dich nit«, worauf das Kind antwortete: »Geh du nur heim und sorg dafür nit.« Da erst merkten die braven Bauersleute den Betrug, warfen den Wechselbalg voller Abscheu in ein Dornengestrüpp und eilten davon. Der Wechselbalg aber lachte frech und rief ihnen noch allerlei Schmähungen nach.

Steckbrief: Petersberg im Siebengebirge

Lage:

A3 zwischen Köln und Wiesbaden, Ausfahrt Königswinter-Siebengebirge. Auffahrt zum Berg über Margaretenhöhe.
Achtung: Bei Staatsbesuch könnte aus Sicherheitsgründen das Bergplateau weiträumig abgesperrt sein.

Geschichte:

Mutmaßliches Planetenheiligtum, vielleicht dem Mars geweiht; eisenzeitliche Wallanlage auf dem Gipfel; Reste von Hünengräbern; im frühen Mittelalter Stätte von Eremiten, die eine Kapelle errichteten; ihnen folgten Zisterzienser; erster Kirchenbau; im 14. Jahrhundert bedeutende Wallfahrtsstätte; im 19. Jahrhundert erste Nobelherbergen, heute Gästehaus der Bundesregierung und immer noch Wallfahrtsstätte zur barocken Kapelle von 1764.

Besonderheiten:

Das ganze Siebengebirge ist als Naturschutzgebiet ausgewiesen. Herrliche Wanderwege führen zu verträumten Ruinen, alten Wäldern und auf die Gipfel mit weiter Aussicht. Schon recht früh gehörte der Drachenfels zu den Standorten der Nibelungensage. Hier ortete man Fasolts Esse, wo der junge Siegfried das Schmiedehandwerk lernte. Vor der Drachenhöhle soll der Kampf mit dem Lindwurm stattgefunden haben, hier hätte demnach der siegreiche Held im Drachenblut gebadet. Für kleine und große Kinder ist in der Nibelungenhalle von Königswinter alles nachgestellt.

Anfahrt mit der Bahn:

Intercity bis Bonn, von da per Straßenbahn nach Königswinter. Oder via rechtsrheinischen Regionalverkehr mit der Bahn bis Bahnhof Königswinter.
Es fahren keine Busse auf den Petersberg. Von Königswinter aus führen aber herrliche Wander- und alte Pilgerwege auf die Höhe.

Nächstes Tourismusbüro:

Tourismus GmbH
Siebengebirge,
Drachenfelsstraße 11,
D-53639 Königswinter,
Tel. 0049 (0) 2223 917711.

Wichtige kunsthistorische Ziele in der Umgebung:

- Burgruinen Drachenfels, Löwenburg und Rosenau im Siebengebirge;
- Kloster und Insel Nonnenwerth;
- Kloster Heisterbach in Heisterbacherrodt, Altstadt von Königswinter und Bad Honnef.

Nächste Museen:

- Siebengebirgsmuseum, Kellerstraße 16, und Schloss Drachenburg auf halber Höhe zum Drachenfels, beide in Königswinter.

Der besondere Tipp:

Wolkenburg und Drachenfels.
Von der alten kurkölnischen Burg auf der Wolkenburg stehen nur noch geringe Reste. Die Natur hat alles überwuchert und einen wildromantischen Flecken geschaffen. Hier könnte einem durchaus noch Wodan begegnen, in der Gestalt eines alten Mannes mit Schlapphut, Augenbinde und Stab. Am Hang zwischen Wolkenburg und Petersberg liegt die länglich oval eingefasste »Pferdewiese«, an ihrer höchsten Stelle noch erkennbar ein mutmaßliches Hügelgrab.
Der Drachenfels mit seiner Burgruine gehört mit zu den bekanntesten europäischen Touristenzielen. Zahllose Busse bringen von früh bis spät Tausende japanisch-, koreanisch- und vor allem englischsprachiger Besucher auf die Anhöhe. Man braucht aber nur die Wanderwege einzuschlagen, die nicht zum Gipfel führen, um fast alleine zu sein. Die zahlreichen Drachen- und Opfersagen im Zusammenhang mit dem Berg lassen auf eine vorchristliche Kultstätte schließen, die durchaus saturnischen Charakter gehabt haben könnte. An der südlichen Seite, unter dem Felsenzinken, liegt das so genannte Drachenloch.

LORELEY
IN ST. GOARSHAUSEN AM RHEIN

»Ich weiß nicht, was soll es bedeuten ...«

»Hier, wo sich der Rhein in engen Windungen durch Hunsrück und Taunus gegraben hat, erhebt sich mit nur 132 Metern der weltberühmte Loreleyfelsen. Die Enge des Tales, der unbändige Strom und das geheimnisvolle, mehrfache Echo haben wohl zu der Sage von dem blonden Mädchen auf dem Felsen geführt. Mit betörendem Gesang und geheimnisvoller Schönheit lockt sie Schiffer auf dem Rhein ins Verderben. Die Sage gibt es seit Urgedenken ...« So beginnt die Werbeschrift der örtlichen Tourismusbranche – und sie beginnt mit einer Falschmeldung.

Der Berg diente schon in der Bronzezeit als Befestigung und aller Wahrscheinlichkeit nach als Kultstätte. Die alten Sagen um Zwerge und Opferklippen zwischen den gefährlichen Strudeln im Strom zeugen tatsächlich von einer langen Verehrung des Felsens vor allem als Orakelberg. Was aber verursachte dieses Phänomen? Warum bot gerade dieser Berg so viel Stoff für Dichtung, Märchen – und viel Kitsch? Beim Passieren des Felsens pflegten die Matrosen ihre Mützen abzunehmen und ein Gebet zu sprechen. Bis in die heutigen Tage hinein lassen manche Schiffer dreimal die Schiffsglocke erklingen, sobald sie am Loreleyfelsen vorbeifahren.

Doch die schöne Loreley ist eine reine – wenn auch geniale – Erfindung des 19. Jahrhunderts. Wie kam es dazu? Und wer steckt hinter dem Bild der blonden Nixe?

Die sagenumwobene Loreley ist sicher das markanteste Felsgebilde am Mittelrhein. Schroff, »wie ein sperrender Riegel«, steigt der mächtige Felsen aus Tonschiefer und Grauwacke an, ohne die üblichen Terrassen des Mittelgebirges, die den Weinanbau so begünstigen. An der starken Biegung des Flusses und dem Engpass fällt der Felsen besonders ins Auge. Die alten Namen Lurlaberch, Lurlinberg und Lurberg lösten einen Deutungsstreit aus, der bis heute anhält und einen eigenen Zauber strickt. Die Bezeichnung Loreley (ley = Fels) kam erst im 19. Jahrhundert auf.

Auf der Kuppe des Berges fanden Ausgräber im Jahr 1905 zahlreiche Spuren keltischer Besiedlung aus dem 9. Jahrhundert v. Chr. Bis zum Beginn des 20. Jahrhunderts zeugten Reste einer vier Meter starken, aber nur noch bis zu achtzig Zentimeter hohen Wallanlage nahe dem heutigen Berghotel von einer militärischen oder kultischen Nutzung des Felsvor-

Im Verlauf der Erdgeschichte, im so genannten unteren Devon, wurde der Loreleyfelsen horizontal abgelagert, gefaltet, schräg gestellt, zerklüftet und gebrochen.

sprungs. Noch im Dreißigjährigen Krieg suchten Menschen auf dieser Felsschanze Zuflucht.

Wichtelmänner als dienstbare Geister des Orakels

Eine erste Erwähnung des »mons lurlaberch« findet sich im Codex Fuldensis, verfasst vom gelehrten, im Jahre 865 verstorbenen Mönch Ruodolf. Er erwähnte in Zusammenhang mit einer dubiosen Spukgeschichte in der Nähe von Bingen einen »berch«; ein späterer Leser schrieb »mons Lurlaberch« über die Zeile.

Die Colmarer Meisterliedhandschriften erwähnten den Felsen ebenfalls und berichteten von einem sonderbar ausgeprägten Echo in der Flussenge. Die vorbeifahrenden Schiffer nutzten dieses Echo wohl als Orakel, indem sie ihre Fragen zum Berg hinauf riefen. Kleine Zwerge, »edel wichtelin«, so der Colmarer Codex, antworteten ihnen. Lokale Volkssagen nennen diese Zwerge, die am Loreleyfelsen hausten, Hanselmänner. Ihre Wohnhöhle, das so genannte Hanselmannsloch, fiel leider in den Jahren 1859 bis 1861 der Streckenführung der alten Deutschen Reichsbahn zum Opfer. Im Dreißigjährigen Krieg hatte man darin noch das verbotene Abendmahl gefeiert, wie die Chronik der Gemeinde Bornich von 1988 überliefert.

Das außergewöhnliche Naturwunder dieses Echos, das Töne und Rufe zwischen fünf und fünfzehn Mal wiedergegeben haben soll, führte man bis ins 18. Jahrhundert auf geräumige Hohlräume im Fels zurück. Ausgeschmückte Überlieferungen wollten sogar von einem Loch unterhalb des Felsens wissen, das so tief sein sollte wie der Fels hoch war. 1956 stießen Taucher an dieser Stelle bis auf den Grund vor. Sie fanden eine unerwartet tiefe Finsternis, außergewöhnlich gefährliche Wirbel kurz vor dem Untergrund, einen »aalglatten Boden vor dem Fels« – aber weit und breit kein Loch.

Schon 1645 berichtete der Kupferstecher Matthäus Merian vom »löcherichten Berg« mit seinem seltsamen Echo: »Und under Bacharach/so von den Alten Lurleberg ist genannt worden/in welchem Gebürg ein sonderbar lustig Echo oder Widerschall sich befindet/Item an einem Ort ein Zwirbel im Rhein/von welchen beden vielleicht dieser Widerschall herrühret/als wenn daselbst der Rhein heimbliche Gäng under der Erden hätte.« Johann Justus Winckelmann ergänzte 1697: »Dieser Lureberg gibt Stimm und Wort nicht allein hell und klar, sondern auch unterschiedlich vermehrt zurück, und die ruhige Oberfläche des Wassers wird dann und wann durch Wirbel unterbrochen, als wenn's am Kochen wäre.« Und noch 1840 berichtete der weit gereiste Victor Hugo: »Übrigens macht das Echo auf einen Besucher, der es nicht erwartet, einen außerordentlichen Eindruck. Ein Nachen, der über den Rhein schifft, erregt an dieser Stelle mit seinen zwei kleinen Rudern einen furchtbaren Lärm. Schlösse man die Augen, man würde glauben, eine große Galeere von Malta ziehe vorüber mit ihren 50 breiten Rudern, jedes von vier angeketteten Sträflingen bewegt.«

Die Demonstration des Echos war noch im 19. Jahrhundert obligatorischer Bestandteil jeder Dampferfahrt. Die Schifffahrtsgesellschaften hatten sogar Leute, meist Behinderte, angestellt, die beim Vorbeifahren der Schiffe vom Ufer aus Böllerschüsse abgeben oder Trompete blasen mussten. Beim Tunnelbau für die Bahn und bei der Erweiterung der Straße wurden Teile des Felsens weggesprengt, was diesem Naturschauspiel ein Ende bereitete. Und weder Bahn noch Verkehrsministerium boten bis heute einen Ersatz für das Orakel – obwohl sie selbst doch auf viele eigene heikle Fragen eine weise Antwort gebrauchen könnten!

Gefährliche Strudel und Klippen

Die Überlieferung weiß von vielen Schiffern und Flößern, die vor dem Felsen verunglückten und ertranken. Der Rhein misst hier an seiner schmalsten Stelle auf deutschem Boden nur 130 Meter, erreicht zugleich aber mit 22 Metern seine größte Tiefe. Lastschiffe, die stromaufwärts fuhren, mussten früher in St. Goarshausen einen Teil ihrer Ladung bis Lorch oder Rüdesheim auf Pferdefuhrwerke verfrachten, während die erleichterten

Schiffe an den Klippen vorbeigetreidelt wurden. Bei Bingen kommen noch heute Lotsen an Bord, um fremde Schiffe auf der Fahrt bis St. Goar zu leiten, obwohl man doch zu Anfang des 20. Jahrhunderts die die Schifffahrt störenden Felsen im Binger Loch weggesprengt hat (darunter leider auch zwei als heilig verehrte Klippen). Der Rhein hat hier eine reißende Strömung, und in der Nähe der Loreley bilden sich nach wie vor gefährliche Strudel und Wirbel.

Für einheimische Fischer war dieser Flussabschnitt ein Paradies. 871 wurde der Lachsfang urkundlich zum ersten Mal erwähnt, und bis 1907 tauchte der Lachs in nennenswerter Menge am Fuß des Felsens auf, dem so genannten Waag Lung. Die Lachse nutzten die gegenläufige Strömung an den Felsenriffen und das schattige, kühle Wasser zur Rast auf ihrer langen Wanderung und zur Ablage des Laiches. Sie brachten den Fischern hier gut tausend Jahre lang Wohlstand. Auch viele Zugvögel rasteten auf den Schotterbänken und Felsklippen der Loreley.

Die Maler und Dichter entdecken den Felsen

Zu Ende des 18. Jahrhunderts verbreitete sich die Kunde von der Schönheit des Rheintales dank Mund-zu-Mund-Propaganda unter internationalen Künstlern. Vor allem englische Maler begeisterten mit romantischen Ansichten urwüchsig intakter Uferstädtchen und widerspenstiger Flusslandschaften voll wilder Dramatik. Auf John Gardnor und William Turner folgten unzählige weitere Maler und Zeichner. Für die Düsseldorfer Kunstschule wurde das Rheinpanorama bald zur unverzichtbaren Bildthematik.

Flussgottmaske, deren Fundort und Alter unbekannt sind (Römisch-Germanisches Museum in Köln).

Loreley als Verkörperung der lockenden sinnlichen Liebe, hinter der das Verderben lauert – so besagt es zumindest ein langlebiges Gerücht. In dieser Betrachtungsweise nähert sich die Loreley durchaus der antiken Venus an (Tannhäusermythos) (Wilhelm Kray: Die Loreley).

Und dann kamen die Dichter. Victor Hugo fasste seine Eindrücke im ersten Rheinführer zusammen. Ferdinand Freiligrath füllte ein reiches Skizzenbuch. Im Jahre 1802 bereisten Clemens Brentano und Achim von Arnim zum ersten Mal den Mittelrhein – mit unabsehbaren Folgen! Vier Jahre später erschien der erste Band eines gemeinsamen Werkes, einer Sammlung von Balladen und Liedern: »Des Knaben Wunderhorn«. Es wurde zum Kultbuch der Romantiker, einer Bewegung, die zu Ende des 18. Jahrhunderts entstand, irrationale und emotionale Kräfte in den Mittelpunkt stellte und sich in Wissenschaft, Philosophie, Religion und Kunst auf die Suche nach dem Unbegrenzten in der Natur begab. »Des Knaben Wunderhorn« enthielt das Gedicht Brentanos von einer Zauberin, die in Verbindung stand mit dem Felsen vor St. Goarshausen.[12]

»Zu Bacharach am Rheine
Wohnt eine Zauberin
Die war so schön und feine
Und riss viel Herzen hin
Und machte viel zu Schanden
Der Männer ringsumher
Aus ihren Liebesbanden war keine Rettung mehr.«

12 Den ersten eigenen Auftritt verschaffte Brentano der Lore Lay 1801 in seinem einzigen Roman »Godwi oder Das steinerne Bild der Mutter. Ein verwilderter Roman von Maria«. Damals war es offensichtlich noch zu früh für einen Durchbruch dieser Figur, oder aber sie war noch zu kompliziert verpackt.

Als Gegenspieler tritt in der Dichtung ein Bischof auf, der alles daran setzt, die Lust und die damit verbundene Macht dieser Verführerin zu bekämpfen und sie in ein Kloster zu sperren. Auf dem Weg dorthin entkommt sie am Felsen ihren Bewachern. Sie entzieht sich aller Knechtung durch den Freitod. Ob Brentano damit auf die Missionierung der Region durch den heiligen Sankt Goar anspielte oder auf eine lokale Sage zurückgriff, bleibt heftig umstritten. Er selbst versicherte mehrfach, den Stoff zu seiner Ballade frei erfunden zu haben.

»... bloß weil ein blondes Weib sich dauernd kämmt«

Obwohl die Ballade ursprünglich nur ein Lied in Brentanos Roman um die Zauberin Godwi war, setzte sich der wohlklingende Namen Lore Lay durch. Lore oder Lure Lay, später Loreley, übernahm bald die Züge von Godwi. Damit entstand eine der verführerischsten Frauengestalten der deutschen Literatur. Geheimnisvoll und unfassbar erscheint sie je nach individueller Betrachtung eher als Rheinnixe, Sirene, Undine, Oreade, Fee, Elfe, Zauberin, Hexe oder Jungfrau Maria. Oder als letzte einsame Göttin einer längst dahingegangenen keltisch-germanischen Vorstellungswelt – faszinierend, ergreifend, grausam und unergründlich. Konsens herrscht allerdings bei der Beurteilung der zahllosen Nachbearbeitungen dieses Sujets: Die Literaturwissenschaft spricht von der Loreley als der »Geschichte eines Klischees«.

Der Streit um Neuschöpfung oder Echtheit der Überlieferung nahm zur Wende vom 19. zum 20. Jahrhundert außerordentliche Formen an. Die Sage wurde zur Wirklichkeit. Wegen der blonden Sirene fielen die Philologen und Germanisten übereinander her, ritten harte Attacken und Generalangriffe und scheuten sich nicht vor Schmähungen. Viele klammerten sich an eine uralte Tradition der Loreley und beriefen sich auf gefälschte Sagen und »leider untergegangene Dokumente«, die eine Überlieferung aus germanischer Zeit belegen sollten. Es wurde gerätselt, ob Lore über Lara/Lura als Beiname von Frau Holle von der germanischen Göttin Hulda/Bertha/Perchtha abstammte. Wichtige Elemente aus den Stoffen von Hulda und Loreley lassen sich tatsächlich vergleichen und sind mit Sicherheit in die Dichtung eingeflossen. Eine Lara oder Lura wird man aber vergeblich suchen.

Das Kunstprodukt passte so gut in diese rheinische Landschaft, dass mancher sich weigerte, die Loreley als Produkt der Phantasie eines einzelnen romantischen Dichters zu akzeptieren.

Gegner dieser deutschtümelnden Phalanx suchten eine radikale Entzauberung. Sie brachten Loreley mit einer angeblich lokalen Überlieferung aus Bacharach in Verbindung. Dort habe im 18. Jahrhundert eine Tochter aus gutem Hause mit Namen Lore aufgrund einer unglücklichen Liebe ihrem Leben ein Ende gesetzt, und zwar – man ahnt es schon – durch einen Sprung in den tosenden Fluss.

Auf alle Fälle lässt sich vor Brentano keine Spur einer älteren Loreleysage entdecken, trotz großer und bis heute anhaltender Bemühungen. Hat also der Genius Brentanos sie tatsächlich neu geschaffen und aus der inneren Natur des Felsens hervorgezaubert?

Der lurleiende Ley

Es liegt nahe, eine Verbindung von den kaum bestrittenen kultischen Traditionen an diesem Felsen zu den urtümlichen Luren aufzustellen. Doch dann müsste der in den Alpen noch lebendige Brauch, mit diesen Ritualinstrumenten von den Bergen herab zu tönen, mit der Zeit zu einem Bergecho herabgesunken sein. Das ist unwahrscheinlich. Andere wollten eine Verbindung zum Zwergenkönig Laurin entdecken und brachten den Nibelungenhort ins Spiel, der am Felsen versenkt worden wäre. Das vermutete schon der mittelhochdeutsche Minnesänger und Dichter Conrad Marner im 13. Jahrhundert. Allerdings war Marner nicht gut auf die Rheinländer zu sprechen, die sich gegenüber fahrenden Sängern knausrig zeigten, und erwähnte den Nibelungenhort »im Lurlenberg« nur in einem Spottvers.

Etymologen verweisen auf das mittelhochdeutsche »lûren« für lauern. Lauerten hier also Nixen, Raubritter oder Steuereintreiber auf die vorbeifahrenden Schiffe? Auch das scheint etwas weit hergeholt. »Lûren« bedeutet zugleich lauschen, narren, betrügen, schmeicheln – »alles Attribute, die elbischen Elementargeistern, Gnomen und Zwergen zugeordnet wurden. Als Lure-Wesen konnten sie der Zukunft abgelauschte Ereignisse voraussagen«, so das Archiv der Stadt Goarshausen (in: Loreley. Zeichen und Legenden, 1998).

Einleuchtender klingt der Bezug zum »Lurleien«, das in der rheinischen Mundart so viel wie Nachsprechen bedeutet, oder zum »Lören«, der alten mundartlichen Bezeichnung für Heulen und lautes Jammern. Damit sind wir wieder beim tönenden Felsen angelangt, an dem sich die Strömung laut gurgelnd und rauschend brach. Bis 1772 soll es sogar einen fünf Fuß hohen Wasserfall auf dem Felsen gegeben haben.

Brentanos Verdienst ist es, mit seinem Feingefühl die Eigenarten des Felsens und der Landschaft wahrgenommen und auf eine Frauengestalt übertragen zu haben, die mit »bewunderungswürdigem Griffe eine Saite in uns berührte, die das erweckte, was im Volke unbewusst schlummerte«. Eine Saite, die bis heute nachklingt.

Die unsterbliche Jungfrau auf dem Felsen

Die Loreley inspirierte unzählige Dichter, und es entstanden etwa 50 Loreleyopern, eine gefühlsbetonter als die andere. Die Romantik hatte die Grenze zum Überschwang, zum sentimentalen Kitsch erreicht. Um alle diese »Loreleytäter« zu verspotten, schuf nun auch Heinrich Heine 1824 sein berühmtes Loreleygedicht.

Ich weiß nicht, was soll es bedeuten,
Dass ich so traurig bin,
Ein Märchen aus uralten Zeiten,
Das kommt mir nicht aus dem Sinn.

Die Luft ist kühl und es dunkelt,
Und ruhig fließet der Rhein;
Der Gipfel des Berges funkelt
im Abendsonnenschein.

Die schönste Jungfrau sitzet
Dort oben wunderbar,
Ihr goldenes Geschmeide blitzet,
Sie kämmt ihr goldenes Haar.

Sie kämmt es mit goldenem Kamme
Und singt ein Lied dabei;
Das hat eine wundersame,
Gewaltige Melodei.

Den Schiffer im kleinen Schiffe
Ergreift es mit wildem Weh;
Er schaut nicht die Felsenriffe,
Er schaut hinauf in die Höh'.

Ich glaube, die Wellen verschlingen
Am Ende Schiffer und Kahn.
Und das hat mit ihrem Singen
Die Loreley getan.

Was von Heinrich Heine aber als Persiflage gedacht war, galt bald als Gipfel aller Romantik und machte die Loreley erst recht unsterblich. In der Vertonung von Friedrich Silcher entstand das bekannte Volkslied, womit die Loreley nun wirklich in aller Munde war. Ihre Kunde drang sogar bis nach Japan. Als lebendiger Bestandteil des Rheinlandes prägte sie nun selbst wieder nachhaltig die (politische) Landschaft. Und dies so kraftvoll und nachhaltig, dass die Ein- und Zurückstufung als reine Kunstfigur an den Grundfesten rheinischen, ja nationalen Selbstverständnisses rüttelte.

Schon bald drohten Pläne, auf dem Felsen ein 10 Meter hohes Nationaldenkmal zu errichten. Der Loreleyfelsen entging nur knapp diesem Schicksal – zu Ungunsten des Hausbergs von Rüdesheim. Dafür legten 1934 die Nationalsozialisten auf dem Loreleyfelsen einen Thingplatz mit einer Freilichtbühne an, die noch heute genutzt und wegen ihrer guten Akustik geschätzt wird. 1938 wurde sie mit Schillers »Wilhelm Tell« eingeweiht. Internationale Rock- und Popidole spielten und spielen hier vor Zehntausenden von Fans, hochklassige Konzert- und Theaterabende locken Besucher in Scharen an. 1986 veranstaltete die Friedensbewegung hier ihre Aktion »Rock gegen Atom«.

Die Nationalsozialisten konnten sich übrigens nicht damit abfinden, dass ausgerechnet ein Jude, nämlich Heinrich Heine, mit seinem Lied so tief in die Seele des deutschen Volkes geblickt und ihre Schätze und Sehnsüchte zu Tage gefördert hatte. »Verfasser unbekannt«, hieß es deshalb in den Lesebüchern des Dritten Reiches.

Der Mondberg

Der Loreleyfelsen und seine Natur inspirieren unzählige Sehnsüchte, die sich in der Figur der Loreley verdichten. Anton Passmann meinte 1979, der Felsen sei der Göttin des Mondes geweiht gewesen. Im Keltischen bedeute Mond »Lor«, südlich der Loreley lägen die Orte Lorch und Lorchhausen. Das althochdeutsche Lurlaberch, mittelhochdeutsch Lurlinberg, setze den Berg somit in Verbindung mit dem Mondlicht.

Das könnte passen. Der Mond, dem die Nacht und die Farbe Blau zugewiesen werden, symbolisiert das reflektierte Licht unseres Unterbewusstseins. Mystiker sehen in ihm das Symbol des Weiblichen, des Lebengebenden, das über alles physische Werden und seine Zyklen herrscht – und damit auch über Leben und Tod. Es heißt, die Mondkraft könne die Seele vom Körper lösen und sie in den Bereich ihrer Strahlung ziehen. Je nach Standpunkt bekommt alles Mondartige so etwas zutiefst Geheimnisvolles, ja manchmal gar Anrüchiges.

Gleichzeitig steht der Mond mit unseren Gefühlen in Verbindung, mit Erkenntnis und Reflexion. Der Geist spiegelt sich im Gefühl und ruft Empfindungen hervor. Gefühle können aber die geistigen Impulse in ihrer Ganzheit nicht voll erfassen und geben nur ein Zerrbild wieder, symbolisiert in der »unvollständigen« Mondsichel. Berühren die Gefühle aber die niederen Leidenschaften, verstricken wir uns leicht in den betörenden, verführerischen Gesang der Sirenen.

Die Freilichtbühne aus der Zeit des dritten Reiches; so stellten sich die Nazis einen Thingplatz (germanischer Versammlungsplatz) vor.

Gott ist Sehnsucht

Endymion, der schöne Sohn des griechischen Göttervaters Zeus und einer Nymphe, schlief eines Nachts in einer Höhle auf dem Berg Latmos, als ihn die Mondgöttin Selene das erste Mal erblickte. Von Liebe überwältigt, legte sie sich zu ihm und küsste ihn sanft auf die geschlossenen Augenlider. Mit der Zeit gebar sie ihm nicht weniger als fünfzig Töchter. Und das, ohne dass er jemals aufwachte ...

Erklärungsversuche dieses Mythos reichen bis ins antike Griechenland zurück. Selene habe Endymions Küsse seiner Leidenschaft vorgezogen, hieß es. Dem widersprechen allerdings klar die Ergebnisse. Der Name Endymion lässt sich sprachlich auf den Einfluss des Mondes zurückführen. Nachts, wenn der Mond scheint, erzeugt die Göttin in uns die Bereitschaft zur Aktion und umwebt uns mit Sehnsucht. Die Sehnsucht, uns weiter zu entfalten. Zum Kult der Mondgöttin in der Antike gehörte es, diesem doch eher geheimnisvollen Vorgang mit ausgelassener Sexualität nachzuhelfen.

Neue Aufgaben für die Loreley

Seit etwa zehn Jahren steht die Neugestaltung des Loreleyfelsens entsprechend seinem historisch-kulturellen Hintergrund und seiner internationalen Bedeutung zur Diskussion. Die Idee eines Landschaftsparks Loreley steht im Raum. Die Renaturierung auf dem gesamten Plateau und in der Umgebung des Felsens soll einhergehen mit umweltverträglicher Nutzung und »sanftem Tourismus«. Aber nicht nur der Erhalt der einzigartigen Natur- und Kulturlandschaft wird gefordert, sondern zugleich auch Entwicklung. Neben geschütztem Lebensraum und Tabuzonen für seltene und vom Aussterben bedrohte Pflanzen und Tiere (vor allem Schmetterlinge, Reptilien und Vögel) entsteht eine Komposition von natürlicher und künstlicher Landschaft, die alle Eigentümlichkeiten der Region berücksichtigen und hervorheben will. Mittelpunkt und Symbol dieses großflächigen Erscheinungsbildes, das die Dominanz und die »Mystik« der Natur über Ansiedlung, Gewerbe und Verkehr hervorhebt, bildet der Loreleyfelsen. Mit der Einbettung in das Landschaftsschutzgebiet Mittelrhein erwartet man in naher Zukunft die Eingliederung in das Weltkulturerbe der Unesco.

Die Sage vom Teufel und der »Lurlei« ist in mehrerer Hinsicht interessant, da der Teufel keine Macht über eine Fee, Hexe oder Göttin besitzt, die Bezüge zur alten heidnischen Religion aufweist. Außerdem wird Lurlei hier als Sirene verstanden. Aber auch diese Sage ist, wie so viele andere, nur eine Dichtung des 19. Jahrhunderts. Sie stammt vom gebürtigen Bonner und Rheinliebhaber Karl Simrock und findet sich als Gedicht in seinen 1836 veröffentlichten Rheinsagen:

Als der Teufel einst den Rhein hinaufkam, ärgerte er sich über den herrlichen Felsen am Strom, denn alle Menschen priesen in diesem Schöpfungswunder den Schöpfer selbst, weshalb er ihn zerstören wollte. Mit den Fäusten brachte er ihn nicht von der Stelle, da stemmte er sich mit dem Rücken an den Lurleifels und hob und schob und rüttelte. Als der Berg wankte, begann die Lurlei zu singen, worauf es dem Teufel ganz seltsam zumute wurde. Er konnte sich nicht mehr von der Stelle rühren, lauschte gebannt und entbrannte in Liebe zur Lurlei, sodass er dampfte. Der Teufel, der die Lurlei gerne zu seinem Liebchen erkoren hätte, merkte, dass er keinerlei Macht über sie besaß. Als das Lied der Lurlei zu Ende war, eilte der Teufel, der schon befürchtet hatte, für immer an den Fels gebannt zu bleiben, von dannen. Seine ganze Gestalt aber, den Schwanz nicht ausgenommen, blieb schwarz in die Felswand eingebrannt. Nachher soll sich der Teufel gehütet haben, der Sirene des Rheins jemals wieder zu nahe zu kommen.

Die Lurlei aber singt noch immer in stillen Mondnächten ihr Lied und wartet auf Erlösung. Aber die Liebenden, die sich einst von ihr betören ließen, sind ausgestorben. Die heutigen Zeitgenossen haben keine Zeit mehr, ihren Felsen zu besteigen oder sich in Mondnächten im Schiffchen zu nähern.

Und per Handy ist die Loreley leider nicht zu erreichen ...

Steckbrief: Loreley in St. Goarshausen

Lage:

Via A 66 über Wiesbaden und auf der Bundesstraße 42 über Rüdesheim nach St. Goarshausen; A 60 bis Bingen, von dort auf die B 9 bis St. Goar; A 61 Ausfahrt Emmelshausen bis St. Goar; A 48 über Koblenz, dann Bundesstraße 42 über Vallendar und Lahnstein nach St. Goarshausen. Von St. Goarshausen ist der Wanderweg zur Loreley gut ausgeschildert; er beginnt etwa 400 Meter südlich der letzten Häuser. Mit dem Pkw führt der Weg in der Stadt über die Forstbachstraße zum Parkplatz an der Freilichtbühne.

Besonderheiten:

Die Gesteinsschichten, meist feinsandige Tonschiefer und Feinkornquarzite, wurden vor etwa 370–400 Millionen Jahren horizontal abgelagert. Faltung, Schrägstellung, Klüftung, Brechung und steile Aufstellung gaben dem Felsen seine eigenartige Prägung. Auf der Plattform, 132 Meter über dem Rhein, heute neben der Freilichtbühne (als Thingplatz erbaut), liegen ein Zelt- und Campingplatz, eine Jugendherberge, ein Turner- und Jugendheim sowie ein Aussichtspunkt.

Geschichte:

Der Fels wurde offensichtlich schon früh als Echo-Orakel genutzt, vielleicht auch als Opferstelle für die gefährlichen Rheinströmungen und Klippen an seinem Fuße. Kelten errichteten auf seiner Höhe eine Fluchtburg mit Kultstätte.
Die Romantikerbewegung um die Wende zum 19. Jahrhundert entdeckte die geheimnisvolle Natur des Berges. Clemens Brentano schuf mit der Figur Loreley einen Mythos, der sich so verselbständigte, dass viele noch heute an die Tradition einer lokalen Göttin mit ähnlichem Namen glauben. 1934 legten Nationalsozialisten einen Thingplatz auf dem Berg an, der mittlerweile als Openairbühne für Konzerte genutzt wird. Derzeit ist der Berg Mittelpunkt des geplanten Landschaftsschutzgebietes Mittelrhein, das die Eingliederung in das Weltkulturerbe der Unesco anstrebt.

Anfahrt mit der Bahn:

Rechtsrheinische Bahn bis St. Goarshausen, linksrheinische Bahn bis Bahnhof St. Goar. Beide Städte verbindet eine Fähre.

Nächstes Tourismusbüro:

Städtisches Verkehrsamt
der Loreleystadt,
Bahnhofstraße 8,
D-56343 St. Goarshausen,
Tel. 0049 (0) 6771 910 0.

Wichtige kunsthistorische Ziele in der Umgebung:

Burg Katz, Burg Maus und katholische Kirche im Ortsteil Wellmich; Stiftskirche St. Goar und Burg Rheinfels gegenüber in St. Goar. St. Goarshausen-Ehrental mit katholischer Kirche und Gasthof einträchtig unter einem Dach.

Nächstes Museum:

- Loreley-Museum im Historischen Stadtturm St. Goarshausen, Rheinstraße (Weinmuseum);
- Deutsches Puppen- und Bärenmuseum, Sonnengasse 8, St. Goar.

Der besondere Tipp:

Nicht weit rheinaufwärts liegt gegenüber von Bacharach, bei der Insel Wirth (früher Heiligenwirth), mitten im Fluss ein großer viereckiger Stein, den man nur bei tiefem Wasserstand sehen kann. Dann erscheint er wie ein Tisch, an dem bis zu 25 Personen Platz nehmen könnten. Seine Oberfläche soll uralte und unbekannte Schriften und Namen tragen.
Er gilt als Altarstein und soll schon zu Zeiten der Römer eine Verehrungsstätte des Gottes Bacchus gewesen sein.

DER QUESTENBERG IN QUESTENBERG

Vom Geheimnis der Sonne

Im Tal der Nasse im Landkreis Sangershausen erheben sich vier Berge mit Befestigungsanlagen aus der Eisen- oder frühen Latènezeit, die vielleicht alle zugleich kultischen Charakter besaßen, zumal diese vier, wenn auch unregelmäßig, die vier Haupthimmelsrichtungen repräsentiert haben könnten. Auf einem von ihnen, dem Questenberg, feiert das Volk der Umgebung zu Pfingsten einen äußerst ungewöhnlichen Brauch der Sonnenbegrüßung, der in Teilen durchaus archaisch anmutet. Manche sprechen bei dem auf dem Gipfel errichteten Eichenstamm, der Queste, von der »anhaltinischen« Irminsul. Das »Original« der Irminsul, das Hauptheiligtum der Sachsenstämme, wurde von Karl dem Großen vernichtet, vielleicht an den Externsteinen.

Der Name Queste begegnet uns im Mittelalter als Synonym der Pilgerschaft zur Burg des heiligen Grals. In welcher Verbindung stehen Gral und Sonne? Was steckt hinter dem Ritual von Questenberg? Haben wir hier vielleicht eine Spur, um zu verstehen, was sich in einem frühzeitlichen Sonnenheiligtum abgespielt haben könnte? Immerhin stand der Harz mit seinen Ausläufern schon immer unter dem Verdacht, Relikte des Heidentums sorgsam über die Zeit bewahrt zu haben.

Der Einsatz christlicher Missionare hat tief greifende kultur- und geisteswissenschaftliche Spuren hinterlassen. Noch wenig untersucht ist dagegen die Tiefe der Eigenspiritualität der »bekehrten« Völker. So mancher Botschafter des damals neuen und vermeintlich höheren Glaubens trampelte wie ein Elefant im Porzellanladen durch Germaniens Wälder und schreckte nicht einmal davor zurück, heilige Bäume und Haine, obwohl dort nichts Physisches, sondern ein göttlich-geistiges Prinzip angebetet wurde, dem »heiligen« Rigorismus zu opfern. Oft entstand an der Stelle dieser Bäume eine hölzerne Kapelle, die dann als Wohnsitz des »wahren Gottes« galt. Wo der Unterschied zwischen einem Hain und einer Kapelle lag, schien den verstockten Heiden in aller Regel nicht einzuleuchten ... Doch Gott sei Dank kam Bonifatius[13] nicht bis zum Questenberg!

13 Siehe Kapitel »Donareiche zu Geismar«, Seite 148.

Rekonstruktion der Burgen um Questenberg:
1. Wallburg Queste,
2. Wallburg Arnsberg,
3. Burgruine Questenberg,
4. Klause,
5. Wallburg Klauskopf,
6. die heute zugeschüttete Questenhöhle.

Ein heiliges Tal

Das im tief eingeschnittenen Tal der Nasse gelegene Dorf Questenberg im Kyffhäusergebiet ist auf vier Seiten von markanten und historisch bemerkenswerten Gipsbergzügen umgeben. Im Nordosten des Dorfes liegt der malerische Burgberg mit seiner fast rechteckigen Ruine. 1349 wurde sie als »hus« Questenberg urkundlich erstmals erwähnt. Interessanterweise nahm die Burg den Namen eines Berges an, auf dem sie nicht stand. 1349 wurde die Burg vom Grafen von Honstein zusammen mit sieben Dörfern dem Ritter Heinrich »von me Rade« (Rode) zu lehen gegeben. Letzterem folgten verschiedene Herren als Pfandbesitzer, 1453 ein Hans Knuth oder Knauth als Verwalter der Grafen von Stolberg. Wir kommen noch auf sie zu sprechen. Das Dorf Questenberg selber lässt sich erst ab 1397 nachweisen.

Der Arnsberg im Südosten wird eher irrtümlich als Arminsberg gedeutet. Der germanische Held und Sieger über den römischen Feldherrn Varus soll darauf (im Jahr 17 n. Chr.) sein Hauptquartier vor der Entscheidungsschlacht gegen den Markomannenführer Marbod aufgeschlagen haben. Mit Sicherheit aber trägt die Erhebung auf ihrer nach Westen vorspringenden Bergzunge eine bronzezeitliche Wallanlage. Auf der etwas weiter im Tal liegenden so genannten Klause, einer befestigten und wohl

Wichtiger noch als die Wärme empfanden unsere Vorfahren das Licht, das die beängstigende Finsternis mit all den damals sehr existenziellen Gefahren vertrieb. So wird man dieses erste Licht auf dem Questenberg dankbar und genussvoll begrüßt haben.

Im reduzierten Abbild tritt uns die Sonne als Kreis, Scheibe, Kranz oder Rad entgegen. Der Kreis kennt weder Anfang noch Ende und charakterisiert Zeitlosigkeit und das Gesetz ewiger Zyklen. Diese Zyklen dienen als Gerüst unserer Wahrnehmung vom Einfluss der Sonne auf die Erde. Ebenso früh wird man die Gemeinsamkeiten zwischen kosmischen Zyklen und dem Kreislauf allen physischen Lebens entdeckt haben.

ständig bewohnten Höhensiedlung der frühen Latènezeit, fanden sich Reste eines Herrensitzes aus dem Hochmittelalter (11. bis 13. Jahrhundert). Dahinter, auf dem Klauskopf, erstrecken sich die Ruinen einer Wallburg aus der frühen Eisen- bis Latènezeit mit Holz-Erde-Wällen. Ob alle Befestigungen auf den leuchtend-weißen Gipshöhen der Abwehr dienten oder Kultbezirke umringten, bleibt vorerst noch offen.

Im Angesicht der Queste

Auf dem Berg im Südwesten (290 Meter hoch) umzieht ein Ringwall (360 Meter auf 150 Meter) der frühen Eisenzeit die nach Osten vorspringende Bergkuppe mit Ausnahme der steil abfallenden Nordseite. Auf ihr steht ein etwa 10 Meter hoher ast- und rindenloser, stark verkeilter Eichenstamm. Auf einem Querbalken wird alljährlich zu Pfingsten der »Questenkranz« angebracht, der aus belaubtem Reisig besteht. Der Querbalken trägt an beiden Enden so genannte Quasten aus Reisigbündeln. Ein weiteres solches Bündel krönt den Stamm. Der Berg, der Stamm mit dem Kranz und die einzelnen Büsche tragen den Namen Queste.

Die Zeremonie der Erneuerung des Kranzes wie des Stammes wurde erstmals zu Beginn des 18. Jahrhunderts beschrieben und hat sich als Volksfest so gut wie unverändert bis heute erhalten. Möglicherweise ist die Tradition sogar noch um einiges älter, denn schon das Wappen des Ritters Heinrich von Rode auf Burg Questenberg zeigte drei Berge, deren mittlerer von einem Baum geziert war. Das Siegel des Ritters von 1360 wies gar nur einen Baum mit nach allen Seiten ausgehenden Zweigen auf, an seinem Fuße ein Oval (ein verhinderter Kreis?) mit Querbalken. Vielleicht deuten diese Symbole auf ein früheres Brauchtum hin.

Sicherlich lassen sich Parallelen zum Brauch des Maibaums erkennen, ein glatter hoher Stamm, der jeweils am 1. Mai in der Dorfmitte oder auf einer Erhebung aufgestellt wird. Seine Spitze ist in der Regel mit einem Kranz, Blumen oder Bändern geschmückt. Seine Symbolik wird zumeist auf Fruchtbarkeit und körperliche Liebe zur Maien- und Frühlingszeit reduziert. Die Questenberger feiern aber alljährlich sowohl das Mai- als auch das Questenfest. Wir dürfen also von einer unterschiedlichen Zielsetzung ausgehen.

Der Questenberg, ein Sinai am Harzrand?

Eine scheinbar naive Sage spielt auf das Motiv des Pfingstbrauchtums an: Ein liebreizend holdes Ritterfräulein verirrte sich im Wald. Nach längerer Suche gelang es den Bauern der Umgebung, sie zu finden, und zwar am dritten Pfingsttag. Sie saß auf einer Wiese »mit einem Kranz, der zwei Quasten hat«. Der glückliche Vater beschenkte die Suchmannschaft mit Holz und stiftete das Questenfest auf dem Berg, der seiner Burg gegenüberlag.

Im 19. Jahrhundert tauchte eine etwas veränderte Fassung dieser Sage auf. Nun war es der Ritter Knauth von Questenberg, dessen Tochter Jutta sich im Walde verirrt hatte und von den Bauern auf einer Wiese mit dem Questenkranz gefunden wurde. Der Vater schenkte den aus sieben Gemeinden stammenden Leuten, die bei der Suche beteiligt waren, aus Dankbarkeit einen Gemeinschaftswald, »die Landgemeinde«, und stiftete überdies das Questenfest.

Vermutlich gehen beide Versionen der Sage auf eine ältere Tradition zurück. Der Kern der Sage begegnet uns als Grundmuster häufiger. Die mutmaßlich jüngste Fassung bringt dies stärker zur Geltung: Ein edles, reines Mädchen oder eine jungfräuliche Edeldame sind verschwunden. Das sind Anspielungen auf unsere verlorenen Qualitäten und unser Vermögen, einen reinen Kontakt mit höheren Bewusstseinsebenen herzustellen. Zu oft haben wir diese Möglichkeit, die uns gegeben ist, vergessen und uns in den Scheinwelten äußerlicher Begrenztheit verstrickt und verirrt. Zumeist verharren wir dort in Dunkelheit und Finsternis. Nutzen und pflegen wir aber diese Verbindung wieder, finden wir gleichsam einen verlorenen Schatz. Dann gibt es wahrlich Grund zu feiern! Denn nun hat der Geist eine Form gefunden, in die seine Ideen und Impulse einfließen und wo sie umgesetzt werden können.

Burg Questenberg mit dem Wappen des Ritters Knut von Rode (undatiert).

In der erwähnten Sage stiftet der Vater den Findern ein Fest, das reich an Ritualen ist und an das eigentliche Prinzip erinnert. Die Frage drängt sich auf, ob man auf dem Questenberg die verlorene Verbindung zu höheren Bewusstseinsebenen besonders gut wieder aufnehmen kann. Und ob dieses Phänomen dann jährlich zur Verfügung steht.

Im »Tausendjährigen Reich« glaubte man Näheres zu wissen: »Vieltausend Questen standen einst. Wohin die Edlen von Atlantis kamen, die des nordischen Lichtbringers Träger waren, und wo sie ihren Wanderstab zur Ruhe stellten, da bauten sie ihr Heiligtum, die hohe Queste, ein Eben=Ezer ihres Glaubens«, so 1925 ein arisierter Zeitgenosse, zitiert nach Ernst Kiehl (1995, S. 43). Die Urreligion der nordischen Rasse, des Fähnleins der letzten Aufrechten atlantischer Fastgöttlichkeit, soll bis nach Kanaan gedrungen sein, und Moses habe das uralte heilige Licht erblickt, die Queste nämlich, »inmitten der Brombeerhecke« ...

Die Macht der Luren und anderer Töne

In der Zeit des Nationalsozialismus strengten sich »Arbeitsfront« und »Reichsnährstand« gleichzeitig an, das Fest ganz unter ihre Regie zu bekommen. Die Questenberger wussten dies zu verhindern, wurden aber gezwungen, wenigstens das Horst-Wessel-Lied zu integrieren. Als nach einer kriegsbedingten Unterbrechung von sieben Jahren der Berg zu Pfingsten 1947 wieder zum Ort der Feierlichkeiten wurde, versuchten nun SED-Funktionäre, Einfluss darauf zu nehmen. Doch das Mitführen von Staats- und roten Arbeiterfahnen konnte ebenso erfolgreich abgewehrt werden wie die spätere Einordnung in eine Ritualistik für alle LPGs (Landwirtschaftliche Produktionsgenossenschaften) der Region. Selbst das Singen christlicher Choräle ließen sich die Questenberger nicht verbieten.

Bei ähnlichen Anrufungen des ersten Lichts des Tages bliesen unsere Vorfahren vermutlich in die trompetenartigen Luren. Diese Töne brachten die ganze Natur in Schwingung.

In der Lebensbeschreibung des Winfrid Bonifatius berichtete Johannes Letzner im Jahre 1602: Als der angelsächsische Missionar erneut das Gebiet der Thüringer besuchte, musste er feststellen, dass einige zuvor Bekehrte wieder vom neuen Glauben abgefallen waren. »Und derweil die Düringer, so viel deren domals Christen gewesen, über diesem Verbannen fast unruhig wurden und sich mit dem Schal laut und Thon der grossen Hörner zusammen verrotteten, ist ihnen Bonifatius entwichen und in die Wueste und Einoede neben der Ora, da itzunt Ordorff (Ohrdruf) stehet, sich niederlassen und gelagert.« Wie man sieht, besitzt die schöne Tradition, die Sonne mit geeigneten Blasinstrumenten zu begrüßen, abschreckende Wirkung gegen jede Art von ignoranten Störern oder »Bekehrern«!

Und so singen sie seit 1896 auf dem Questenberg zu frühester Morgenstunde:

Dich seh' ich wieder, Morgenlicht
und freue mich der edlen Pflicht,
dem Höchsten zu singen ...

Vorher, bis 1895, wurde zur Melodie des Chorals von Pastor Philipp Nicolai (1556–1608) folgender Text gesungen:

Wie schön leuchtet der Morgenstern
Voll Gnad und Wahrheit vor dem Herrn
Die süße Wurzel Jesse
Du Sohn Davids aus Jakobs Stamm
Mein König und mein Bräutigam ...

Heute haben leider Posaune, Horn und Trompete die etwas unhandlicheren Urblasinstrumente verdrängt. Mag die Wirkung damit verblassen, doch eines blieb in reinster Form erhalten: das Bier fließt in Strömen. Und das hat Stil und eine ehrwürdige Tradition, denn unsere vorchristlichen Ahnen zogen noch keine scharfe Trennung zwischen zünftiger Andacht und frommem Besäufnis.

Gott ist Licht: Licht hinter dem Licht

Eine Sonnenverehrung scheint spätestens seit dem Neolithikum kontinuierlich nachweisbar. Den Menschen ging es dabei nicht nur um das existenzielle Gedeihen ihrer Ernte und ihrer eigenen Fruchtbarkeit. Zumindestens ihre Priester dachten wohl auch an eine Ernte im geistig-spirituellen Sinne.

Gottheiten wie der semitische Bel, der ägyptische Ra oder der iranische Ahura Mazda verkörperten das wohltätige Licht der Sonne in seiner ganzen Bedeutungsfülle. In der 18. Dynastie Ägyptens erhob der Reformer-Pharao Echnaton seinen Gott Aton in die höchsten Sphären. Aton war nicht nur Sinnbild für den Ausgangspunkt allen Lichts, sondern auch für das dahinter liegende Prinzip: das Zentrum des universellen Bewusstseins. Ein Ableger dieser Theologie entstand in Platons Sonne als Uridee des Guten, als Symbol der Möglichkeit objektiver Wahrheitserkenntnis. Auch das Christentum bringt Christus, den Messias, als höchste zu erstrebende Bewusstseinsstufe mit der »zentralen« Sonne in Beziehung. Das äußere Abbild der Sonne oder das, was wir wahrzunehmen imstande sind, wurde deshalb schon im Altertum in einer Metapher (»Auge Gottes«) verpackt. So könnte das Questenfest auf einer sehr alten Tradition fußen, die sich ungeachtet der wechselnden Völker, Stämme, Theologien und Zeiten immer wieder Bahn brach.

In Verbindung mit dem Sonnenkult begegnen wir bei vielen Völkern dem Symbol des aufrechten Stamms, der den Weltenbaum verkörpert. Er versinnbildlicht die Achse zwischen Himmel und Erde, die Verbindungen zwischen höherem und niederem Bewusstsein, ja vielleicht sogar das Rückgrat des Menschen, durch das die göttliche Schöpferkraft unsere psychischen Zentren (Chakren) zu aktivieren sucht. Über diese Achse können wir uns also mit dem höchsten Bewusstsein verbinden.

Kreuz, Rad und Nordhäuser Doppelkorn

Der Kranz auf dem Questenberger Eichenstamm birgt in der Mitte ein Kreuz. Das Radkreuz symbolisiert die vier Elemente, die vier Himmelsrichtungen, die vier Jahreszeiten und damit auch den Jahreskreis als Ausdruck kosmischer Ordnungssysteme. Weltenbaum und Kreis (Kranz) sind somit zugleich Sinnbilder für die überragende, aber letztlich unergründliche kosmische Ordnung. Will man sich selbst erkennen, muss man diese Grundordnung erkennen. Erkennt man die Grundordnung, findet man Ziel und Aufgabe des Menschen, Auszüge aus dem »großen Plan« der Schöpfung. So bietet der Weltenbaum mit seinen Attributen zugleich Halt und Stütze im Dauerkampf um Existenz und Sinngebung. Man muss beispielsweise nur den Kalender und die Jahresfeste nahtlos der kosmischen Ordnung anpassen, um dank dieses Zusammenspiels in jeder Hinsicht bessere Ergebnisse zu erzielen.

Ein Radkreuz hieß früher auch Queste. Der Begriff Queste begegnet uns aber außerdem in der mittelalterlichen Gralsepik und bezeichnet die Suche nach dem geheimnisvollen Gefäß und der sie schützenden Gralsburg. Das kühne und wahrhaft ritterliche Abenteuer einer ethisch ausgerichteten Lebensführung war Voraussetzung und Bewährungsprobe für das

Auffinden des Grals. Aber ebenso die Suche nach der »richtigen Braut«, der reinen Jungfrau, nach Sophia, der Weisheit. Denn sie garantierte, das wahre Ziel zu finden und die Koordinaten der dahinter liegenden Gesetze zu erkennen. Bietet also der Questenberg einen solchen Zugang zur Gralsburg, wie Sage und Brauchtum andeuten könnten?

Bei dieser Suche nach Analogien und verdächtig ähnlichen Symbolmustern muss aber betont werden, dass kein zweites Questenfest dieser Art in Europa bekannt ist. Es gibt auch keinen direkten Hinweis in Sage oder Überlieferung, weder in der »Edda« noch in anderen alten Dichtungen. Das sakrale Nachtmahl auf dem Berg, bei dem man mit den drei Schwurfingern Sauerkraut isst, Brot bricht und schweigend verzehrt und schließlich zum gemeinsamen Umtrunk eine Flasche »Nordhäuser Doppelkorn« herumreicht, bevor man sich zur Begrüßung der ersten Sonne bereitmacht – das alles findet weder in mittelalterlichen noch christlichen Bräuchen eine Parallele. Dieses Mahl scheint eher ein heidnisches Überbleibsel zu sein. Einige Questenberger glauben, das kultisch-religiöse Gedankengut ihres Festes reiche bis in eine »bäuerliche Urgesellschaft« zurück.

Schon für die Mittelsteinzeit wird von sesshaften Jägern am Questenberg gesprochen. Für die Jungsteinzeit (5000–2000 v. Chr.) liegen bedeutende Siedlungsfunde der so genannten Bandkeramiker vor. Gegen Ende der Bronzezeit drang die Hallstattkultur bis in den Südharz vor. Spätestens die Hallstattkultur, als Vorläufer der Kelten, kannte zweifellos die Sonnenverehrung. Im 6. und 5. Jahrhundert v. Chr. lebten germanische Hermanduren auf dem Questenberg, wie Funde beweisen. Ob die Wallanlage von ihnen stammt oder ob sie eine bereits vorhandene Befestigung benutzten, weiß man nicht. Völker kamen und gingen. Vermutlich ist es eine völlig falsche Vorstellung, dass bei solchen Völkerwanderungen jeweils wirklich alle Volksangehörigen mitzogen. Vielleicht blieb sogar ein bedeutender Teil zurück und pflegte die bodenständigen Brauchtümer und Feste weiter.

Fiat Lux!

Auch das Questenfest hat sich erhalten. Sollte es tatsächlich eine derart lange und interessante Tradition haben, stellt sich die Frage, warum diese gerade hier fortleben konnte, möglicherweise gar weitgehend unverfälscht. Was findet man hier in diesem Tal zu Pfingsten? Das wahre Prinzip der Sonne? Ihr innerstes Geheimnis? Den Schlüssel zu den wahren Schätzen, wie zahlreiche Bergsagen betonen?

Mit der frühesten Verehrung setzte vermutlich auch das Erforschen der Sonne ein. Was ist die Sonne? Ein Feuerball, ein Ausstrahlungszentrum, ein gewaltiger Sog? Oder alles zugleich? Woher bezieht sie ihre

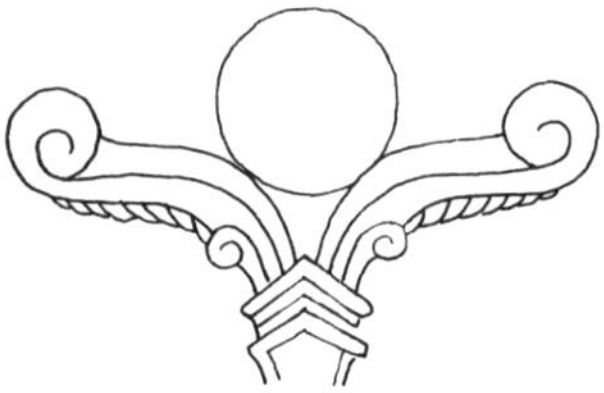

Symbolform der sächsischen Irminsul, die im frühen Mittelalter noch häufig auftauchte, sogar in und an den Kirchen.

Strahlkraft, ihre Hitze? Und wie entsteht ihr Licht, Licht überhaupt? Oder ist sie selbst nur ein Brennglas, ein Spiegel, ein Fokus?

Mystikerinnen und Mystiker des Mittelalters sprachen gelegentlich von Gott als einer Lichtsäule. Diese sammle ununterbrochen alles Bewusstsein in einem Brennpunkt, reichere es sozusagen in diesem Pool an und strahle es als gleißendes Licht wieder ab. Dieses »überfließende Licht der Gottheit« (Mechthild von Magdeburg) aktiviere alle Anlagen im Menschen, wenn man sich mit ihm eins fühle, und führe zur »allumfassenden Liebe«. Dies setzt aber voraus, dass man sich vorher auf die Suche nach dem höchsten Bewusstsein macht, auf die Quest. Das Licht wird dann Ziel, Wegzehrung und Antrieb zugleich. Antrieb zu ungewöhnlichen Leistungen. Hildegard von Bingen sprach deswegen vom »lebendigen Licht«.[14]

Die Sage von dem verlorenen Kind taucht in einer Reihe von Fassungen auf, was für ihren Verbreitungsgrad wie für ihre Wichtigkeit im Zusammenhang mit der Örtlichkeit spricht:

Vor etlichen hundert Jahren stand bei dem Dorf, das jetzt Questenberg heißt, eine stolze Burg, die Finsterburg. Die Herren von Finsterburg waren ein altes, berühmtes Geschlecht, rechtschaffen und fromm. Eines schönen Frühlingstages – es war gerade in der Woche vor Pfingsten – begab sich ein kleines Töchterchen der Finsterburger hinaus vor die Burg, um im Freien zu spielen. Die Sonne strahlte prächtig vom Himmel, die Wiesen dufteten von bunten Blumen, und Schmetterlinge und Vögel lockten das Kind. Es begann, einen Blumenstrauß zu pflücken, und lief von der Wiese in den Wald, wo noch andere Blumen blühten. Während sein Strauß immer größer und bunter wurde, merkte das Mädchen gar nicht, wie die Zeit verstrich und der Tag sich zur Dämmerung neigte. Bald irrte das Kind ängstlich klagend durch den nun still und unheimlich gewordenen dunklen Wald.

Am Abend wurde das Kind auf der Burg vermisst. Die Eltern schickten alle Dienstboten und Knechte aus, um in der Umgebung der Finsterburg nach ihm zu suchen, doch nirgends war eine Spur von ihm zu ent-

14 Siehe Kapitel »Disibodenberg an der Nahe«, Seite 137.

decken. Da entschlossen sich die besorgten Eltern, alle zur Burg gehörigen Bauern aufzubieten und auch die weitere Umgebung durchsuchen zu lassen. Die Bauern durchstöberten noch am Abend jeden Winkel des Waldes, jedes Tal und jede Höhle, doch ohne Erfolg. Die Suche wurde auch am kommenden Tag fortgesetzt, obwohl die Eltern kaum noch zu hoffen wagten, ihr Kind lebend wiederzusehen, denn sie wussten, dass im Harzgebirge hinterhältige Räuber jeder einsamen Seele auflauerten und Bären und Wölfe die Wälder durchstreiften.

Doch das Unerwartete geschah: Am zweiten Pfingsttag entdeckten Bauern das Kind auf der Wiese bei dem Dorfe Rotha. Es strahlte seinen Rettern frohgemut entgegen und hielt einen geflochtenen Kranz aus Blüten in seinen Händen, in den zwei Quasten gewunden waren. Der Jubel war groß, und im Triumphzug wurde die Finsterburger Tochter mitsamt ihrem Kranz, dem Symbol der Rettung, zur Burg getragen.

Die überglücklichen Eltern richteten den Bauern ein Fest aus. Der quastengeschmückte Kranz wurde zum Anlass genommen, dem Dorf und der Burg neue Namen zu geben. Fortan hießen sie Questenberg und Questenburg. Die Bewohner Questenbergs feierten nun in jedem Jahr ein Fest zur Erinnerung an den Tag, an dem das Finsterburger Töchterchen glücklich wiedergefunden worden war. Ein Kranz mit Questen wird am dritten Pfingsttag auf den Questenberg getragen und dort, an einem Eichbaum befestigt, aufgerichtet. Seither grüßt die »Queste« von ihrem Berg ins Land.

Es gibt viele Sagen vom Questenberg und seiner gebirgigen Umgebung. Fast alle gehören zu den so genannten Schatzsagen und deuten vielleicht auf eine dunkle Ahnung, dass dieses heilige Tal etwas verbirgt, das sich zu gewinnen lohnen würde.

Als der Dreißigjährige Krieg auch den Südharz überzog, flüchteten viele Bewohner der Dörfer auf Höhen und in dunkle Wälder, um sich vor den räuberischen Horden in Sicherheit zu bringen. So mancher, der etwas Gold und Silber ererbt und erspart hatte, wusste sich keinen anderen Rat und vertraute seinen Reichtum dem Boden an oder verbarg ihn in Spalten oder in den Ruinen alter Gemäuer. So versteckten auch viele Questenberger ihr Gut in den zerfallenen Resten der alten Questenburg.

Als die Gefahr vorüber war, stiegen die Bauern hinauf zur Burg, um ihren Besitz wieder an sich zu nehmen. Aber, o weh: Keiner konnte seine Reichtümer wiederfinden! Der Berg gab das verborgene Gut nicht wieder her. Da begriffen die Menschen, dass die Berggeister das Edelmetall, das einst aus ihrem Reich ans Tageslicht gefördert worden war, wieder an sich genommen hatten.

Steckbrief: Der Questenberg in Questenberg

Lage:

Via Bundesstraße 80 von Nordhausen bis Sangershausen, Ausfahrt Rossla über Agnesdorf nach Questenberg. Im kleinen Dorf führen Wanderschilder zum nächsten Fußweg auf den Questenberg, dessen Questenstamm weithin sichtbar ist.

Besonderheiten:

Das Tal der Nasse ist Mittelpunkt und Teil einer Karstlandschaft, die sich in einem etwa 100 Kilometer langen Streifen am Südharz erstreckt. Sein charakteristisches weißes Gipsgestein kennt in dieser Masse und Ausprägung keinen Vergleich in Deutschland. Man zählt 20 000 Karsthohlformen wie Erdfälle und Dolinen, mehr als 200 Höhlen, teilweise von beachtlicher Größe, etwa 100 Bachschwinden und ebenso viele Quellen. Die Harzbäche verlieren hier große Wassermengen, die durch »Schwinden« in den Untergrund gelangen und an anderer Stelle als große Quellen wieder zu Tage treten. So gibt es in diesem Gebiet episodische Seen, die regelmäßig versiegen oder sich in wenigen Tagen wieder mit Wasser auffüllen.
Ein solcher See liegt nahe Questenberg bei Agnesdorf.
Diese ganze Karstlandschaft Südharz soll ein von der Unesco gefördertes Biosphärenreservat werden.

Geschichte:

In einem ursprünglich vielleicht heiligen Tal finden sich vier Berge mit Ringwällen aus der Eisen- oder Bronzezeit, einer von ihnen der Questenberg mit einer ehemaligen Kulthöhle; auf dem Berg ein Questenstamm für ein Sonnenritual, das in der abgehaltenen Form seit dem Beginn des 18. Jahrhunderts überliefert ist; Wappen der Ritter von Questenberg deuten einen Questenstamm schon im 14. Jahrhundert an; vielleicht reicht die Verehrung aber bis in die Frühzeit zurück, wobei sich das Ritual selbst kaum groß geändert haben dürfte.
In diesem Fall wären Berg und Fest europaweit einzigartig.

Anfahrt mit der Bahn:

Vom Bahnhof Sangershausen aus, auf der Route Halle–Kassel, fährt im Zweistundentakt eine Regionalbahn bis Bennungen. Von dort führt ein Wanderweg nach Questenberg. Zurzeit verkehrt von Sangershausen täglich nur eine direkte Buslinie nach Questenberg.

Nächstes Tourismusbüro:

Sangershäuser Fremdenverkehrsverein, Schützenplatz, D-06512 Sangershausen, Tel. 0049 (0) 3464 613330 und 19433.

Wichtige kunsthistorische Ziele in der Umgebung:

- Basilika St. Ulrici, Jacobikirche, Altstadt und Europäisches Rosarium von Sangershausen,
- Burg und Schloss Allstedt,
- Altstadt von Stolberg.

Nächste Museen:

- Spengler-Museum für Urgeschichte, Bahnhofstraße 33, Sangershausen;
- Schloss Allstedt; Schauhöhle »Heimkehle« in Uftrungen;
- Bergbaumuseum in Wettelrode.

Der besondere Tipp:

Von Sangershausen die Bundesstraße 86 entlang in Richtung Norden erreicht man hinter Hettstadt das Dörfchen Quenstedt. Am Dorfausgang, etwa 800 Meter südwestlich, erhebt sich – einsam in weiter Landschaft – die Schalkenburg, angeblich Deutschlands ältestes Labyrinth.
Die tafelbergähnliche Höhe mit dreiseitigem Steilabhang trug früher fünf ovalförmige Ringe, parallel zueinander im Abstand von 5 bis 6 Metern. Archäologische Ausgrabungen von 1967–1986 erklärten sie als Ringheiligtum, in dem sich vor etwa 6000 Jahren exakt Sonnenaufgangs- und Sonnenuntergangszeiten zur Sommersonnenwende festlegen ließen. Mit Hilfe von »Sommerdreieck« und »Kreuz des Südens« waren die Zeitmarken im Jahresablauf zu bestimmen. Schon zu DDR-Zeiten sprach man vom mitteldeutschen Woodhenge.
Heute kann man auf dem Plateau nur noch Verfärbungen im Boden erkennen. Es gibt aber Anregungen, diesen durchaus markanten Ort durch eine kleine astronomische Ausstellung und/oder Informationsveranstaltungen wieder zum Leben zu erwecken.

KLAUSE BEI KASTEL IM SAARLAND

Das Grab des blinden Königs

Hoch über dem Tal der unteren Saar liegt das idyllische Dörfchen Kastel-Staadt. Schon die Kelten nutzten lange vor Christi Geburt die außergewöhnliche Lage in einer für saarländische Verhältnisse wilden Felslandschaft mit einem imposanten und ungestörten Rundblick über das herrliche Saartal. Sie schufen hier auf dem Hochplateau eine Befestigungsanlage mit Heiligtum, vielleicht sogar eine Stadt – offensichtlich mitten in einem sehr viel älteren Kultbezirk. Örtliche Überlieferungen sprechen von einem Sonnenheiligtum auf dem Felsplateau. Die römischen Legionäre unter ihrem Feldherrn Caesar bauten die Anlage zu einem Kastell aus. Beim Vordringen der Franken wurde dieses zerstört.

Auf der Spitze eines bastionsartig vorspringenden Sandsteinfelsens liegt die Klause, ein einsam gelegener christlicher Wallfahrtsort mit Kapelle, Felsenkammern und Höhlen, die in die Felsen gehauen sind. Wer gab sich hier oben die ungeheure Mühe, die heiligen Stätten von Golgatha nachzubilden? Dienten diese Sinnbilder von Kreuzauffindung, Grablegung und Wiedergeburt für Initiationsriten? Warum wurde gerade hier das Grab Christi nachgebaut? Und was hat das Grabmal des blinden Königs Johann von Böhmen hier zu suchen?

Im Jahre 1833 bereiste der feinsinnige Kronprinz Friedrich Wilhelm von Preußen, der spätere König Friedrich Wilhelm IV., die Rheinlande. Im saarländischen Mettlach wohnte er beim Steingutfabrikanten J. F. Broch in der ehemaligen Benediktinerabtei[15]; dieser erzählte ihm eine höchst seltsame Geschichte:

Die Geschichte vom blinden König Johann

Johann von Luxemburg, als Sohn Kaiser Heinrichs VII. 1296 geboren, hatte das Angebot des böhmischen Adels angenommen, die Krone von Böhmen und Mähren zu tragen. Dazu verehelichte man ihn im Jahre 1310 mit Elisabeth, der Letzten aus dem Königsgeschlecht der Przemysliden. Eigentlich galt das Angebot seinem tüchtigen Vater, doch schlug dieser seinen Sohn Johann vor. Johann enttäuschte aber schon bald die große Hoffnung auf Stabilisierung der Verhältnisse durch seine Regierungsübernah-

15 Siehe Kapitel »Alter Turm im Klosterpark Mettlach/Saar«, Seite 159.

me. Der unruhige Fürst mit seinen nicht vorhersehbaren Wechselzügen in der Politik vermochte das durch die langen Parteikämpfe um die Nachfolge der Przemysliden heruntergewirtschaftete Land nicht zu befrieden. Mit der Zeit vernachlässigte er seine eigentlichen Pflichten immer mehr und verstrickte sich dafür in alle politischen Händel und Kriege seiner Zeit. Selbst als Johann 1340 erblindete, ließ er nicht vom Kriegshandwerk ab. So wurde er zum Symbol des Rittertums seiner Zeit, und zwar nicht nur dank seiner unerschrockenen Tapferkeit und nie ermüdenden Kampfbereitschaft, sondern auch als fast schon überholtes Relikt im Zeitalter wachsender Bedeutung ökonomischer Herrschaftsfaktoren. Johann trennte sich schließlich von seiner Frau, kehrte den ungelösten Aufgaben in Böhmen endgültig den Rücken und ließ sich wieder in den heimischen Besitzungen nieder. Im Englisch-französischen Krieg ließ er sich noch einmal auf ein Pferd binden. Zwei Ritter mussten sein Pferd am Zügel in das Schlachtgetümmel von Crécy führen. Dort fiel der alte Haudegen am 26. August 1346 im Kampf. Sein siegreicher Gegner, Eduard III. von England, ließ den schon zu Lebzeiten legendären Helden feierlich aufbahren.

Sein erstes festes Grab fand der Gefallene in der Benediktinerabtei Altmünster in der Stadt Luxemburg. Beim Ausbau der Befestigungsanlagen 1542 musste die Abtei weichen, und Johanns Gebeine wanderten in das dortige Neumünsterkloster. Doch auch hier fand er keine Ruhe. Im Zuge der Klosteraufhebung nach der Französischen Revolution wurden seine Überreste erneut heimatlos.

Diese Geschichte soll den Nachfahren Johanns und späteren »Romantiker auf dem preußischen Königsthron« tief bewegt haben. Doch der Mettlacher Steingutfabrikant hatte dem Kronprinzen vom »unruhigsten Fürsten des 14. Jahrhunderts« noch mehr zu erzählen. Er selbst habe nämlich von einem Luxemburger Bäckermeister die Gebeine erworben, die nun in einer Kiste in seinem Mettlacher Heim ruhten. Broch machte sie nun dem verblüfften und zugleich »entflammten« Friedrich Wilhelm zum Geschenk.

Kastel: frühmenschlicher Kultbezirk, Sonnenheiligtum und römisches Kastell

Im gleichen Jahr, also 1833, erhielt der Kronprinz auf eigenen Wunsch auch die Klause von Kastel übertragen. Diese mittelalterliche Klause, nahe bei Saarburg, liegt zauberhaft auf einem Felsmassiv, 1000 Fuß über dem Meeresspiegel an der Saar. Felsenkammern und reliefartige Felsgesichter außerhalb des Höhenplateaus lassen auf früheste Verehrung dieses Ortes schließen. Sagen von weißgekleideten Müttern, die den Bauern bei der Getreideernte erscheinen oder sie mit Kuchen und Wein beschenken, könnten auf archaische Kulte zu Ehren von Göttin Erde hinweisen.

Hochfläche von Kastel an der Saar aus der Vogelschau in einer Zeichnung aus dem 18. Jahrhundert.

Die Hochfläche war ursprünglich eine natürliche Befestigung und gegen das Hinterland durch einen aufgeschütteten Erdwall von rund 200 Metern Länge geschützt. Zahlreiche Funde lassen darin ein keltisches Oppidum (stadtähnliche Befestigung) vermuten. Auf jeden Fall errichteten hier die Römer ein Kastell, nach welchem der Ort benannt ist. Dabei nutzten sie offensichtlich die Fliehburganlage aus der Bronzezeit. Von hier aus beherrschten sie die in geringer Entfernung vorbeiführende Heerstraße Trier–Metz. Die nahe gelegene Pfarrkirche St. Johannes der Täufer, die sich durch Vorgängerbauten ins 4. oder 5. Jahrhundert n. Chr. datieren lässt, befindet sich mitten in einem römischen Bestattungsfeld. An der Ostseite des Dorfes legten Archäologen eine breite römische Straße mit zahlreichen großzügig konzipierten Häusern samt Wasserleitung und Wasserabzugssystem frei.

In der ersten Hälfte des fünften Jahrhunderts kamen die Franken. Nach heftigem Kampf eroberten sie das Kastell. Eine Legende erzählt, das Lager sei nur durch den Verrat der Tochter des Lagerkommandanten gefallen, der sie als Strafe dafür habe vom Felsen stürzen lassen.

Ersteigt man vom Tal her den Berg, führt ein natürliches Nordtor im Felsmassiv aufwärts in die fast terrassenförmige Anlage. Bizarre Felsforma-

Der geniale Architekt und preußische Hofbaumeister Schinkel wusste den Neubau der Kapelle für König Johann einfühlsam an die heilige Tradition des Ortes anzulehnen. Dicht am Rand erhebt sich weithin sichtbar ein keltisches Kreuz.

tionen mit Schalen, Einkerbungen und einer Art Kanzel im äußersten Osten des Felsens verstärken den Eindruck einer flächenübergreifenden Verehrung des Ortes außerhalb der militärisch genutzten Zonen. Örtliche Überlieferungen künden von einem Sonnenheiligtum auf dem Berg. Man möchte gern daran glauben, auch wenn genauere Informationen fehlen. Auf alle Fälle bietet das Hochplateau einen ungehinderten Blick auf Saarlandschaft und Firmament.

Eine rätselhafte Kultstätte

In der romanischen Zeit wurde der weiche, rote Buntsandstein des Felsens mit Höhlen, Kammern und Nischen ausgebaut. Hier, an einem völlig abgelegenen Ort auf einsamer Höhe mit erhabenem Fernblick über die träge dahinfließende Saar, entstand die freie Nachbildung der heiligen Stätten von Jerusalem. Eine Höhlenkammer soll an das heilige Grab erinnern, daneben liegt ein Wohn- und Betbereich. Ein in den Felsen gehauener Pilgergang mit Treppenstufen führt von der Pfarrkirche zur so genannten Kreuzauffindungskapelle. Von dort geht es hinauf zur oberen Kreuzkapelle und weiter zum heiligen Grab. Pfosten und Balkenlöcher deuten auf frühere Holzbauten, Galerien und Treppen. Zahlreiche stark verwitterte

Reliefs stimmten den Pilger ein und künden von der frommen Intention der Schöpfer.

Ursprung und Erbauer der Anlage blieben unbekannt. In Frage kommen wohl am ehesten Rückkehrer von einem der Kreuzzüge ins Heilige Land. Aus der Zeit um 1600 stammt der Kernbau der doppelgeschossigen Klausenkapelle am Heiligen Grab, die ein Franziskanerpater mit Namen Roméry unter Benutzung älterer Teile erbaute. Über dem einschiffigen Sakralraum lag die Wohnung eines Eremiten, die bis zur Französischen Revolution von Klausnern benutzt wurde. Eremiten ließen sich gern an alten Sonnenkultstätten nieder, und schon der rote Stein weist auf eine Verbindung mit dem Feuer der Sonne hin.

Wer aber wohnte vor den Eremiten des 17. Jahrhunderts hier oben? Wer nutzte diese christliche Kult- und mutmaßliche Einweihungsstätte, die mindestens 500 Jahre älter zu sein scheint? Wenn es tatsächlich Kreuzfahrer waren, warum wählten sie diesen Ort? Nur weil der weiche Sandstein die Arbeit erleichterte? Oder gab es hier eine Tradition mystischen Christentums, die schon bis in die Römerzeit oder gar noch weiter zurückreichte?

Im Saarland hielt sich die keltische Kultur länger als an anderen Orten. Die keltischen Priester, die Druiden, suchten oft eine Verbindung ihrer Lehren mit der christlichen Theologie oder boten ein Vorbild größtmöglicher Toleranz. Wir kennen solche Beispiele aus Irland und Südfrankreich. Vor allem ihren Glauben an die Wiedergeburt fanden Kelten in der esoterischen Interpretation des Christentums bestätigt. Leider gibt uns die Überlieferung keinen Aufschluss über die tatsächlichen Geschehnisse. Wir stehen vor einem der vielen Rätsel, mit denen die alten heiligen Orte uns oft genug allein lassen.

Das Grab des »alten« blinden Königs

Antworten darauf bieten höchstens die Pläne des preußische Königs und seines Baumeisters: Der neue königliche Besitzer des Geländes fasste offensichtlich gleich den Plan, die erworbenen Gebeine des Königs Johann von Böhmen in dieser Klause zur letzten Ruhe zu betten. Nicht weit von hier hatte Johann die Burg Freudenberg erbauen lassen. So mochte er sich in dieser Gegend nicht ganz fremd fühlen. Friedrich Wilhelm ließ umgehend seinen Lieblingsarchitekten und Leiter der obersten preußischen Baubehörde, Carl Friedrich Schinkel, anreisen. Schinkel verliebte sich wie der König auf der Stelle in diesen Ort und vertiefte sich intensiv in seine Geschichte und das Leben des blinden Königs.

Zeitlebens beeindruckte Schinkel das ideale Zusammenspiel von Architektur und Natur. Ein malerischer Berg, zugleich Befestigung und uralter Kultort, Felseneremitage, Kirche mit nahe gelegener Burg entsprachen so ganz den Gemütern von Künstler und Auftraggeber. Für die geplante Kapelle auf dem Saarheiligtum schuf Schinkel einen unauffälligen Mauerbau mit einer Fensterreihe im Obergeschoss, die an romanische Pallasfenster und an Zwerggalerien romanischer Kirchen des Rheinlands erinnern sollten. Im Innern ließ der König eine Ahnentafel anbringen, die seine Abstammung und die seiner Frau, Elisabeth von Bayern, von Johann nachwies.

Für den Altar gab der Mystiker und Freimaurer Friedrich Wilhelm genaue Anweisungen. Das Podest sollte aus rotem und schwarzem Ziegelmosaik bestehen, den Farben der Säulen des salomonischen Tempels und Symbol für die Gegensätze, denen wir in der physischen Welt stets begegnen. Ähre und Traube weisen auf die Fruchtbarkeit von Körper und Geist hin, Brot und Wein auf das Wachsen von äußerer und innerer Persönlichkeit. Die Darstellung eines Kelches mit der Hostie soll das menschliche Ziel verdeutlichen: Veredelung unserer Persönlichkeit durch bewusste Aufnahme des Messias und seiner erlösenden Kraft. Dieses höchste Sonnenprinzip (auch Christusbewusstsein genannt) vermag uns dabei zu helfen, den Geist aus den Fesseln der Materie zu befreien. Damit wird der Aussage der Felsenhöhlen und dem alten Sonnenheiligtum[16] eine Referenz erwiesen.

Diese Kapelle, als Spätwerk Schinkels meist vergessen, gilt als einer der Höhepunkte deutscher Romantik. Der von ihm geschaffene Bronzesarkophag aus schwarzem unpolierten Marmor ist heute aber leer. 1946 brachten französische Besatzungstruppen die Gebeine Johanns in den Dom zu Luxemburg zurück, seine angeblich 13. Grabstätte ... Über dem Sarkophag von Kastel liegt eine schwere Platte, auf ihr die Nachbildung der böhmischen Krone mit Reichsapfel. Eine Inschrift erzählt von Leben und Geschick des blinden Königs.

Gott ist Veredelung: die Auferstehung des »neuen« Königs

Wenn wir Menschen die Herrschaft über unser »inneres Reich« (Emotionen, Triebe, Gedanken) antreten wollen, dann streben wir ältester Überlieferung nach das »wahre« Königtum an. Es bedeutet letztlich, die göttliche Ordnung auf der Erde zu verwirklichen: durch verantwortliches Handeln, liebevolle Umsicht wie das Ablegen von Illusionen, falscher Wertvorstellungen und überholter Verhaltensmuster zugunsten höherer Einsichten und fruchtbarer Tätigkeit, die über den eigenen Nutzen hinausgeht. Man könnte auch sagen: Wir streifen unsere Blindheit endlich ab, um die eigentlichen Aufgaben zu finden und anzunehmen (Symbol: Kreuzauffindung).

16 Näheres zu einem archaischen Sonnenheiligtum siehe im Kapitel »Der Questenberg in Questenberg«, Seite 76.

Fast nahtlos fügen sich die neugotischen und mittelalterlichen Tür- oder Fensteröffnungen zu einer Einheit.

Die eigentliche Aufgabe jedes Menschen besteht darin, sich immer weiter zu vervollkommnen. Dabei trägt man seine alte Persönlichkeit zu Grabe, und der Weg wird frei für die Auferstehung des neuen Menschen. Dieser wird nicht weniger Schwierigkeiten im Leben vorfinden. Aber er weiß sich leichter zu positionieren und besser mit Widrigkeiten umzugehen. Schafft er dies noch mit einer gehörigen Prise Humor, sind ihm Sympathie und Anteilnahme der Nachwelt sicher.

Nach einem Gespräch mit Albrecht II. dem Lahmen von Habsburg im Jahre 1342 konnte der blinde Johann von Böhmen den Ausgang des Zimmers nicht ertasten. Der gelähmte Herzog Albert vermochte ihn dagegen nicht zur Türe zu führen. Da brachen beide Fürsten ob der Komik ihrer Beschränkungen in schallendes Gelächter aus, woraufhin das Gefolge erschrocken herbeieilte.

Pontius Pilatus ist auch nicht weit

Auf dem nahe gelegenen Friedhof befragte ich einen ortsansässigen Besucher, ob man wisse, warum gerade dieser Berg zu den etwa 50 Orten in Mitteleuropa zähle, auf dem die heiligen Stätten nachgeschaffen wurden. Er schüttelte nachdenklich den Kopf, machte mich aber darauf aufmerksam, im Saarland könnte dieses Thema leicht auf die heilige Helena zurückgeführt werden. Die Mutter des in Trier residierenden römischen Kaisers Konstantin suchte so verbissen nach Reliquien, dass die Legende behauptet, sie hätte dabei sogar das Kreuz auf Golgatha wiedergefunden.

Überhaupt sei das Saarland reich an Bezügen zur Passion Jesu Christi, fügte der Mann hinzu. Im Haienbach, Stadt Dillingen-Pachten, liegt der Sage nach sogar Pontius Pilatus begraben. Dieser aber »uff Maul und Nas« – wie alles, das einer gründlichen Reinigung bedarf, unter ständig fließendem Wasser und getreu mittelalterlicher Bestattungsvorschrift für dubiose Großsünder.

Die sicher spannendsten Sagen sind die, die noch spärliche Relikte aus grauer Vorzeit enthalten. Noch während der keltischen und germanischen Zeit überlebten offensichtlich alte Völker und alte Kulte, wie das Beispiel der Kyffhäuserhöhlen zeigt. Sie scheinen eine Art Mutter-Erde-Göttin-Gespann verehrt zu haben, zuständig für jede Art von Fruchtbarkeit, ähnlich der griechischen Göttin Persephone, Tochter des Zeus und Gattin des Hades, des Gottes der Unterwelt. Als Kore ist sie das Kornmädchen, von ihrer Mutter Demeter (Mutter Erde) lange gesucht und schließlich in der Unterwelt wiedergefunden.

An der Banngrenze zwischen Freudenburg und Kastel, wo der Pinschbach entspringt, war die Schlucht mit dichten Dornenhecken bewachsen. Dort soll einst eine ärmlich gekleidete Frau in einer Felsenhöhle gelebt haben. Bei Anbruch der Dämmerung wanderte sie jeweils durch Wald und Feld, wobei Kinder, welche die Kühe hüteten, sie öfter beobachteten. Meist kam sie schwebend mit Hut und Regenschirm durch die Luft. Wenn sie sich den Kindern näherte, liefen diese fluchtartig davon. Sogar bei der Getreideernte war sie öfter anzutreffen, wo sie sich den Bauern vor die Sense stellte, um das Abmähen der Kornfelder zu verhindern. Weil die Frau immer aus der Richtung Pinschbachtal kam, wurde sie das Pinschbachtalmütterchen genannt.

Auch in der Muschbachgewann, unweit des Kasteler Klingelfelsens, war eine Frauengestalt anzutreffen. Wenn die Leute in die Klingelheck gelangten, kam ihnen das alte Mütterchen entgegen. Sie trug einen weißen Mantel und eine Haube auf dem Kopf. Auf dem Rücken hatte sie eine Bütte, in welcher sich Kuchen und Wein befanden. Sobald sie Menschen erblickte, ging sie ihnen entgegen und schenkte ihnen Kuchen und Wein. Danach verschwand sie jeweils wieder.

Steckbrief: Klause in Kastel

Lage:

A 1 zwischen Trier und Saarbrücken, Abzweigung Bundesstraße 407 (Hunsrück-Höhenstraße) über Saarburg und Trassem nach Kastel-Staadt. Bundesstraße 51 über Saarburg und Trassem oder über Taben-Rodt und Freudenburg nach Kastel-Staadt.

Besonderheiten:

Hoch über dem Tal der unteren Saar auf einem Sandsteinplateau gelegen, bietet träumerisch schöne Ausblicke auf eine malerische Weinbaulandschaft. Man muss sich unbedingt die Zeit gönnen, die Wanderwege an dem Felsmassiv zu erkunden. Vom Gipfel reicht der Blick bis Trier und Luxemburg. Von der Ortsmitte via Kirchstraße zum Neufels beginnt der Wanderweg über das Kasteler Massiv. Am Carlsfelsen diente eine Felsenkammer den Menschen als Zuflucht, zuletzt zwei Familien im Zweiten Weltkrieg. Am Riesenfels und Ferlfels deuten riesige Köpfe und Gesichter auf eine kultische Verehrung schon in der Frühzeit der Menschheit. Auch die Mariengrotte am Ferlfels könnte kultischen Zwecken gedient haben. Das vielleicht seltsamste Gebilde hat der Fels »Großmutter« mit seiner bizarren menschlichen Figur herausgeformt.

Geschichte:

Felsplateau schon in der Bronzezeit befestigt, von Kelten besiedelt, der Überlieferung nach ein Sonnenheiligtum; in der Römerzeit Ausbau zum Kastell, der Friedhof liegt auf dem Gelände der Kirche St. Johannes des Täufers; während der Kreuzzüge mutmaßlicher Nachbau der heiligen Stätten von Golgatha, die offensichtlich zu Initiationen genutzt wurden;
bis zur Französischen Revolution Wohnung von Eremiten; Ausbau der Anlage zu einem würdigen Grab für den böhmischen König Johann durch den preußischen Baumeister Schinkel, im Auftrag des preußischen Königs Friedrich Wilhelm IV.; heute wieder oft besuchte Pilgerstätte.
Außerhalb des Felsplateaus deuten Felsenkammern, Felsenreliefs und zahlreiche Schalen- wie Näpchensteine auf die kultische Nutzung des Ortes seit frühester Zeit.

Anfahrt mit der Bahn:

Regionalstrecke Trier–Saarbrücken, Bahnhof Saarburg, von dort aus mit dem Bus nach Kastel-Staadt.

Nächstes Tourismusbüro:

Tourist-Information Kastel-Staadt,
W. Mattuscheck,
König-Johann-Straße 35a,
D-54441 Kastel-Staadt,
Tel. 0049 (0) 6582 7137
oder:
Verkehrsverein Saarburger Land,
Graf-Siegfried-Straße 32,
D-54439 Saarburg,
Tel. 0049 (0) 6581 812 15.

Wichtige kunsthistorische Ziele in der Umgebung:

- Alte Dorfkirche Kastel;
- Burg Freudenburg;
- Schloss Saarfels in Serrig;
- Ruine Saarburg und Altstadt von Saarburg.

Nächste Museen:

- Amüseum am Wasserfall (Präsentation lokaler Handwerksberufe) und Mühlenmuseum Hackenberger Mühle unterhalb des Wasserfalls in Saarburg.
- Besichtigung der Glockengießerei Mabilon & Co. (seit 1770) möglich, Staden 30 in Saarburg.

Der besondere Tipp:

In etwa 16 Kilometern Entfernung liegt in Tawern auf dem Metzenberg (im Ort gut ausgeschildert) ein in großen Teilen wieder rekonstruierter römischer Tempelbezirk aus dem 1. Jahrhundert n. Chr. Er besteht aus sechs Tempeln, vier Nebengebäuden, zwei Toranlagen und einem Brunnen. Er ist frei zugänglich und daher jederzeit zu besichtigen.

»STADTSTELLE« IM LANDKREIS MÄRKISCH ODERLAND

Der heilige Hain der Semnonen

Etwa 50 Kilometer östlich von Berlin erstreckt sich nördlich der Stadt Strausberg ein großes und fast unbewohntes Waldgebiet. In seiner Mitte liegt ein »heiliger Wald«. Früher barg er zahllose Hügelgräber, den Urnenfriedhof bei Wilkendorf, die »Königsgräber« bei Gielsdorf und zwei ehemalige Trojaburgen (Hügellabyrinthe, in Preußen auch als »Jerusalems« bezeichnet) bei Sternebeck und Gielsdorf, »Wunderberge« genannt. Deutlich sichtbar blieben leider nur der »Teufelssitz« bei Prötzel und der »Hexenstein« bei Praedikow (zwei verehrte Großfindlinge) sowie der »Altarberg«, ein Hügelchen bei Sternebeck. Orte der »Wilden Jagd« Wodans und die Picheberge als Sitz von Freija und Wodan verstärken den Eindruck, dass wir es hier mit einem größeren kultischen Bezirk zu tun haben könnten. Spätere Zeitgenossen tauften ihn »Zauberwald«. Bemühte Heimatforscher nannten ihn Wodanswald, offiziell heißt er Blumenthal.

Mitten im Blumenthal wiederum, auf der höchsten Anhöhe im Wald und nur von Ortskundigen zu finden, umzäunen Steine ein unregelmäßiges, aber weitläufiges Viereck: die verlassene Siedlung »Stadtstelle«. Hier vermutet man das Zentralheiligtum aller germanischen Suebenstämme, den von finsteren Geheimnissen umrankten »heiligen Hain der Semnonen«. War dies aber wirklich ein Ort blutrünstiger Zeremonien? Oder erhabener Rituale, die von Freimaurern heute noch auf ähnliche Weise praktiziert werden? Wem war dieser Hain gewidmet?

Wald- und Feldforschung ist nicht immer ganz einfach. Ich radle gerade durch einen mutmaßlich germanischen Kultbezirk, im »Strausberger und Blumenthaler Wald- und Seengebiet«. Die aktuellsten Wegbeschreibungen, die ich nutze, stammen aus den Dreißigerjahren. Meine Wanderkarte von 1999 führt allerdings nahe der Örtlichkeit Gielsdorf noch ein Kammergrab auf, eines der so genannten Königsgräber. Obwohl ich wie ein Spürhund zentrifugale Kreise ziehe, entdeckte ich das Grab nicht. Dafür treffe ich im Wald auf einen älteren Herrn, der mit seiner Frau Pilze sucht. Welch glücklicher Umstand in dieser unbewohnten Gegend! Ja, er lebe schon seit 1938 in Gielsdorf, habe aber noch nie von den Gielsdorfer Kammer- und Königsgräbern gehört. Und den Wald kenne er gut. Da gebe es keinen Friedhof, bedeutet er mir.

Das Viereck der Stadtstelle als mutmaßlicher Ort des heiligen Hains der Semnonen. Wurde hier noch das Prinzip der ursprünglichen Einheit als oberstes göttliches Prinzip tradiert? Verkörpert in Ziu, dem himmlischen Vater?

Ich versuche aufzuklären, berichte von gesetzten Findlingen und beschreibe das Aussehen eines Hünen-, Kammer- oder Hügelgrabs. Seine Frau will helfen, wendet sich an ihren Mann und wirft ein, er hätte aber doch vor einigen Wochen bei einem Spaziergang von einem Grab erzählt ...

»Wo?« fragt der Alte. »Wo weiß ich nicht mehr. Aber es war Samstag und es regnete heftig.« »Und wo sind wir da spaziert?« »Na, am Samstag, es regnete und wir hatten keinen Schirm dabei. Und wir waren weit weg!« »Ja, aber wo soll das gewesen sein?« »Weiß ich doch nicht, wo! Im Wald! Aber wir haben uns untergestellt, und du hast dabei von einem Grab erzählt.« »Von einem Grab? Meinst du etwa das einsame Waldhotel, wo sich Matahari einmal kurz versteckt haben soll?« »Klar, sag ich doch, das Grab der Matahari!« »Nein, begraben ist die da nicht. Außerdem sucht der Herr doch das Grab eines Königs!«

Der heilige Hain der Semnonen

In den Weiten des östlichen Germaniens, so der römische Historiker Tacitus (etwa 55 bis 115 n. Chr.), lebten die Sueben, Sueven oder Sweben (»Die zur Einheit Strebenden«), laut Tacitus kein einheitliches Volk, sondern in diverse selbständige Stämme zersplittert, die aber zusammen fast die Hälfte Germaniens bewohnten. »Die Semnonen (vermutlich = Sippengenossen, Zusammengehörige oder ›zur Einheit Zurückgebrachte‹) bezeichnen sich als die Ältesten und Vornehmsten unter den Sueben. Die Glaubwürdigkeit dessen wird noch bestätigt durch einen religiösen Brauch aus alten Zeiten.« Tacitus fuhr in seiner Germania fort: »Zu einer bestimmten Zeit kommen Abgesandte aller Völkerschaften desselben Blutes in einem Wald zusammen, der durch Ehrfurcht von altersher heilig ist und dadurch, dass dort schon von den Vätern weissagende und gottesdienstliche Handlungen vorgenommen wurden. Dort bringen sie, indem in aller Gegenwart ein Mann niedergestreckt wird, den schaurigen ersten Ursprung der rauhen und fremdartigen

Der Markt- oder Semnonenstein liegt eher still und unscheinbar zwischen einigen Bäumen. Kaum zu glauben, dass er den kultischen Mittelpunkt des größten germanischen Volksverbandes markiert haben soll.

Weihehandlung zur feierlichen Darstellung. Auch sonst werden diesem Hain Ehrfurchtsbezeigungen zuteil: Niemand tritt hier ein, wenn er nicht durch ein Band gebunden ist, mit dem er seine Einordnung in die Macht des göttlichen Waltens zum Ausdruck bringt. Fällt jemand nun von ungefähr hin, ist es nicht erlaubt, ihn aufzuheben oder dass er sich selbst erhebt; am Boden wälzt er sich hinaus (oder wird hinausgewälzt). Die ganze Verehrung eines Höheren bezieht sich darauf, dass dort gleichsam die Sueven ihren Ursprung zu suchen hätten, dass dort die allbeherrschende Gottheit (regnator omnium deus) wohne, der alles andere auf Erden untertan und gehorsam sei. Die glückliche Lebensweise der Semnonen erhöht ihr Ansehen. Hundert Gaue des Suebenlandes werden von ihnen bewohnt; und die Größe des Volkskörpers erweckt in ihnen den Glauben, dass sie der Hauptstamm der Sueben sind« (Tacitus, Germania, c. 39).

Grausige Menschenopfer oder tief greifende Rituale?

Soweit der römische Historiker. Es kursieren die unterschiedlichsten Übersetzungen, wobei die meisten, vor allem die älteren, von einem »schauerlichen« Menschenopfer während des »Herbstfestes« sprechen. Alle dürften den Hain nur gefesselt betreten, wobei einer grausam niedergeschlagen und dann hinausgewälzt werde. Vermutlich haben wir es hier aber nur mit einem Wiedergeburtsritual zu tun, wie wir es von vielen Völkern her kennen und wie es bei uns beispielsweise heute noch die Freimaurer pflegen (siehe Bild Seite 101). Gemäß dieser Symbolik tappen wir blind und gefangen durch die physische Welt und können erst erlöst werden, wenn wir den Geist aus den Fesseln der Materie befreien. Die Erlösung gelinge jedoch nur durch eine aktive Kommunikation mit dem göttlichen Absoluten, dem höchsten Bewusstsein, aus dem wir einst herausgefallen seien. So behaupten viele Traditionen und begegnen diesem Absoluten mit dem höchsten Respekt.

Die Sueben-Herminonen, deren Wanderung sie von Holstein elbaufwärts nach Mittel- und Ostdeutschland führte, teilten sich von da an in vie-

Kolorierter Kupferstich um 1750. Der zu Erhebende liegt auf einem Teppich, auf den die Symbole eines Sarges gestickt sind. Der Kandidat hat symbolisch den Tod erlitten und ist mit einem »Tuch der Finsternis« bedeckt. Die nächsten zu Erhebenden liegen, ebenfalls mit Tüchern bedeckt, links an der Wand.

le große Teilstämme. Als Alemannen, die sich später als Schwaben verstanden, siedelten sie am Oberrhein, als Markomannen gründeten sie ein frühes Großreich in Böhmen. Ein anderer Teil drang über Galizien nach Spanien vor, verlor sich dann allerdings als eigenständiges Volk in der Geschichte. Noch bis ins Mittelalter hinein beschimpften die Spanier die Portugiesen als »Sueven«.

Seit Tacitus in deutschen Schulen gelesen wird, sucht man nach diesen Heiligtümern. Einige Orte sind und bleiben im Gespräch, endgültige Beweise wird es vermutlich nie geben. Die meisten Forscher vermuten nun den heiligen Hain der Semnonen im Umfeld Berlins. So hält sich auch hartnäckig das Gerücht, die AOK Berlin-Kreuzberg am Mehringplatz stehe mit ihrem Hochhaus genau auf einem Hain der Semnonen. Zumindest fühlt sie sich finanziell noch zuständig, fällt man »wie von ungefähr« hin oder wird man niedergefällt.

Gott ist Einheit

Es war nicht das Christentum, das die Dreifaltigkeit erfunden hat, es hat sie lediglich übernommen. Sie taucht als ursprüngliche Dreiheit bei fast allen Völkern auf, bei den Germanen als Ziu, Thor (Donar) und Wodan (Odin). Dabei scheint Ziu oder Tyr, Tiu, Tiuz, vom indogermanischen »tieus/dieus« abzustammen, was uns später in »deus, Zeus«, aber auch in »diespater« (Jupiter) wiederbegegnet. Ziu bedeutet nichts anderes als Gott und scheint als Himmelsvater, oberster und ältester Ahn angesehen worden zu sein. Ob er zugleich Mars-Thingus[17] bei den Franken und Istvaeonen verkörperte, zuständig für den Frieden und das Schweigen während der heiligen Versammlungen, oder Saxnot bei den Sachsen, bleibt umstritten. Um die Zeit von Christi Geburt scheint er schon so alt gewesen zu sein, dass man seine kosmischen Bezüge kaum noch voll erfasste. Nur die Suebenvöl-

17 Siehe Kapitel »Istenberg und Bruchhauser Steine im Sauerland«, Seite 37.

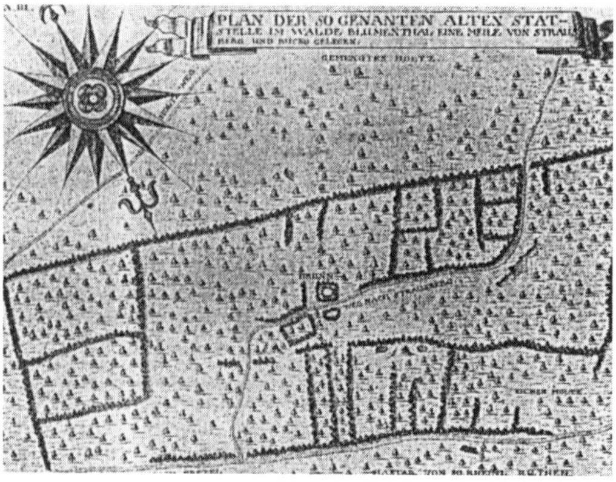

Plan der Stadtstelle Blumenthal. (Aus: Bekmann, Historische Beschreibung der Chur- und Mark Brandenburg, Berlin 1751)

ker tradierten einen zentralen Schöpfergott, den »Lenker aller Dinge«, der damit noch das Konzept einer ursprünglichen Einheit vor der Dreiheit repräsentierte: Ziu-Gott[18]. Außerhalb dieses Bundes konnte er in dieser Form nicht nachgewiesen werden.

Ziu bedeutet damit nichts anderes als das eigentliche Ziel der Menschheit, die Rückkehr zur Urquelle, zur ursprünglichen Einheit. Ein Zustand, der die Trennung von Subjekt und Objekt und damit unser Verhaftetsein in Leid, Körperlichkeit, Raum und Zeit auflöst.

Irgendwann scheint man Ziu-Gott gleichzeitig als Kriegsgott missbraucht zu haben. In dieser Rolle repräsentierte er zwar die elementare marsische Antriebskraft eines ganzen Volkes, konnte aber von neueren und spezifischeren Göttern und Attributen leicht verdrängt werden, was dann offensichtlich auch passierte. Denn in der ersten Zeit nach der Christianisierung war Ziu nur noch ein unbedeutender göttlicher Teilaspekt, an der Spitze der Dreiheit hatte ihn Wotan oder Wodan verdrängt.

Der Blumenthal, Wodans Zauberwald

Aus den Spekulationen um den heiligen Zentralhain der Semnonen greifen wir eine heraus, da sie einiges für sich hat: Im alten Kreis Oberbarnim, jetzt Märkisch Oderland, liegt der so genannte Zauberwald, der (sic!) Blumenthal. Viele vorgeschichtliche Gräberfelder und eine Anhäufung alter und offen-

18 Ziu, Tyr oder Tiuz , Hauptgott der suebischen Stämme, soll einigen Sprachforschern zufolge über *teutsch* die Grundform für »Deutschland« geliefert haben, Land und Volk des Tiuz. Etymologisch lässt sich dies leider kaum halten. Vielleicht führen sich aber die Thüringer auf ihn zurück. Im Zusammenhang mit dem Glauben der Völker am Heiligen Hain behauptet Tacitus in »Germania« (c. 9), »ein Teil der Sueben opfert auch der Isis«. Dieser Kult sei auf dem Seewege eingeführt worden, verbunden mit dem Symbol der Göttin, einem Schiff oder einer Barke. Wollte der römische Historiker zum besseren Verständnis nur einen Vergleich setzen oder ging hier die Phantasie mit ihm durch? Sollte ägyptischer Einfluss und damit die hohe Spiritualität dieser Kultur bis in die feuchten, dunklen und fast undurchdringlichen Wälder jenseits von Elbe und Weser gelangt sein?

sichtlich bodenständiger Überlieferungen heben seine siedlungsgeschichtliche Bedeutung und das Überleben stärkerer germanischer Restbevölkerung in slawischer Zeit hervor. Sein bemerkenswert legendenumrankter Mittelpunkt ist der Flecken Stadtstelle. Sie liegt als riesiges Feldergeviert auf der höchsten Anhöhe im Wald, durchzogen von drei geraden Feldrainen, auf denen Bäume wachsen. Vier Eingänge von Süden lassen sich noch mit etwas Mühe erkennen, auch Reste von Hügelgräbern an den wenigen Einzelbäumen sind erkennbar. Zwischen dem zweiten und dritten Rain, von Westen aus gesehen, liegt vor zwei Birken und einer dünnen Eiche der so genannte Semnonen- oder Marktstein. In seiner abgeflachten, niedrigen Form mit glatter Oberfläche vermittelt er nichts Gigantisches, doch sollen $^3/_5$ seines Umfanges im Boden stecken. Auch der menschliche Fußabdruck und der obligatorische Pferdehuf[19], die laut einer Beschreibung von 1871 noch zu entdecken waren, sind wohl dem Zahn der Zeit zum Opfer gefallen. Die örtlichen Sagen weisen den Semnonenstein als uralten Opferstein aus.

Die Interpretationen dieser wirklich merkwürdigen Örtlichkeit reichen von einer mittelalterlichen Stadt (deswegen die Flurbezeichnung Stadtstelle) bis hin zu einem archaischen Sonnenheiligtum. 1689 sollen angeblich noch »mannshohe« Zyklopenmauerreste sichtbar gewesen sein, die »ihresgleichen in Deutschland sonst nicht fänden«. Tatsache ist, dass die ganze Lichtung offensichtlich von einer Steinmauer umgeben war, deren Reste gut sichtbar sind. Allerdings schichten noch heute Bauern gerne die störenden Findlinge im Feld am Rain auf. Von »zyklopischen Resten« kann aber bei diesen Steinen wirklich nicht mehr die Rede sein.

Die meisten verlegen das im 14. Jahrhundert erwähnte kleine Dörfchen Blumenthal an diesen Ort, das dann allerdings nicht im Tal, sondern auf einem erhöhten Plateau gelegen und reichlich überdimensionierte Ausmaße gehabt hätte. Sollte man einen abgesteckten Bezirk nur neubesiedelt oder durch Besiedlung umfunktioniert haben? An der Stadtstelle vorbei führt die »Alte Berliner Straße« nach Wrietzen, die den reichen Fischfang aus dem Oderbruch nach Berlin brachte und im Volksmund »Spirituschaussee« heißt. Dachte man dabei an den Genius Loci, den Heiligen Geist des Ortes, oder eher an den Geist im Branntwein, der zwischen Berlin und dem Odergebiet hin und her geschoben wurde?

Ein Findling als kultischer Mittelpunkt?

Der Chronist der Mark Brandenburg, Bekmann, beschrieb 1751, man könne noch Reste von Straßen, Brunnen, Kellern und Gruben sowie drei Hügelgräber innerhalb der Grenzen der Stadtstelle erkennen. Das trapez-

19 Zum Symbol des Pferdehufs oder der Rosstrappe siehe Kapitel »Alter Turm im Klosterpark Mettlach/Saar«, Seite 159.

artige Geviert messe im Süden 190 Ruten, im Norden 160, westlich 80, östlich 60. Man bemerke vier Tore, eine Hauptstraße in Richtung Strausberg und sechs Quergassen. 1871 glaubte ein Geheimrat Friedel die Stelle der mutmaßlichen Kirche ermittelt zu haben. Seine Grabungen legten einen Brunnen, Töpferware aus dem 13. bis 15. Jahrhundert, germanische Urnenscherben – vermutlich aus den geplünderten Hügelgräbern – und viele Pfeil- und Bolzenspitzen frei.

Diese Funde könnten auf einen Kampf deuten. Örtliche Sagen berichten vom Untergang einer Stadt im Blumenthal, die entweder von den böhmischen Hussiten im 15. Jahrhundert zerstört worden oder im Blumenthalsee versunken sei. Überhaupt fordere der nahe gelegene Blumenthalsee alljährlich sein Opfer. Dies ließe auf eine Opfertradition zu einem bestimmten Jahresfest daselbst schließen. Der märkische Dichter Theodor Fontane betrachtete vom Marktstein aus (wo das Zentrum des Marktplatzes gelegen haben soll) die Anlage und sann über den möglichen Untergang einer großen Stadt nach.

Es liegt in der Tat etwas von meditativer anregender Stille über dieser Stätte. So wollten denn vor allem viele Lokalpatrioten an eine ältere Tradition dieses Ortes glauben und verlegten den heiligen Hain der Semnonen an die Stadtstelle.

Heiliges Land

Heilig ist dieser Wald, wie nicht nur die Sagen berichten, sondern schon der alte Flurname für den Blumenthal: »Heiliges Land«. Als der englische Archäologe Professor Wickes 1870 den Blumenthal besuchte, bewunderte er die damals noch vorhandenen zahlreichen Kammergräber und verglich diese »Steinpyramiden« mit den irischen Cairns (megalithische Großanlagen). Lag nun im »Heiligen Land«, im »Zauberwald« des Blumenthal der heilige Hain der Semnonen? Der Hain, den schon in Urzeit Gott selbst den Menschen bezeichnet hatte? Wo die »zur Einheit Strebenden« und die »zur Einheit Zurückgekehrten« der höchsten Göttlichkeit gedachten? Wir wissen es nicht. Wir können uns nur fragen, ob ein solcher Ort sich (und uns) nicht einiges mehr an Qualität und treibender Kraft für die Zukunft bewahrt haben würde.

Die Konkurrenzlokalisierungen wie der Hohe Golm bei Potsdam, der Harlungerberg in Brandenburg, die Müggelberge am Berliner Müggelsee, das »Heilige Land« um die »Gesundbrunnenberge« im märkischen Eberswalde, der heilige Burgwall von Schlieben oder die Sumpfburg im spreewäldischen Burg überzeugen aus verschiedensten Gründen überhaupt nicht. Einige Forscher bezweifeln allerdings, ob östlich von Berlin und damit im Gebiet um Strausberg überhaupt je Semnonen gelebt haben; sie positionieren hier die germanischen Lugier und Harier. Wie auch immer: Ein mystischer und den Göttern geweihter Bezirk war der Blumenthal so oder so. Und einiges an Atmosphäre hat er sich durchaus bewahrt mit seinen schroffen Hügeln, tief eingebetteten stillen Seen und seinen fast unbewohnten dichten Wäldern. Vor allem aber mit seiner fast mystischen Stille. Er ist berühmt als Jagdgebiet und weist eine besondere Artenvielfalt auf (Wild, Vögel, Insekten und vor allem seltene Blumen). Ob dies dem Wald den Namen gab? Warum wird aber eine ausgesprochen hügelige Waldlandschaft als Tal bezeichnet, und mit männlichem Geschlecht?

Blumenthal und die Portugiesen

Alle suebischen Stämme glaubten, am heiligen Haupthain – als Symbol für die göttliche Heimat – auch ihren eigenen Ursprung zu finden. Ob die Portugiesen wissen, dass sie aus dem märkischen Blumenthal stammen können?

Die Sage vom Teufel auf dem Marktstein

Es wird erzählt, auf dem Marktstein der Stadtstelle zeige sich nicht nur eine weiße Frau, sondern auch der Teufel; der habe dort oft sein Wesen getrieben. Auf der Oberfläche des Steines sei früher ein menschlicher Fußabdruck zu sehen gewesen und daneben ein Pferdehuf. Die Umrisse sind mittlerweile verwischt, sollen aber vor Jahren noch deutlich zu erkennen gewesen sein. Als die Stadtstelle dem Grafen Kameke gehörte, sollen fremde Arbeiter unter dem Marktstein gegraben haben. Da sie sich darauf bei Nacht und Nebel davonmachten, nimmt man an, dass sie Sachen von Wert gefunden haben.

Nur wenige Besucher kommen zur Stadtstelle. Die, die sie finden, haben sich mit den »Wanderungen durch die Mark Brandenburg« von Theodor Fontane ausgerüstet. Dort heißt es in Band 2, »Das Oderland« (1862):

»Von hier aus geht es zum ›Markstein‹, der bis diesen Tag von einer alten Eiche überschattet wird. (...) Natürlich hat ihn nicht Menschenhand hierher gelegt, und die Annahme hat nichts Gezwungenes, dass er ein Opferstein der Ureinwohner war. Auf diesem Stein zu schlafen müsste mindestens ebenso unheimlich wie unbequem sein.

Und von diesem an höchster Stelle gelegenen Marktstein aus haben wir jetzt, nach vorgängiger Kenntnisnahme der Einzelheiten, alles in der Klarheit einer Reliefkarte vor uns. Wir erkennen deutlich die Mauer, die Tore, die Hauptstraße, die Kirche, die einzelnen Häuser und Gehöfte, und ungerufen wie eine Vision steigt die alte Stadt aus ihrem Grabe auf. Gewiss ist das Bild, das wir uns von ihr machen, ein vielfach falsches; aber es sind dieselben Fehler nur, wie wenn wir uns, mit Hülfe eines Plans, eine Stadt im Geiste aufbauen. Die Dinge selbst sind nicht richtig, aber wir geben den Dingen ihren richtigen Platz.

Unten am Hügelabhang, in Nähe der ›Suhle‹, blickten wir noch einmal auf das Steinfeld zurück, das nicht länger ein Chaos für uns war. Dann trennten wir uns zögernd von einer Stelle, über der ein ganz besonderer Zauber waltete. (...)

Aber an Unheimlichem fehlt es immer noch nicht. Das Wildschwein hat es nicht vergessen, dass jahrhundertelang ihm diese Stelle gehörte, und in Sommernächten, wenn der Rapsduft vom Felde her in den Wald zieht, dann bricht es in sein altes Revier ein, erst in die ›Suhle‹, dann in die Saat, und tritt nieder und wirbelt auf. Wer dann im ›Blumenthal‹ seines Weges kommt, der hört ein Lärmen und Johlen, ein Grunzen und Quietschen wie in alter Zeit, und er weiß nicht, ist es ein Hexensabbat oder die Wilde Jagd.«

Gustave Doré: Himmel und Hölle.

Steckbrief: Stadtstelle im Blumenthal

Lage:

Bundesstraße 158 von Berlin nach Bad Freienwalde, Abzweigung hinter Werneuchen nach Wrietzen, beim Straßenschild »Stadtstelle« links in den Bauernhof hineinfahren und den Wagen abstellen. Weiter zu Fuß.

Besonderheiten:

Der Blumenthal ist mit 136,90 Hektar eines der größten geschlossenen Waldgebiete Brandenburgs. Der nördliche Teil mit seinem reichen Bestand an Linden, Traubeneichen, Bergulmen und vor allem Hainbuchen ist als Naturschutzgebiet ausgewiesen.

Geschichte:

Als »heiliges Land«, durchzogen von Hügelgräbern, Labyrinthbergen und Wodan und seiner Tochter Freija geweihten Hügeln, war der Blumenthal mit Sicherheit ein vorchristlicher Kultbezirk. Irgendwann siedelten sich im frühen Mittelalter hier Menschen an, vermutlich die Bewohner des im 15. Jahrhundert vernichteten oder aufgegebenen Dörfchens Blumenthal, heute nur noch ein verwunschener und meditativer Ort und eine sichtbar genutzte Ackerfläche.

Anfahrt:

Von Berlin aus mit der S-Bahn bis Strausberg-Nord. Von dort empfiehlt sich eine Radtour.

Nächstes Tourismusbüro:

Stadtinformation Strausberg,
August-Bebel-Str. 55,
D-15344 Strausberg,
Tel. 0049 3341 311066

Wichtige kunsthistorische Ziele in der Umgebung:

- Kirche St. Marien und Reste der Stadtbefestigung
- Strausberg; Schloss Wilkendorf, Schloss Prötzel von 1712.

Nächstes Museum:

- Stadtmuseum Strausberg, August-Bebel-Straße 33;
- Museumspark zur Geschichte der Kalksteingewinnung, Heinitzstraße, D-15562 Rüdersdorf.

Der besondere Tipp:

Reise nach Altlandsberg. Historische Stadtanlage mit Teilen der Stadtmauer und Störchen auf dem Stadtturm; Markt, Schloss- und Stadtkirche.
Auf dem von alten Bäumen umstandenen Kirchhügel sollen der Sage nach die Hexen auf dem Weg zum Harzer Blocksberg eine Rast eingelegt haben.

GIEBICHENSTEIN IN HALLE AN DER SAALE

König Giebich und die Hochschule für Kunst und Design

Da steht eine Burg überm Tale
und schaut in den Strom hinein.
Das ist die fröhliche Saale,
das ist der Giebichenstein.

So dichtete Eichendorff, als er in den zerklüfteten Halleschen Klausfelsen wanderte und von dort das Wahrzeichen der Stadt bewunderte. Noch heute führen romantische Fußwege unter- und oberhalb der Felskuppen vorbei. Auf ihnen hatten einst Klausner eine kleine Klostereinsiedelei errichtet, die in der bizarren und zugleich anziehenden Umgebung die Nähe Gottes suchten. Der malerischste der Porphyrfelsen ist der Giebichenstein, mit seinem auffallend schwarzen Felsen im oberen Bereich. Dort, wo heute noch auf der Gipfelplattform Reste der Oberburg die Besucher zum vielgerühmten Ausblick anlocken, soll der Überlieferung nach einst Giebich oder Givich verehrt worden sein.

Mehr hat sich nicht überliefert. Unsere Sagenwelt kennt allerdings einen Zwerg Giebich. Wer ist er? Welche Rolle spielen die Zwerge in Mythen, Märchen und in unserem Unterbewusstsein? Hütete einst eine Priesterin Giebichs Heiligtum? Und was hat die Hochschule für Kunst und Design auf dem Berg mit dem offensichtlich als göttlich verehrten Giebich zu tun?

Vermutlich waren es Germanen, die Giebich im heutigen Halle verehrten und nach ihm den heiligen Ort benannten. Im Gotischen ist »gibico« gleichbedeutend mit »der liebe Geber«. Das behauptete zumindest Wilhelm Neumann, der langjährige Professor an der »Burg«, wie die Kunstwerkstätten auf der Unterburg genannt wurden. Leider teilten jene Germanen ihren Nachkommen nicht mit, wen sie in diesem Götzen eigentlich verehrt hatten. Vielleicht helfen uns Sagen von anderen Orten weiter.

König Giebich

Viele Mythen berichten von den ältesten Ureinwohnern der Erde, den Riesen. Diese Giganten stammten aus dem Chaos und symbolisierten die ungebändigten Elementarkräfte der Natur. Ungepflegt, roh und einfältig, aber mit großer Körperkraft gesegnet, verkörperten sie zugleich die blinde

Urgewalt ungeordneter Seelentiefen. Größte Angst hatten sie vor den Blitz- und Hammergöttern wie Zeus und Thor/Donar, den Bringern von Ordnung und Geisteskraft. Mit dem Blitz der Erleuchtung und dem Hammer des Willens wird das rohe Gestein zerschlagen, um das reine Metall zu bergen, das im Glutofen unserer Gefühle von der schwarzen Schlacke befreit wird. Helfer dieser Ordnung sind die Zwerge. Aber auch diese eigenwilligen (chtonischen) Urkräfte müssen erst als Diener gewonnen werden. Dies erreichen wir nur als Meister und Herrscher im Umgang mit unseren Emotionen und Begierden.

In der nordisch-germanischen Mythologie leben die Zwerge zumeist unter einer straffen Führung. Die unbewussten und kaum verstandenen Kräfte unserer Psyche arbeiten und wirken nicht willkürlich. Sie unterliegen einem hierarchischen Nutz- und Verständnissystem, das weitgehend von unserer Lebensführung abhängig ist. Unter den bekannten Zwergenherrschern finden wir Alberich, den Herrn der Tarnkappe, mit der er seine wahre Natur zu verbergen weiß.

König Giebich und der Zugang zu seinem Herrschaftsbereich wird an mehreren Orten lokalisiert, doch selten oder nie verehrt. In der Regel liegt sein Reich unter einem Felsen oder Riesenfindling, nahe dem Harzer Bad Grund (Hübichen- oder Giebichenstein) oder nahe Stöckse im Kreis Nienburg an der Weser. Wenn Germanen ihn auf dem Halleschen Giebichenstein als Gott verehrten, wie die Sage berichtet, vertritt er vermutlich nur eine Qualität von Odin beziehungsweise Wodan – die andere, die dunkle Seite des Gottes.[20]

Die Anfänge der Burg

Schon vor rund 5000 Jahren entstanden im Raum Halle Siedlungen, die sich um die dortigen Salzquellen scharten. In der Döhlauer Heide finden sich zwei urgeschichtliche Befestigungsanlagen, die vielleicht auch die Salzproduktion sichern sollten. Noch Karl der Große ließ zur Sicherung der Salinen östlich der Elbe ein Kastell »bei dem Ort, der Halla genannt wird« errichten, das bis heute noch nicht sicher lokalisiert werden konnte. Wann der Berg zum ersten Male Bauten oder Befestigungen trug, bleibt bis heute ungewiss. König Heinrich I., der von 916 bis 936 regierte, baute der Überlieferung nach im Zuge seiner Grenzburgenpolitik zur Abwehr der Ungarngefahr auch den Giebichenstein aus. Nach ihm wurde der ehemalige Torturm benannt, das Wahrzeichen von Halle. Sein Sohn Otto I. übereignete 961 dem Magdeburger Moritzkloster »den ganzen Gau Neletice mit allen seinen Nutzungen, den Burgort Giebichenstein mit seiner Salz-

20 Zu Wotan siehe Kapitel »Engelberg im Odenwald«, Seite 225.

quelle sowie andere Burgorte mit allem ihren Zubehör ...«, womit der Name des Berges erstmalig in einer Urkunde auftaucht. Seine militärische Bedeutung ging allerdings nach 968 stark zurück, als die Magdeburger Erzbischöfe hier ein Residenz- und Verwaltungszentrum errichteten. Auf der erweiterten Anlage rings um den Heinrichturm entstanden Münze, Zoll und erzbischöfliches Gefängnis der Siedlung Halle.

Ein fliegender Gefangener

Eine Sage berichtet vom wohl prominentesten Gefangenen auf Giebichenstein, dem Gründer des thüringischen Landgrafenhauses Ludwig (1042–1123). Dieser verliebte sich in die Pfalzgräfin Adelheid von Sachsen, die seinem feurigen Werben rasch nachgab. Zusammen planten sie, Adelheids Gatten, den Pfalzgrafen, aus dem Weg zu räumen. Die Tat gelang, und schon bald nach dem Mord starb Adelheid vor lauter Scham und Reue. Ludwig aber wurde von Anhängern des Ermordeten beim Kaiser angeklagt und auf dessen Geheiß in der Burg Giebichenstein eingekerkert. Als Ludwig erfuhr, der Kaiser werde ihn zum Tode verurteilen, ließ er heimlich durch Getreue seine Flucht vorbereiten. Dabei benutzte er mehrere übergezogene Mäntel, täuschte seine Bewacher und sprang von einem Mauervorsprung in die Saale, wo bereits ein Boot auf ihn wartete. Seine vielen Mäntel wirkten bei dem Sprung wie ein Fallschirm, bremsten den Flug ab

Der Heinrichturm, sagenhaftes Gefängnis schon im Hochmittelalter und Wahrzeichen von Halle.

und ließen Ludwig das Abenteuer überleben. Seine Zeitgenossen verliehen ihm dafür den Beinamen »der Springer«. Sein Urenkel Hermann sollte dereinst einer der größten Mäzene der Minnesänger werden. Er war auch der Veranstalter des mutmaßlichen Sängerkriegs auf der Wartburg.[21]

Die Romantiker entdecken Giebichenstein neu

Ab 1332 erhoben die Magdeburger Erzbischöfe Giebichenstein zu ihrer Hauptresidenz. Im folgenden Jahrhundert, als die Räume Archiv, Bibliothek und Verwaltung nicht mehr zu fassen vermochten, entschloss sich Erzbischof Friedrich III. (Regierungszeit 1445–1465) zum Bau der größeren Unterburg. Doch im Zuge der politischen Entwicklung Halles hielten die Erzbischöfe es für nötig, etwas näher an die Untertanen heranzurücken, und errichteten die Moritzburg (1484–1503). Der Giebichenstein verlor immer mehr an Bedeutung. Die Unterburg diente nun als Domäne und Amtssitz. Als schwedische Besatzungstruppen im Dreißigjährigen Krieg in der Oberburg Feuer legten, blieb nur ein Trümmerhaufen übrig. Im 18. Jahrhundert nutzte die Stadt noch intakte Räumlichkeiten als Gefängniszellen. Im Führer der Anlage heißt es lapidar: »Im Laufe einer langen wechselvollen Geschichte erlebte die Burg ein durchaus übliches Schicksal mit Verpfändungen, Belagerungen, Gefangenschaften von Gegnern, aufwendiger Hofhaltung und Brandkatastrophen« (Schmitt 1993, S. 4).

Erst Romantiker wie Eichendorff und Göcking entdeckten die Ruinen neu und riefen die fast vergessene Burg auf der markanten Bergkuppe wieder in Erinnerung. Von nun an zogen Wanderer, Heimatbegeisterte und Naturschwärmer zu der Ruine hinauf. Mit neu verfassten Sagen, Gedichten und Märchen suchte man der Qualität des Ortes gefühlsmäßig nahe zu kommen. Im Jahre 1921 hatte die Stadt Halle den Erwerb der gesamten Anlage abgeschlossen. Nach umfangreichen Ausgrabungen auf der Oberburg wurde dieses Gelände als Architekturmuseum freigegeben. In der Unterburg fand die im Jahre 1902 gegründete Handwerkerschule ihr Domizil und firmierte seitdem als »Staatlich-städtische Werkstätten für Kunstgewerbe Burg Giebichenstein«.

»Heute back ich, morgen brau ich, übermorgen ...«

Zwerge als Erdgeister, »gehorsame Diener der Mutter Erde«, können nicht nur backen, brauen, buttern oder schmieden. Sie sind auch Hüter von Geheimnissen und Schätzen der Tiefe. In der griechischen Mythologie dienten sie dem göttlichen Schmied Hephaistos (römisch: Vulcanus) unter der Erde. Die kostbaren Steine und Metalle des Erdinnern stehen symbo-

21 Siehe Kapitel »Venushöhle im thüringischen Hörselberg«, Seite 190.

lisch für Werte, die träge in uns selbst darauf warten, abgebaut zu werden. Zwergenkönig Laurin wartet und pflegt in der Legende einen herrlichen Rosengarten. Aus unseren Untiefen, unseren dunkelsten Regionen, fördern Zwerge in rastloser Tätigkeit das Erz, formen es im Schmelzofen unserer Begierdenwelt und trennen das reine Metall von der Schlacke. Oft sind die Wichte als Symbol für unsere Untiefen negativ besetzt. Schließlich stehen sie auch für das Unbeherrschte in der Natur, für ihre Gewalttätigkeit. Ihr König, und damit so etwas wie die Personifizierung ihres Systems, bietet zugleich ein Sinnbild für unseren Schatten. Der Psychologe C. G. Jung verstand unter Schatten, unserem sich oft wild gebärdenden Alter Ego, »die nicht akzeptierten Eigenschaften und Wünsche«. Der Schatten und die so genannte Persona (Maske) bilden zusammen unsere äußere Individualität.

Unsichtbarkeit und scheinbare Nichtgreifbarkeit stempeln den Schatten zu einem gefährlichen Wesen, voll von dunkler Macht und zumeist unberechenbarer Umtriebigkeit. Oft ist er der Gegenspieler, der allen unseren Plänen und Wünschen für jede Art von Fortschritt Knüppel zwischen die Beine wirft. Doch selbst, wenn er oft zunächst unglückliche Entwicklungen herbeiführt, verhilft der Schatten doch zur notwendigen Bestandesaufnahme unserer Lebenssituation und -führung, gibt Anlass zur Neupositionierung. Lassen wir uns mit ihm in einen Kampf ein, sind wir chancenlos. Nur wenn wir ihm die Tarnkappe entreißen, wird er hilflos. Wir aber zunächst auch. Denn wir müssen erkennen, dass er nur eine andere Seite von uns selbst ist, und zwar eine ebenso legitime wie brauchbare, die nach Entfaltung verlangt. Der Zwergenkönig Alberich in der Nibelungensage verkörpert nur den Schatten von Gott Wodan, so wie Hagen das Alter Ego von Siegfried darstellt. Beide verdienen in der Ambivalenz ihres Charakters oft genug unsere Sympathie. Für die volle Ausschöpfung unserer »reichen Vorkommen im Bergesinnern« bleibt das Alter Ego unverzichtbar.

Wie die Zwerge, die Diener des Schattens, sind diese verborgenen Anteile von uns weder gut noch böse, können nur gut oder schlecht genutzt werden. Das Schattenreich scheut dabei so lange das Licht, bis wir uns selbst in unserer Gesamtheit sehen (wollen). Und wie bei den Zwergen korrespondiert unser schöpferisches Potenzial – in der Sage als sexuelle Überpotenz der Wichtelmänner dargestellt – mit einem Hang zur Unausgeglichenheit. Unsere eigene Ambivalenz zwischen gegenwärtigem Ausdruck und verhinderten Anlagen könnte kaum plastischer ausgedrückt werden als in diesem Unverhältnis zwischen Kleinwüchsigkeit und Macht. König Giebich herrscht also über kaum zu erschöpfende Ressourcen. Wir müssen nur die Kunst erlernen, unsere scheinbaren Gegensätze in ein harmonisches Muster einzufügen.

Ergebnisse des schöpferischen Potenzials auf Giebichenstein.

Gott ist Kreativität

Während der ersten Weltausstellung 1867 in Paris erlebten viele deutsche Aussteller ein blamables Fiasko. Ihre handwerklichen und industriellen Gebrauchsgüter fanden beim mondänen Publikum kaum Gefallen. Im Zuge einer rasanten Industrialisierung und Massenfertigung war die Ästhetik leider auf der Strecke geblieben. Der preußische Staat reagierte schnell und postulierte: Nun müsse die Kunst wieder Einzug in die Produktion finden. So lautete §1 der 1902 zu Halle gegründeten Handwerkerschule: »Die Aufgabe der Handwerkerschule ist, durch eine zweckentsprechende Ausbildung des Zeichnens und des Modellierens die Tüchtigkeit und den Geschmack der Gewerbetreibenden zu erhöhen.«

Mit dem Umzug der Schule 1921 auf die Burg Giebichenstein konnten Quantität und Qualität der Ausbildung verbessert werden. Eine Reihe international anerkannter Künstler prägte zwischen 1920 und den Fünfzigerjahren das Niveau der Kreativität auf dem Berg. Die Werkstätten entwickelten sich bald zu einer der führenden Kunstschulen. Man pflegte auch enge Beziehungen zum »Bauhaus«, dessen Schüler und Lehrer zeitweise auf Giebichenstein tätig waren. 1958 erhielt »die Burg« den Status einer »Hochschule für industrielle Formgestaltung«. Damit erweiterte sich das Ausbildungsprofil wesentlich. Seit 1991 führt sie die Tradition als »Hochschule für Kunst und Design« fort.

Als ich eine Künstlerin beobachten durfte, wie sie weiche Kupferdrähte scheinbar konzeptlos hin und her bog, miteinander verband und wieder löste, fragte ich beiläufig: »Was soll das geben ...?« »Das wird sich während des Prozesses noch klären. Das hoffe ich zumindest«, meinte sie ungerührt. Alle kreative Inspiration stammt aber aus einer tieferen Quelle und einem höheren Bewusstsein.

Eine Sage verlegt die historische Begegnung des Drusus mit einer Seherin vor den Giebichenstein: Die Priesterin war ihm mit den berühmt gewordenen Worten entgegengetreten: »Wohin eilst du, unersättlicher Drusus? Das Geschick hat dir nicht bestimmt, alles zu schauen – kehre um, denn deiner Taten und deines Lebens Ende ist nahe gekommen!« Leider verriet sie dem Feldherrn nicht, in welchem Heiligtum sie Dienst tat ...

Als sich der römische Feldherr Drusus kurz vor Beginn unserer Zeitrechnung anschickte, ganz Germanien zu unterwerfen und zur römischen Provinz zu machen, drang er mit seinen Legionen auch bis zur Saale vor. Am Fuße des Felsens, auf dem heute die Burgruine Giebichenstein steht, richtete er ein Heerlager ein, von dem aus er die umliegenden Gebiete erobern wollte. Eines Abends stand Drusus am Saaleufer und überlegte, wo er am günstigsten eine Brücke über den Fluss schlagen könnte. Da trat plötzlich eine Frau von übermenschlicher Größe auf ihn zu, schaute ihn mit zornigem Blick an und sprach:

»Geh wec vom Stein,
din Lewen is mein,
kümst never heim!«

Danach verschwand sie. Drusus war durch die Gestalt und ihre Worte zu Tode erschrocken. Am nächsten Morgen ließ er das Lager abbrechen und ordnete den Rückzug an. Von Todesahnung erfüllt, trieb er sein Pferd unaufhörlich an. Schließlich strauchelte das gehetzte Tier, Drusus stürzte und brach sich den Schenkel. Als er nun auf dem Krankenbett lag, kreisten dauernd Wölfe um das Lager, Vorzeichen des nahenden Todes. Am dreißigsten Tage nach dem Unfall starb der römische Feldherr. Von den Worten der geheimnisvollen Frau »Geh wec vom Stein« aber erhielt der Giebichenstein seinen Namen.

Steckbrief: Giebichenstein in Halle

Lage:

Halle ist derzeit noch Endpunkt der A 14 zwischen Dresden und Halle (Halle-Peißen). Berg und Burg Giebichenstein liegen am nordwestlichsten Zipfel der Stadt, dicht an der Saale.
Auf dem Berg selbst gibt es kaum Parkmöglichkeiten.

Besonderheiten:

Der Berg besteht praktisch aus drei Burganlagen. Die so genannte Alte Burg im Bereich des heutigen Amtsgartens wird gerade weiter ausgegraben; die Oberburg steht auf dem Felsgipfel und ist Mittelpunkt romantischer und historischer Betrachtungen; die Unterburg, zu Beginn des 20. Jahrhunderts umgestaltet, dient heute als Kunsthochschule. Die von hier ausgehenden Wanderwege hoch über der Saale führen zu den nördlichen Klausbergen und zum »Halsbrecherfels«. Von dort erreicht man 60 Stufen abwärts die Jahnshöhle oder das »Schneiderloch«. Hier brachte sich Turnvater Jahn 1798 vor den aufgebrachten Landsmannschaften in Sicherheit, als er sich für die Einheit eines deutschen Staates einsetzte.

Geschichte:

Vermutlich ein germanisches Heiligtum auf dem Gipfelplateau, der Sage nach dem Gott Giebich geweiht; vielleicht schon früh Ausbau einer Befestigungsanlage zur Sicherung der Salinen; erster urkundlicher Burgausbau unter König Heinrich I. zu Beginn des 10. Jahrhunderts; ab 968 Verwaltungszentrum der Erzbischöfe von Magdeburg, von 1332 bis 1503 ihre Hauptresidenz; Unterburg dann Domäne und Amtssitz, Oberburg seit dem Hochmittelalter durchgehend bis ins 18. Jahrhundert als Gefängnis genutzt; die im Dreißigjährigen Krieg stark zerstörte Burg wurde von den Romantikern wiederentdeckt und besungen; seit den Zwanzigerjahren unseres Jahrhunderts beherbergt die Unterburg eine Handwerkerschule für Kunstgewerbe, heute die Hochschule für Kunst und Design.

Anfahrt mit der Bahn:

Halle ist Haltepunkt im Interregio- und Eurocitynetz. Die Straßenbahnlinien 7 und 8 in Richtung Kröllwitz halten am Giebichenstein.

Nächstes Tourismusbüro:

Fremdenverkehrsamt Halle,
Steinweg 7,
D-06110 Halle,
Tel. 0049 (0) 0345 2024700.

Wichtige kunsthistorische Ziele in der Umgebung:

- In Halle die Marktkirche »Unser Lieben Frauen«,
- Moritzburg, Dom, Moritzkirche, Neue Residenz, Franckesche Stiftungen, Stadtgottesacker.

Nächste Museen:

- Franckesche Stiftungen, Franckeplatz 1; Stadtmuseum, Lerchenfeldstr. 14;
- Christian Wolff-Haus, Große Märkerstr. 10;
- Händelhaus, Große Nikolaistr. 5;
- Staatliche Kunstgalerie in der Moritzburg;
- Landesmuseum für Vorgeschichte, Richard-Wagner-Str. 9–10;
- Geiseltalmuseum (Fossilien) in der Alten Residenz, Domstr. 5;
- Halloren- und Salinenmuseum, Mansfelder Str. 52.

Der besondere Tipp:

Etwa 12 Kilometer östlich, nahe der Bundesstraße 100, liegt auf einem Fels die romanische Doppelkapelle St. Crucis Landsberg von 1136. Sie blickt weit ins Land hinaus – und zieht schon von ferne den Blick auf sich. Als dreischiffige Basilika in einer alten slawischen Wallanlage erbaut, gehörte sie ursprünglich zu einer Augustinerabtei und späteren Burg der ersten Wettiner Markgrafen. Die benachbarte Burg, 1514–1515 zerstört, war im 13. Jahrhundert eine bedeutende Stätte der höfischen Kultur und des Minnesangs. Zurück blieben nur einige Wälle, Mauern und das Kleinod der Doppelkapelle.
Da nicht immer zu besichtigen, empfiehlt sich eine telefonische Anmeldung: Doppelkapelle und Museum Landsberg,
Tel. 0049 (0) 34602 20690
und 20260.

MERKURBERG IN BADEN-BADEN

Der Herr der Wege

Wer den lieblichen Kurort Baden-Baden besucht, dem fällt schon von weitem ein die Stadt beherrschender Bergrücken ins Auge. Er trägt die romantischen Ruinen der alten Burg Hohenbaden und zieht gerade in neuester Zeit spirituelle Pilgergruppen an: der Battert. Auf seinem höchsten Punkt liegt eine ausgedehnte keltische Wallanlage. Ob es sich dabei, wie die lokale Überlieferung wissen will, um eine ehemalige keltische Stadt und ihr Heiligtum handelt, konnten Ausgrabungen bislang noch nicht bestätigen.

Neben dem Battert fesselt noch eine weitere Erhebung unsere Aufmerksamkeit, der Merkurberg, das Wahrzeichen der Stadt. Als bekannteste Heiligtümer des Gottes Merkur in Mitteleuropa gelten der Montmartre in Paris und ebendieser Kultberg in Baden-Baden. Warum aber wurde gerade die »Sonnenhauptstadt Deutschlands« zu einer Hauptresidenz dieses Gottes, dieses Prinzips auserkoren? Und warum verehrt man Merkur gern an hoch gelegenen Orten?

Ursprünglich hieß der Hausberg Baden-Badens Großer Staufenberg, wobei dieser Name, wie beim berühmten Hohenstaufen in der Schwäbischen Alp, auf das alemannische »stauf« (umgekehrter Humpen, Kelch) oder auf das germanische »staupa«, althochdeutsch »stouf« (kegelförmige Erhebung) zurückgehen könnte. Ob das heutige Steinrelief des Gottes aus dem 1. bis 3. Jahrhundert v. Chr. immer dort oben stand, ist ungewiss. Aber es passt dorthin. Einige große Findlinge auf der obersten Plattform unterstreichen das Ambiente einer ehemaligen Kultstätte. Möglicherweise erfasste man schon früh die Qualität dieses Berges, der durch seine Form signalisierte, dass er in der Lage sei, Energien wie ein Kelch aufzunehmen und auszugießen. Leider verstand es die heutige Kurverwaltung, mit adrett gepflegten Wanderwegen und Kinderspielplatz das Bergheiligtum zu entzaubern.

Zum ersten Male wurde der »gehawn Mann«, das Gottesbild, 1545 als Grenzwarte erwähnt. Der Name »Mercuriusberg« tauchte erst im 18. Jahrhundert auf. Wie lange der Kegel als Heiligtum diente, bleibt im Dunkeln. 1873 plante man zum ersten Male den Bau einer Bergbahn, da diese Erhebung bei Heimischen wie Gästen als Ausflugsziel immer beliebter wurde. Die am 16. August 1913 eingeweihte Merkurbahn transportiert seither ihre Fahrgäste zum Gott allen Reichtums, zum Mittler zwischen Himmel und Erde.

Der Haus- und Merkurberg von Baden-Baden. Man ehrte Gott Merkur gern auf Bergeshöhen.

Merkur: mit Flügelsandalen und prall gefüllter Börse

Gott Merkur, Schutzpatron allen Handels und Ertrages, konnte im römischen Gallien und am Rhein seinen göttlichen Konkurrenten rasch den Rang ablaufen. Seine Tempel und Weihestätten fanden noch im 5. Jahrhundert regen Zulauf, wie empörte christliche Missionare zu berichten wussten. Gewöhnlich stellten ihn seine Anhänger als Jugendlichen dar, unbekleidet oder mit einem kurzen, fesch über die Schulter geworfenen Umhang, seltener thronend und bärtig wie Göttervater Jupiter. Zu seinen Attributen gehörten Flügelkappe und Flügelsandalen nebst Schlangenstab, dem Caduceus. Gelegentlich hielt er den Dionysosknaben im Arm, den er nach einer Legende den Nymphen zur Pflege brachte. Unverzichtbar aber war der prall gefüllte Geldbeutel in seiner Rechten, denn in Merkurs Zuständigkeit fiel Reichtum jeder Art. Ein Anspruch, den Baden-Baden bis heute sehr wörtlich nimmt.

Am Fuße des Berges: Aqua (Baden-Baden) – eines der mondänsten Bäder im römischen Imperium

Vielleicht hatten schon die Kelten die heißen Quellen der Oos genutzt. Als unter Kaiser Vespasian die Römer den Schwarzwald besetzten, verbrachten seine Soldaten dort nachweislich mehr Zeit beim Baden als beim Kämpfen. In unmittelbarer Nähe errichteten sie ein Militärlager, Aqua (= Wasser, Bad) genannt. Diese Örtlichkeit genoss bald einen guten Ruf unter den Soldaten des Imperiums. Geradezu goldene Zeiten brachen an, als der Kaiser Marcus Aurelius Antonius (»der Fromme, der Glückliche, der Unbesiegbare«, der von 211 bis 217 regierte), genannt Caracalla, sich der Badeanlagen annahm. Er ließ Aqua als Vorläufer des Kurorts Baden-Baden zu einer der großartigsten Schöpfungen antiker Badelust ausbauen. Obwohl nur Vorort einer noch nicht ausgegrabenen Civitas (Stadt), erhielt es mit Rathaus, Stadtverwaltung und Stadtrat doch einen durchaus städtischen Anstrich. Die Societas Mercatorum Aquensium, die früheste Handelskammer Baden-Badens, durfte sogar eigene Münzen prägen.

Schon als zehnjähriger Thronfolger weilte Caracalla, dem auch das pompöse moderne Thermalbad (1966 fertiggestellt) gewidmet wurde, in der Stadt an der Oos. Im Jahr 213 besuchte er den Ort erneut, um sich von den anstrengenden Kämpfen mit den Alemannen zu erholen und um wegen einer Erkrankung beim lokalen Gott Apollo Grannus, einer spezifischen Art des Gottes Merkur, Heilung zu suchen. «Der Kur war offenbar ein voller Erfolg beschieden. Jedenfalls zeigte sich der Imperator – einer der größten Bösewichte auf dem Throne der Caesaren – ausnahmsweise von seiner besten Seite und griff tief in den kaiserlichen Säckel, um die Spuren seines Aufenthalts durch kostspielige Bauten zu verewigen« (Pförtner, S. 305).

Als man 1846 die Ruinen des Kaiserbades unter dem heutigen Marktplatz aufdeckte, machte die Großzügigkeit der Anlagen alle staunen: Die Wände und Böden waren aus weißem Marmor und grünlichem Granit. Man hatte sogar darauf geachtet, dass sich interessante Gesteinsadern von Quader zu Quader ununterbrochen fortsetzten. Auch die Technik der Warmwasserversorgung und Ableitung ins Kanalnetz ließ keine Wünsche offen. Eine Leistung von »kommunaler Sozialhygiene«, die bis zum Ende des 18. Jahrhunderts in der Stadt ohne Vergleich blieb.

Die Civitas leistete sich Tempel germanischer, römischer und orientalischer Götter. Für besondere Wünsche pilgerte man sicherlich auf den heiligen Berg zu Merkur, opferte ihm, oft sogar in klingender Münze, in der Hoffnung auf hundertfältige Rückerstattung. Es schien tatsächlich zu funktionieren: In der Stadt pulsierte das Leben – und nicht zuletzt das Geschäft. In einer der vielen aufgefundenen Inschriften prahlt ein Vorsitzender der Zimmermannsinnung, er habe die Säulenhalle und Innenausstattung des Zunfthauses aus eigener Tasche beglichen.

Gott der Weisheit und Gott der Diebe

Die griechische Variante von Merkur, Hermes, gilt als erster Sohn des Zeus, gezeugt mit der Pleiade Maia in einer Höhle auf dem Berge Kyllene in Arkadien. Als einer der sieben Titanen zeichnete sich Hermes durch Schlauheit und Gewandtheit aus. Als Bote der Götter und Vollstrecker ihrer Befehle durcheilte er die Welten. Er brachte den Schlaf und die Träume, die von der obersten Gottheit gesandt werden, und geleitete die Seelen zur Unterwelt. Er war an keinen Ort gebunden, stets unterwegs und damit geradezu prädestiniert, Schutzpatron aller Wanderer, Reisender und Pilger zu werden. Dies symbolisierten schon seine Flügelsandalen, nicht nur Zeichen für Schnelligkeit, sondern zugleich für Freiheit und Unabhängigkeit. Hermes galt als Erfinder der siebensaitigen Leier (Lyra), welche die dem Universum zu Grunde liegende Zahlenharmonie widerspiegelt wie auch die Harmonie und die Zusammenhänge der Planetensphären. Er hatte dieses

Merkur steht immer vor der Sonne. Die eigentliche Qualität der Sonne, ihr wahres Gesicht, bleibt verschleiert. Wir müssen uns in aller Regel mit dem Boten zufriedengeben und genau darauf achten, wie seine Aussagen zu verstehen sind.

Instrument aus einer Schildkröte gefertigt, Symbol der Zeit und Trägerin der Welt seit Anbeginn und für die Dauer ihrer Lebenszyklen.

Als Götterbote und Kurier zwischen Himmel, Erde und dem Totenreich steht Hermes für den Strom des Bewusstseins und hat damit eine ähnliche Funktion wie der heilige Geist. Mit diesem Bewusstsein können wir uns in höchste Regionen erheben und Botschaften in Form von Inspirationen und Erleuchtungen empfangen. Häufig opferte man Hermes wie Merkur Kraniche als Symbol für die Fähigkeit, in höhere Ebenen des Bewusstseins einzudringen. Kranichtänze sind uns schon aus den Jahrhunderten vor Christus aus dem Mittelmeerraum überliefert.

Mythen kann man auf verschiedene Weise lesen und auslegen. Die Halb- und Unterwelt des griechischen Kulturkreises erhob Hermes zum Gott aller Diebe. Zur Begründung wurde folgende Geschichte angeführt: Hermes lag noch in den Windeln, als er sich schon davonmachte, kaum dass ihm seine Mutter den Rücken zukehrte. Er raubte seinem Bruder, dem Sonnengott Apoll, eine Herde von 50 Kälbern, welche dieser zu hüten hatte. Apoll setzte eine Belohnung zur Ergreifung des Diebes aus, machte sich aber selbst ebenfalls auf die Suche. So kam er zu der Höhle auf dem Kyllene und fand dort die Häute seiner Kälber. Aufgebracht bezichtigte er Hermes als Dieb, während jener sich in seinen Windeln schlafend stellte. Hermes' Mutter Maia hielt Apoll für verrückt, ihrem Säugling eine solche Tat zuzutrauen. Apoll beharrte aber darauf, packte Hermes und trug ihn zum Göttervater Zeus. Der Göttervater befahl dem Knirps, die Tiere sofort wieder zurückzugeben. Hermes gestand und begann, auf seiner Leier ein Loblied auf Apolls Edelmut und Klugheit zu spielen. Der Zauber dieser Harmonien nahm den Sonnengott rasch so gefangen, dass er nun tauschen wollte: die Lyra gegen seine Tiere. Die beiden wurden schnell handelseinig. Hermes schuf darauf eine liebliche Hirtenflöte, die der erneut bezauberte Apoll ebenfalls eintauschte, und zwar gegen den Caduceus. Dieser goldene Zauberstab besaß die Gabe, die Menschen einzuschläfern oder zu wecken.

Zeus hatte alles beobachtet und ermahnte den Knaben Hermes, fortan den Besitz anderer zu achten und immer die Wahrheit zu sagen. In seinem Herzen aber war er stolz über seinen Sohn und lobte seinen Einfallsreichtum und seine Überzeugungsgabe. »Dann mach mich zu deinem Boten, Vater«, erwiderte Hermes, »und ich werde für die Sicherheit allen göttlichen Besitzes sorgen und niemals mehr lügen. Aber ich kann nicht versprechen, immer die ganze Wahrheit zu sagen.« Vater Zeus lächelte: »Das wird auch nicht von dir erwartet.«

Gott der Steinhaufen

Merkur als Hauptgott der Kelten, von den Römern übernommen, ist das Produkt einer langen Entwicklung. Etwa fünf bis sechs andere Götter vermischten sich mit ihm, und etwa vier Dutzend Beinamen charakterisierten regionale Eigenheiten. Der Glaube unserer Vorfahren versuchte das Universum zu erklären. Der Götterhimmel verdeutlichte vermutlich nur die zahllosen Aspekte eines allerhöchsten und unerklärlichen Prinzips. Und da sich diese Aspekte nicht immer deutlich voneinander unterscheiden ließen, sah man die Zuständigkeiten der einzelnen Götter nicht all zu eng. Wozu auch: Hauptsache, das aktuelle Prinzip war erkannt, ob es sich nun im Falle des Merkur Hermes, Esus, Teutates, Belenus oder Apollo Grannus (Herr des warmen Wassers) nannte.

Trotz seiner Funktionsvielfalt liegt beim gallorömischen Merkur eine starke Betonung auf den friedlichen Aktivitäten, auf fruchtbarem Schaffen, Handel und Wandel, kurz: auf all den Beschäftigungen, die hier auf Erden anstehen, um mit Hilfe göttlicher Weisung und Ideen so etwas wie ein irdisches Paradies zu schaffen, voller Weisheit, Schönheit, Stärke und Reichtum.

Die Etymologie führt den Namen Hermes zurück auf das griechische »hermaion« (= Steinhaufen), womit er einer der ursprünglichsten Götter aller Steinkulte zu sein scheint. Die ihm geweihten Steinpfeiler (Hermen) dienten gleichzeitig – wie die Steinhaufen – als (tatsächliche und auch geistige) Wegweiser. Mit der Hilfe von Hermes gelingt es uns, mit dem höchsten Bewusstsein in Verbindung zu treten und den Berg der Erleuchtung zu erklimmen.

Es ist vermutlich nicht allzu weit hergeholt, wenn man im kultischen Hintergrund der megalithischen Steinsetzungen in Form von Steinkammern, Dolmen und Menhiren merkurische Aspekte vermutet.

Gott ist Verbindung

Caracallas Sieg über die Alemannen hielt die Lawine germanischer Völkerwanderung nur kurzfristig auf. Wenige Jahre später (nämlich 235 und um 260) drangen suebische Stämme ungehindert in das Tal der Oos ein und zerstörten Stadt und Badeanlagen. Erst 712 wurden die heißen Quellen wieder in den Urkunden erwähnt, danach herrschte erneut Schweigen. Spätestens 1306 entdeckten die Landesherren aus dem Geschlecht der Zähringer das lukrative Geschäft. Die Stadtordnung von 1507 regelte die Badeordnung und führte die erste Kurtaxe in Deutschland ein. In Baden-Baden sorgten zu dieser Zeit 12 Badehäuser und 400 Wannen für mannigfaltige und jeglicher Prüderie abholden Vergnügungen. Der Arzt Paracelsus behandelte 1526 den örtlichen Markgrafen und studierte dabei die Wirkung der heißen Mineralquellen.

Im Dreißigjährigen Krieg und vor allem im Pfälzischen Erbfolgekrieg erlebte die Stadt 1689 schwere Zerstörungen, Plünderungen und in deren Folge einen starken Niedergang. Im Jahre 1774 besuchte der berühmte und umstrittene Alchimist Graf von St. Germain die heruntergewirtschafteten Anlagen. Er soll dem Markgrafen von Baden ein ganzheitliches Konzept für den Ausbau der Stadt als Kur- und Heilbad vorgeschlagen haben. Baden-Baden gelang es im Laufe des 19. Jahrhunderts, sich als Weltbad zu präsentieren und durchzusetzen.

Zahlreiche Persönlichkeiten kurten hier, von der politischen Prominenz aus dem Adel bis hin zu Künstlern. Für die zahllosen ausländischen Gäste, die sich oft gleich für immer ansiedelten, entstanden eine anglikanische, eine russische und eine griechisch-rumänische Kirche. Hector Berlioz, Johannes Brahms, Clemens Brentano, Eugène Delacroix, Fjodor Michailowitsch Dostojewski, Nikolai Gogol, Iwan Turgenjew, Johann Peter Hebel, Victor Hugo, Justinus Kerner, Nikolaus Lenau, Franz von Liszt, Alfred de Musset, Clara Schumann, Moritz von Schwindt, Ludwig Uhland, Richard Wagner und viele andere weilten in Baden-Baden. Sie pflegten sich in den Badeanlagen und Sanatorien, ließen sich von der Muse und anderen Schönheiten küssen und bereicherten den Genius Loci mit dem

Ein alter Kult- oder Opferstein auf der Gipfelplattform? Sagen, die diese Vermutung bestätigen, gibt es nicht.

Reichtum der »schönen Künste«. Auch der Kaiser suchte hier Erholung und Vergnügen.

Prachtvolle Villen und Hotels säumen heute die Straßen. Gebäude aus den verschiedenen Phasen des Historismus mit ihren Säulen und Kolonnaden sowie zahlreiche Jugendstilfassaden verleihen der Stadt noch jetzt ein mondänes Gepräge. Farbenfrohe Anlagen, ein gutes Empfinden für gepflegte Atmosphäre, vor allem aber das besonders günstige Klima des Oberrheins verschafften der Stadt den Ruf als Deutschlands »Sonnenhauptstadt« – über welcher noch immer Gott Merkur wacht ...

Als Erben der heilenden Atmosphäre des Kurbades und dessen merkurischen Quelleninitiators St. Germain haben zwei altehrwürdige Orden und Mysterienschulen ihr Hauptquartier nach Baden-Baden verlegt. Sie fügen sich nahtlos in das traditionell tolerante Kulturleben der Stadt ein und lehren ihre Studierenden unter anderem die Geheimnisse der Planeten und Titanen.

Gott der Erträge

Wer nicht die Bergbahn auf den Merkurberg benutzt, hat einen recht steilen Aufstieg vom Parkplatz aus vor sich. Oben wird man aber mit einer herrlichen Sicht über die Stadt und den Schwarzwald belohnt. Wer dem Himmel noch näher kommen möchte, kann den Aussichtsturm erklettern.

Dem Planeten Merkur weist die Astrologie die Kraft des Verstandes und die Beweglichkeit zu, die Fähigkeit, zwischen zwei Punkten eine Verbindung herstellen zu können und zu wollen. So verbindet er auch die Prinzipien Sonne und Mond, die Kraftquelle geistigen Wachstums mit derjenigen allen physischen Werdens. Merkur gilt zudem als Intellekt des Weltenalls, der bewusst steuert und die schöpferischen Aspekte des Kosmos initiiert. Im Mittelmeerraum bezeichnete man ihn als Sendboten des Osiris, der Weltenweisheit und des spirituellen Erwachens. Wenn er auch mehr für die Mitteilungen geistiger Art steht, so lassen sich diese durchaus in klingende Münzen umsetzen. Als Aspekt unserer inneren Stimme unterliegt er ohnehin den Unschärfen unserer Interpretation. Aber hat nicht schon sein Vater Zeus gesagt, niemand erwarte von ihm die volle Wahrheit?

Vielen Zeitgenossen liegt die profane Deutung und Nutzung göttlicher Mysterien etwas näher. Das war schon bei den Römern und Galliern so. Sie erhofften vom Gott die Lösung ihrer Alltagsprobleme und kürten ihn zum Herrn der Märkte, der Geschäfte und aller handfesten Erträge und Vorteile.

Robert Ranke-Graves vermutet, der Begriff Hermes (Merkur) habe sich aus den steinernen Phalloi eines vorhellenischen Fruchtbarkeitskultes entwickelt. Aber auch aus dem Begriff des göttlichen Kindes, aus dem ein Gott des Verstandes wurde.

Nachdem Apollo seine Kälber gegen die Leier eingetauscht hatte, schnitt Hermes Schilfrohr ab und schnitzte daraus eine Hirtenflöte, auf der er eine neue Melodie spielte. Von neuem begeistert, rief Apollo aus: »Lass uns nochmals tauschen! Wenn du mir deine Flöte gibst, will ich dir den goldenen Stab, mit dem ich mein Vieh hüte, geben; in Zukunft sollst du der Gott aller Viehzüchter und Schafhirten sein.«

»Meine Flöte ist mehr wert als dein Stab«, erwiderte Hermes. »Ich gebe sie dir nur, wenn du mich das Wahrsagen lehrst, denn das erscheint mir eine höchst nützliche Kunst.« »Das kann ich nicht«, sagte Apollo, »aber wenn du zu meinen Ammen gehst, den Thrien, die auf dem Parnass leben, so werden sie dich lehren, aus den Kieselsteinen wahrzusagen.« Und wieder schüttelten sie sich die Hände.

Später zeigten die Thrien Hermes, wie man die Zukunft aus der Lage von Kieselsteinen in einem Wasserbecken voraussagen kann. Er selbst erfand das Würfelspiel und die Kunst, daraus zu weissagen. Auch Hades machte ihn zu seinem Boten, der die Sterbenden mit sanfter Überredung abberuft, indem er ihnen seinen goldenen Stab auf die Augen legt.

Hermes half den drei Schicksalsgöttinnen in der Zusammenstellung des Alphabets, erfand die Astronomie, die Tonleiter, die Kunst des Boxens und des Turnens, die Gewichte und Maße – und die Kultur des Olivenbaumes.

Steckbrief: Merkurberg in Baden-Baden

Lage:

Baden-Baden liegt an der A 5, südlich von Karlsruhe. Fahrzeuge werden auf Umgehungsstraßen und Tunnels an der Innenstadt vorbeigeleitet. Der Parkplatz Merkurwald an der Bergbahn ist gut ausgeschildert und liegt nordöstlich der Innenstadt.

Besonderheiten:

Vom Bahnhof Merkurwald führt eine der modernsten und steilsten Standseilbahnen auf den 668 Meter hohen Berg. Mit einer Steigung von 54% überwindet sie einen Höhenunterschied von 370 Metern. Auf dem Gipfel – unvermeidlich! – Aussichtsturm, Schutzhütte, Grill und Waldcafé. Die Bahn verkehrt immer (per Selbstbedienung).

Geschichte:

Es ist unklar, ob der Berg bereits zur Römerzeit als Merkurheiligtum genutzt wurde, zumal Gott Merkur als Apollo Grannus wohl auch innerhalb der Badeanlagen seine Verehrungstätte besaß. Das Standbild aus römischer Zeit wird jedenfalls schon im 16. Jahrhundert erwähnt und diente damals als Grenzwarte. Im 19. Jahrhundert wurde der Berg als eines der beliebtesten Ausflugsziele der zahlreichen Badegäste wiederentdeckt. Er blieb es bis heute.

Anfahrt mit der Bahn:

Baden-Baden ist dem Eurocitynetz angeschlossen, demnächst auch ICE-Bahnhof. Vor der Bahnhofsvorhalle fahren Busse Richtung Merkurbahn (Endhaltestelle).

Nächstes Tourismusbüro:

Baden-Baden Marketing,
Schloss Solms,
D-76530 Baden-Baden,
Tel. 0049 (0) 7221/27 52 00 1.

Wichtige kunsthistorische Ziele in der Stadt:

- Burgruine Hohenbaden, Neues Schloss, Stiftskirche aus dem 13. Jahrhundert; römische Badruinen und Ursprungsthermalquelle im Alten Dampfbad und das weltberühmte Friedrichsbad von 1877;
- Zisterzienserinnen-Abtei Lichtenthal aus dem 13. Jahrhundert, Kloster vom Heiligen Grab von 1670.

Nächstes Museum:

- Stadtmuseum im Baldreit, Küferstraße 3;
- Museum im Neuen Schloss, Schlossstraße 2;
- Brahmshaus, Maximilianstraße 85;
- Heimatmuseum Steinbach, Steinbacherstraße 62.

Der besondere Tipp:

Im etwa 15 Kilometer entfernten Malsch errichteten Anthroposophen nach Vorlagen von Rudolf Steiner den Modellbau eines angeblich an naher Stelle existierenden »spätatlantischen Sonnenorakelheiligtums«. Steiner nannte ihn bei der Grundsteinlegung 1909 den ersten materiellen »Rosenkreuzertempel«. Standort: Oberhalb des Schwimmbads, nahe der Burgruine. Schlüssel gegenüber im Jugendheim abzuholen.

OTTILIENBERG IM KRAICHGAU

Im Reich des Saturn

Der Ottilienberg, Hausberg der Stadt Eppingen, ist nur 310 Meter hoch. Zusammen mit dem Steinberg bietet er trotzdem die beste und schönste Aussicht über den bunten und sanft geschwungenen Flurenteppich des Kraichgaues. Einzelne Erhebungen darin muten an wie Stützpfeiler des Firmaments. 1200 Meter östlich vom Ottilienberg im Wald verlief während 403 Jahren die württembergische Grenze. Die gesamte Hangkante des ovalen Bergsporns ist von einem doppelten Ringwall umgeben, der wie die benachbarten Hügelgräber in der Eppinger Hardt aus der Hallstattzeit (850–450 v. Chr.) stammt. Ein weiterer Abschnittswall aus der Latènezeit (ca. 450–50 v. Chr.) sichert den schmalen Sattel gegen den dahinter liegenden flachen Höhenrücken ab.

Dort, wo heute die malerische gotische Kapelle auf dem Plateau des Berges den Blick auf sich zieht, soll früher ein Tempel eines »düsteren Abgottes« gestanden haben, des römischen Gottes Saturn. Wer ist dieser Gott, und wie ehrte man ihn in alter Zeit? Wurden ihm auch Menschen geopfert? War der Berg ein Planetenheiligtum? Warum übernahm später die heilige Odilie (Ottilie) aus dem Elsass das Patronat dieses Heiligtums?

Wie die Ausgrabungen auf dem Hochplateau belegen, siedelten sich schon in der Steinzeit Menschen auf diesem Berg an. Ihnen folgten später die Kelten, die den natürlichen Schutzcharakter der Erhebung mit phänomenalem Rundumblick durch heute noch recht beeindruckende Wälle verstärkten. Doch es nutzte alles nichts: Im 4. Jahrhundert n. Chr. wurden sie von den Alemannen verdrängt, denen es knapp zweihundert Jahre später auch nicht besser erging, als die Franken eindrangen. Der heute noch gute Zustand der Wälle liegt an ihrer Auffrischung und Wiedernutzung im Pfälzischen Erbfolgekrieg 1695–97. Sie gehörten damals zur so genannten Eppinger Linie, einer Verteidigungsanlage gegen die Franzosen, die bereits große Teile der Pfalz verheert hatten. Inmitten der Anlage, so die örtliche Überlieferung, sei früher ein »Abgott» verehrt worden.

Ein Götzentempel inmitten der Befestigungen

In der »Topographia Palatinatus Rheni: Beschreibung vnd Eigentliche Abbildung der Vornehmsten Staate § Plätz der Vnteren Pfaltz am Rhein

Die Kapelle: Vom ursprünglichen Bau sind nur noch der Chor, der Turmstumpf und Teile des Westgiebels erhalten.

Vnd Benachbarten Landschafften», 1645 verlegt von dem berühmten Kupferstecher Matthäus Merian d. Ä., heißt es: »... dass bey Eppingen vber ein Gebürg lige/auff welchem ein Tempel/dem Saturno gewidmet gestanden/vnd solchem Abgott die vmliegenden Völcker Menschenblut geopffert haben.» Nach allgemeiner Ansicht kann Merian mit dem »Gebürg» nur den heutigen Ottilienberg gemeint haben. Ein Beweis für römischen Einfluss hier oben konnte aber noch nicht erbracht werden. Man vermutet den erwähnten Tempel, wenn es ihn denn gab, dort, wo jetzt die Kapelle mit ihrer Gebäudegruppe die Kuppe beherrscht. In weiten Teilen des Ovals der Gipfelplattform prägen Obstbäume das friedliche Bild. Aber war es immer so beschaulich hier oben, oder sollte die christliche Kapelle auf einer mit Blut befleckten Opferstelle platziert worden sein?

Gott ist Erinnerung

Saturn, der römische Gott der Aussaat, des Ackerbaus, der Obst- und Weinkultur, war vermählt mit Ops, der Göttin der Saaten und Ernten. Gemeinsam verehrte man sie als Gottheiten der Ehe, der Fortpflanzung und der Kindererziehung. Die Römer, ohne Furcht vor Plagiaten, übernahmen bedenkenlos die Mythen und Vorstellungen anderer Völker, vornehmlich der Griechen. Saturn entsprach dem griechischen Kronos, bedeutendster der Titanen (Symbol unserer ursprünglichen, wilden und noch unkontrollierten Kraftquellen), der von seinem Sohn Zeus entmachtet und in den Tartarus geworfen worden war (in die von uns im Unterbewusstsein errichteten und zumeist fest verschlossenen Kammern). Saturn, Vater des Jupiter, des Licht- und Himmelsgottes, erging es allerdings etwas besser. Im Unterschied zu Kronos gelang es ihm, aus den göttlichen Gefilden noch rechtzeitig auf die Erde zu flüchten, und zwar nach Latium, wo ihn der doppelköpfige Janus (römischer Gott für Aus- und Eingänge, Anfang und Ende) freundlich aufnahm. Deshalb wird Latium (Mittelitalien) auch als Land des Saturn bezeichnet. Roms ältester Name soll sogar Saturnia gewesen sein. Saturn galt zudem als Herrscher des 7. Himmels. Unter seiner Herrschaft glaubten die Menschen, das glückliche, sorgen- und schuldenfreie »goldene Zeitalter» zu erleben.

In der Gestalt des Kronos, als alter Mann mit Sense, symbolisiert Saturn die Zeit. Als Herr des Schicksals hält er das Stundenglas in der Hand, spielt er den dunklen Zerstörer und Auslöser der Wiedergeburt. Oft mit dem Kopf einer Krähe dargestellt, repräsentiert er die Herrschaft des Elements Erde, des Körperlichen, Stofflichen; aber auch der materialistischen Rationalität, »den bösen Geist», der sich an die Materie klammert und sich symbolisch durch Drachen, Schlangen, Füchse, Mäuse und einige Nachtvögel Ausdruck verleiht. Allerdings bietet die Erde ebenso die Basis, auf der alle anderen Elemente aufbauen können. Saturn, sagt die Astrologie, vermöge uns an alles zu binden, was wir geschaffen und gezeugt haben, selbst an hinderliche Gewohnheiten. Er liefere aber zugleich die Energie zur Überwindung all dessen, die Transformation unserer erdgebundenen Anlagen.

Die esoterische Astrologie bringt Saturn zusätzlich mit unseren Energiemustern in Zusammenhang, die Fertigkeiten und Fehler der Vergangenheit als eine Art »Gedächtnis der Gene» festzuhalten und intelligent zu nutzen. Mit dieser Erinnerung kann der Mensch wachsen und seine Vervollkommnung anstreben.

Karneval und grausame Rituale zu Ehren des Gottes

In Erinnerung an dieses Zeitalter des Saturns feierte man im alten Rom jahrhundertelang die Saturnalien am 17. Dezember, später drei, dann sieben Tage lang. Dabei herrschte ein ausgelassen karnevalistisches Treiben mit Umzügen, Travestie und volkstümlichen Lustbarkeiten aller Art. Die sozialen Unterschiede schienen verwischt, Sklaven und Herren vertauschten Kleidung und Rollen.

In ältester Zeit sollen diese Feste zügelloser ausgefallen sein. Es wird von wahren Orgien berichtet, mit denen in den sieben Nächten vor der Wintersonnenwende symbolisch der Tod des alten Jahres gefeiert wurde.

Es ist nicht auszuschließen, dass hier auch blutige Opfer und Sündenböcke vor den Altar des Saturn gelangten.

Bei einigen antiken Völkern scheint zu dieser Zeit der alte König – nicht nur symbolisch – rituell getötet und ein jüngerer inthronisiert worden zu sein. Eine neue, fruchtbarere und in jeder Beziehung schöpfungspotentere Zeit sollte so eingeleitet und beschworen werden. Im alten Babylon sprach man während der dortigen Saturnalien vom Zweikampf zwischen Chaos und Kosmos. Ein Sklave wurde zwölf Tage lang zum König erhoben und dann getötet.

Mit der Wintersonnenwende aber endeten die Tage der »Unordnung«. Die Sonne trat ihre Herrschaft an, jung, kräftig und noch unbesiegt. Zumindest für ein halbes Jahr.

Der heilige Berg im Kraichgau

Philipp N. Müller, Pfarrer von Mühlbach, berichtete 1801, man habe an der Stelle des »Götzentempels» im 15. Jahrhundert die Ottilienkapelle errichtet. Von der Mühlbacher Kapelle aus seien die Bewohner des ganzen Kraich- und Zaberngaus am Vorabend des Ottilienfestes jeweils in großer Prozession zum Ottilienberg gewallfahrtet. Der Pfarrer vermutete eine Vorgängerkirche an diesem Ort (Kiehnle, in »Rund um den Ottilienberg«, 1979, S. 40). Der Ausgräber Kiehnle stieß tatsächlich beim Fundamentaushub für den Anbau des Treppenturmes auf eine Zisternenanlage aus der Zeit vor dem Kapellenbau. Bei den Neubauten am Westhang in den Siebzigerjahren entdeckte man Teile einer frühmittelalterlichen Wallkonstruktion. Ob sie nur wehrhaften Charakter besaß oder zugleich einen Kultbezirk einschloss, lässt sich kaum klären. Ebenso wenig, was vor diesem »Vorgängerbau« das Zentrum des Kultberges bildete.

Und dann kam Ottilie oder Odilie, die elsässische Heilige, auf den mutmaßlichen Berg des Saturn.

Die heilige Odilie

Um das Jahr 660 wurde Etticho, Herzog des Elsass, in Obernai Vater einer blinden Tochter, um die sich zahlreiche Legenden ranken. Etticho soll das Kind wegen seiner Blindheit verstoßen haben, doch die Mutter brachte es heimlich in ein iroschottisches Frauenkloster ins Burgund. Der Bischof von Regensburg, der heilige Erhard, hatte zu dieser Zeit die Vision von einem blinden Mädchen namens Odilie (Sonne Gottes oder: Gott ist die Sonne) in einem Kloster Balma, das er taufen sollte. Er machte sich unverzüglich auf den Weg, der ihn zu jenem burgundischen Kloster führte, wo er auf die mittlerweile höchst attraktive Zwölfjährige aus Obernai traf. Er taufte sie, und Odilie wurde auf der Stelle sehend.

Als diese Nachricht den Herzog erreichte, nahm er sein Kind in Gnaden wieder auf. Doch das Auftauchen der ersten Freier, die wie Motten das Licht umschwärmten, verursachte erneut Turbulenzen am Hof, denn Odilie widersetzte sich heftig jeder politisch-landesherrlich ausgerichteten Heirat. Etticho ließ sich davon nicht beeindrucken und bereitete die Hochzeit vor. Mutig und selbstbewusst entzog sich Odilie nun durch Flucht nach Arlesheim bei Basel. Doch Vater und Bräutigam verfolgten sie, vor Wut schäumend. Schon hörte die Fliehende die Pferde der ihr nachsetzenden Männer, als sie sich in einer Schlucht ohne Ausgang gefangen sah. In höchster Not flehte sie Gott um Hilfe an, der sich ohne Zögern erbarmte: Die Felsen[22] öffneten sich vor ihr und nahmen Odilie, die sich in eine Taube verwandelte, auf, um sich hinter ihr wieder zu schließen. Erst als der Vater angesichts dieses Wunders zur reuigen Einsicht kam, gaben die Felsen seine Tochter wieder frei.

Es gibt unterschiedliche Versionen über den Fortgang der Geschichte. In allen Fällen aber errichtete Etticho auf Wunsch seiner Tochter auf einem Berg nahe seiner Burg ein Kloster, das bald zahllose Arme, Kranke und Notleidende anzog. Als Odilie, die erste Äbtissin dieses Klosters, im Jahre 720 verstarb, war der Berg bereits zu einem beliebten Wallfahrtsort geworden und hatte den Namen der Heiligen angenommen. Geheimnisumwoben seit Beginn, gilt der elsässische Odilienberg heute als eine der Wirkungsstätten des Heiligen Gral[23].

Wollte man mit der Patronin Odilie, der Sonne Gottes, nun gleich jegliches saturnalische Chaos in die Schranken weisen? Glaubte man, mit dieser Heiligen jene Transformationskräfte unterstützen und dirigieren zu können, die am Ende der Winterzeit in jenen ausgelassenen Festen symbolisch freigesetzt werden sollten? Neben der Kapelle wurde noch bis im 19. Jahrhundert das Kirchweihfest (Kirmes) gefeiert, eines der letzten traditionsreichen und die Strenge der Moral unterwandernden Volksfeste, die das Mittelalter halbwegs authentisch überdauerten.

Saturnische Verdichtungen auf dem Gipfelplateau

Im Jahre 1473 stiftete das Geschwisterpaar Hans und Metza von Gemmingen auf Guttenberg die Wallfahrtskapelle St. Ottilien auf der Eppinger Hardt. Sie wollten damit eine beliebte Tradition unterstützen. Schon seit 1290 zogen Wallfahrer aus der nahen Umgebung unter Führung von Mönchen aus dem Kloster Marienthal im Elsass auf den heiligen Berg. Diese Mönche, die teilweise neben der Kapelle wohnten, werden die Verehrung

22 Diese Schlucht und diese Felsen in Arlesheim gehören zu einer alten Initiationsstätte, in die Odilie von Gott »entführt« wurde. Aber das ist eine eigene Geschichte, die wir in einem anderen Band erzählen wollen.

23 Zum Thema Gral siehe Kapitel »Kloster Ettal in Oberbayern«, Seite 213.

Der Ottilienberg, Jäger- oder Saturnberg vor dem drohenden Unwetter.

ihrer Patronin mitgebracht haben. Mit dem Bau der gotischen Kapelle setzte ein derartiger Pilgerstrom ein, dass der Bischof persönlich für eine geordnete Durchführung sorgen musste. Die Reformation brachte die Wallfahrt allerdings zum Erliegen, die Kirche wurde während des Dreißigjährigen Krieges wohl zerstört. Markgraf Ludwig Wilhelm I. von Baden, »Türkenlouis« genannt und Erbauer der »Eppinger Linien«, führte stattdessen 1697 die Artillerie auf den Berg.

Ab 1750 griff man die Wallfahrten wieder auf. Zwei Jahrzehnte später zogen sogar sonntägliche Prozessionen auf den Berg. Mittlerweile wurden die Ökonomiegebäude als Forstgehöft oder Jägerhaus zweckentfremdet. 1782 schloss der hier wohnende Förster die Kapelle und nutzte den Friedhof hinter dem Ostchor als Schrebergarten. Bis zum Ausbruch des Zweiten Weltkriegs lockte der romantische Ort, nun Jägersberg genannt, aber weiterhin Wanderer und Ausflügler an. Ein Pächter betrieb hier einen Ausschank, hielt neben der Kapelle Schweine, nutzte den Kirchenraum als Heuschober und kassierte für die Nutzung des Turmes als Aussichtsplattform. Ein oder zwei Fremdenzimmer standen sogar schon ersten »Kurgästen« zur Verfügung. Das Heiligtum war erfolgreich umfunktioniert – oder zu archaischen Formen zurückgekehrt, die Kult und Vergnügen bedenkenlos miteinander verknüpften.

Wegen der steigenden Beliebtheit des Ortes errichtete die Stadt Eppingen neben der Kapelle eine solide Trinkhalle und zwischen den Kirschenbäumen eine Freitanzfläche. In den letzten Kriegstagen des Jahres 1945 wurden Kapelle und Anwesen in Brand geschossen.

Das Ende oder Höhepunkt badischer Saturnalien: Führungskräfte erobern das Heiligtum

In den Fünfzigerjahren entschloss sich der Gemeinderat von Eppingen, Kapellenbezirk und Wirtschaft zu trennen. Am Westhang sollte ein teurer

Bau entstehen, so teuer, dass schließlich das Geld zur Fertigstellung ausging. Es folgten diverse Nutzer, vom Betreuungs- und Erholungswerk für Hirnverletzte über den paritätischen Wohlfahrtsverband, ein Privathotel, die Bierdeckelsammelbörse, den Ratskeller von Eppingen bis hin zum Christlichen Jugenddorfwerk Deutschlands. 1967 nahm sich die Industrie- und Handelskammer des Ortes an, kaufte sich von der »Gaststättenverpflichtung« los und errichtete ein Ausbildungszentrum für Führungskräfte der Wirtschaft, das bis heute besteht. Womit das Heiligtum wieder fest in der Hand des Planetengottes zu sein scheint.

Nach harten und zähen Verhandlungen mit der Gemeinde durfte Edmund Kiehnle die Kapelle in Stand setzen und den Turm wieder aufbauen. Heute nutzen die katholische wie die evangelische Kirchengemeinde die Kapelle, allerdings nicht mehr als ein- oder zweimal im Jahr. Christliche Verehrung tat und tut sich etwas schwer an diesem Ort ...

Zwischen Transformation und Bodenhaftung

Als ich im Februar 2000 den Berg bestieg, lösten sich innerhalb von Minuten vorfrühlingshafter Sonnenschein und schwarzgraue Wolkenvorhänge ab. Das ständig wechselnde Licht in satten Farben verlieh der Kuppe etwas Unwirkliches. Zum ovalen Hochplateau führt der Weg durch die aufgebrochenen Wälle. Hier oben grüßten mich erhabene Stille und Weite. Nur ein Wagen parkte dicht vor dem Eingang der Ummauerung des Kapellenbezirks. Zwei Amateurfunker aus dem benachbarten Sulzfeld lehnten an der geöffneten Türe und staunten, dass ein Berliner sich zu Fuß auf diese einsame Höhe verirren konnte. Als ich ihnen erzählte, warum ich Kultstätten und heilige Orte aufsuche, fand ich größtes Verständnis und vollste Zustimmung. Ohne lange zu überlegen, versprachen sie, meine Recherche vor der Kapelle mit Meditationsmusik und »Empfangsbereitschaft nach oben« begleiten und unterstützen zu wollen. Einer von beiden, Herbert Weisheit, lud ein Keybord aus, und schon bald bezauberten mich seine melancholischen Klänge.

Eine Sage vom Ottilienberg versucht die Frage zu beantworten, warum der Pachthof lange Zeit verwahrlost blieb. Wie Sagen es oft tun, bettet sie die spirituell-religiöse und kaum objektiv festzumachende Qualität eines Ortes in die Geschichte einer erfolgreichen Schatzsuche. Nonnen haben aber nachweislich nie auf diesem Berg gelebt.

Die heilige Ottilie hatte einst das Kloster auf dem Jägersberg bei Eppingen gestiftet. Im Dreißigjährigen Krieg wurde es von den Schweden geplündert und niedergebrannt. Zuvor aber hatten die Nonnen den Klosterschatz und die Glocke des Kirchleins vergraben und waren vor den Räubern geflohen. Möglicherweise überlebte keine der frommen Frauen die Wirren jener Zeit, denn der Schatz blieb verborgen, und man erzählte, an jenem düsteren Ort gingen Geister um, ihn zu bewachen, vor allem sah man immer wieder eine weiß gekleidete Frau, die einen großen Schlüsselbund um den Hals trug, und eine Ziege mit schneeweißem Fell. Lange Zeit fand sich deshalb kein Pächter für den Hof, der dort errichtet worden war.

Nun trug es sich zu, dass es einem Kuhhirten des nahen Dorfes Mühlenbach träumte, er solle auf die Heidelberger Brücke gehen; dort könne er sein Glück machen. Er kümmerte sich zunächst nicht weiter darum, aber als er in der darauffolgenden Nacht denselben Traum hatte und in der nächsten wieder, zögerte er nicht länger und folgte dem Traum. Seine Geduld wurde auf eine harte Probe gestellt: Einen halben Tag lang stand er auf der Brücke und wartete auf das verheißene Glück.

Ein Heidelberger, der des Wegs kam, sprach ihn an und fragte, auf wen er denn warte. Als der Kuhhirt seinen Traum erzählte, lachte jener und sagte: »Ach, auf Träume kann man sich nicht verlassen. Mir hat auch geträumt, auf dem Ottilienberg sei unter dem Waschkessel ein Schatz vergraben. Derweil kenne ich überhaupt keinen Berg dieses Namens.«

Unser Kuhhirt schwieg und begab sich eilends hinauf auf den Ottilienberg, wo er auch gleich den bezeichneten Platz fand, zu graben anfing und bald auf eine Kiste voller Golddukaten stieß. Er war so klug, niemandem davon zu erzählen, und reiste ins Ausland, wo er durch den gewonnenen Reichtum fortan ein Leben in Saus und Braus führen konnte. Seitdem bleiben die Geister auf dem Ottilienberg aus, und der Hof fand wieder einen Pächter.

Steckbrief: Ottilienberg im Kraichgau

Lage:

A 6 zwischen Heilbronn und Mannheim, Ausfahrt Steinsfurt nach Eppingen. Von dort aus auf der Landesstraße 1110 weiter, bis im Stadtwald zwischen Eppingen und Kleingartach die Autozufahrt zum Ottilienberg abzweigt. Parkplätze auf dem Gipfelplateau vorhanden.

Besonderheiten:

Der Ottilienberg ist ein Vorgebirge des Stromberges und erhebt sich auf 310 Meter Höhe. 1976 erhielt der Odenwaldclub die noch stehenden Stallgebäude des ehemaligen Wirtschaftsgutes zur Nutzung als Wanderheim. Am 1. Mai und am Himmelfahrtstag öffnen sie ihre Räumlichkeiten, und Wanderer und Pilger werden wie eh und je bewirtet. Auch der Aussichtsturm (Kapellenturm), dessen 88 Stufen zu einer unvergleichlichen Fernsicht führen, ist dann zugänglich. Bei günstiger Witterung reicht der Blick bis zur Schwäbischen Alb, zum Pfälzer Donnersberg und zum Königsstuhl bei Heidelberg.

Geschichte:

Älteste Besiedlungsspuren aus der Steinzeit, starke keltische Befestigungsanlagen, die durch erneute Nutzung im Pfälzischen Erbfolgekrieg gut erhalten blieben. Gemäß einer Quelle aus dem 17. Jahrhundert stand auf dem Ottilienberg einst ein römischer Tempel des Saturn. An diesem Planetenheiligtum wurden dem Gott möglicherweise Menschen geopfert. Vielleicht wurden Tempel und Gebäude im Zuge der Völkerwanderung zerstört. Schon 1290 sind Wallfahrten zur heiligen Ottilie auf den Berg bezeugt. 1473 erbaute man hier oben eine gotische Kapelle, die offensichtlich mindestens einen Vorgängerbau hatte. Seit dem Dreißigjährigen Krieg ist der Ottilienberg ein beliebter Ort für Kirchweihfeste und andere trinkfeste Vergnügungen.

Anfahrt mit der Bahn:

Die Kraichgaubahn zwischen Baden-Baden und Heilbronn fährt über Eppingen. Vom Bahnhof Eppingen aus muss man ein Taxi nehmen oder etwa 3 Kilometer an der Stadthalle vorbei auf den Südring wandern, über die Kleingartenkolonie »Behälterkohl« bis zur Abzweigung des Knebelseckwegs. Von hier führen mehrere Feldwege auf den Berg.

Nächstes Tourismusbüro:

Stadtverwaltung Eppingen,
Rathausstraße 14,
D-75031 Eppingen,
Tel. 0049 (0) 7262 920118
und 920116.

Wichtige kunsthistorische Ziele in der Umgebung:

- In Eppingen das Rathaus, »Alte Universität«, Alte Synagoge mit Jordanbad, Altstädterkirche und Altstadtensemble. Kirche zu Adelshofen;
- Wasserschloss Rohrbach.

Nächstes Museum:

Stadtmuseum Eppingen
(»Alte Universität«),
Altstadtstraße.

Der besondere Tipp:

Der Steinsberg bei Sinsheim im Rhein-Neckar-Kreis trägt auf dem weithin sichtbaren Bergkegel eine Ruine mit dreifachem Mauergürtel und achteckigem und achtgeschossigem Bergfried aus dem 13. Jahrhundert. Wer an Geomantie glaubt, sieht in diesem »Kompass des Kraichgaus« einen Knotenpunkt der Landschaftsorientierung, der deswegen sicher schon in grauer Vorzeit größte Beachtung und Würdigung erfuhr.

DISIBODENBERG AN DER NAHE

Hildegard von Bingen und der Keltenapostel Disibod

Vor der Mündung von Nahe und Glan erhebt sich ein einzelner, die Umgebung beherrschender Bergkegel, der wohl seit grauer Vorzeit als ein zentraler Platz für kultische, rechtliche, militärische und andere Zusammenkünfte diente. Vielleicht wurde er von den Kelten genutzt, auf jeden Fall aber von den Römern, die hier offensichtlich einen kleinen Tempel errichtet hatten. Seinen Namen aber erhielt der Berg, als ihn der so genannte Keltenapostel Disibod im Jahr 640 zur heiligen Stätte erklärte, indem er seinen Stab an einer Quelle in die Erde steckte und rief: »Hier lasset uns unsere Hütten bauen!«

Etwa 500 Jahre später lebte und wirkte hier für 42 Jahre die heilige Hildegard von Bingen (1098–1179), die an diesem Ort ihre wichtigsten und weitreichendsten Visionen hatte. Ihre Gedächtnisfeiern 1998 riefen den Berg wieder stark in Erinnerung. Seitdem reißt der Strom der Pilger nicht mehr ab, die spürbar wieder das aktiviert haben, was ein Heiligtum ausmacht. Doch was geschah auf diesem Berg, und wer war jener – außerhalb der Region kaum bekannte – »Keltenapostel«, der ein halbes Jahrtausend nach seinem Tod zur heiligen Hildegard sprechen und sich damit für immer in Erinnerung bringen sollte?

Um die Mitte des 7. Jahrhunderts tauchten im Hunsrück-Nahe-Gebiet vier reichlich zerlumpte und eher suspekte Gestalten auf. Sie gaben an, aus dem fernen Irland zu kommen und der hier lebenden Bevölkerung das Christentum verkünden zu wollen. Ihr Anführer, Bischof und Abt zugleich, war der spätere Heilige Disibod.

Ein Kelte aus Irland findet ein keltisches Heiligtum im Soonwald

Der Kelte Disibod hatte Irland nicht verlassen, um ein mutmaßlich keltisches Bergheiligtum im Soonwald zu finden. Seine vermutlich hochadlige Familie dürfte ihn um 630 zur Emigration gedrängt haben. Gründe dafür sind nicht überliefert, doch waren jene irischen oder schottischen Missionare, die in Scharen auf den Kontinent kamen, in der Regel nicht nur voller Enthusiasmus, sondern auch sehr rigoros. Sie begründeten die Eremiten- und Klausnerkultur, die wellenartig immer wieder Anhänger in Europa fand und heute noch findet. So sympathisch uns heute Aussteiger sein mögen, so anstrengend sind sie gelegentlich auch. Vor allem, wenn sie ihren

Quelle besonderer Inspirationen und Visionen: der Disibodenberg.

Lebensstil als Maßstab zur Bewertung von anderen nehmen. Durchaus möglich, dass Disibods Verwandte aufatmeten, als er Irland verließ ...

Auf dem Kontinent scheint der Ire zunächst in die südlichen Vogesen gezogen zu sein, wo er ein Kloster gründete. Schwierigkeiten mit den burgundischen Herrschern führten ihn ins Gebiet des alten Bistums Mainz. Angetan von der Anmut des Ortes und den beiden den Berg umströmenden Flüssen, ließ sich Disibod nach langer Wanderschaft auf der Ostseite des Berges nieder und errichtete dort bei der Quelle eine Einsiedelei. So berichtete es später zumindest seine Biografin. Man vermutet den Platz der Einsiedelei an der Stelle des Berghofes, dort, wo heute auch das neue Museum die Besucher anzieht. Der Berg selbst soll der Überlieferung nach einstmals ein keltisches Höhenheiligtum getragen haben. Die Archäologen vermochten dies bislang nicht nachzuweisen. Dafür vermuten sie in der Nordostecke des Berges den Standort eines römischen Tempels. Einen Hinweis darauf bietet das Bruchstück einer dem Gott Jupiter geweihten Säule.

Jedenfalls genossen die Einsiedler auch von ihrer tiefer gelegenen Klause am Osthang aus einen malerischen Blick. Sie begannen mit ihrer Arbeit und boten Alternativen zu Wodan und Donar, zu Lug, Teutates und Suzellus, den keltischen Varianten dieser Götter. Ihr geistiger Führer dürfte dabei mehr als nur lokale Bedeutung erlangt haben.

Zwischen Heiligkeit und Eigensinn

Nach der irischen Auffassung über ein standesgemäßes Leben für Einsiedler sollten diese nicht nur beten und lehren, sondern den Menschen durch ihr gottesfürchtiges Leben auch ein Beispiel geben. Disibod ließ sich deshalb mit seinen Gefährten Gisvald, Clemens und Sallust nicht in den mehr oder minder intakt gebliebenen Römerstädten Köln, Mainz oder Trier nieder. Er suchte sich vielmehr eine Erhebung in einsamer und damals noch schwer zugänglicher Umgebung, mitten unter germanischen oder restkeltischen Heiden. Iroschottisches Christentum zog nie eine so starke Grenze zu den älteren Traditionen religiöser Überlieferung wie die römische Kirche. So nutzten diese Missionare gern solche Stellen für den Gottesdienst, deren besondere Qualitäten schon lange die Gottsuche begünstigt hatten. Auf diesen Ort aber soll Disibod seine innere Stimme hingewiesen haben, erzählt die Sage. Und als er seinen Wanderstab hier in die Erde steckte, ergrünte dieser unverzüglich, ein weißes Reh scharrte auch schon beflissen an der Stelle, eine Quelle begann zu sprudeln – Disibod war angekommen.

Nüchterne Forscher von heute fanden heraus, dass die Umgebung des Berges schon früh von den merowingischen Königen dem Bistum Mainz übertragen worden sein muss. Auf dem Berg selbst könnte eine frühe Taufkirche gestanden haben, die der damalige Bischof den keltischen Mönchen dann zweckmäßigerweise zuwies.

Wie dem auch sei: Disibod und seine Gefährten rodeten die Bergumgebung, um sie für eine größere Ansiedlung zu erschließen. So entstand um das Jahr 640 am Osthang eine Kapelle »gegen Sonnenaufgang«, um die sich die Hütten für Disibod und seine Helfer scharten. Dieser Kreis übernahm bald für sich die Ordensregeln der Benediktiner. Es dauerte nicht lange, bis Disibods Ruf als Heiliger viele Anhänger in die Gemeinschaft zog. Der Adel der Umgebung beschenkte den Mönchsvater reichlich mit Ländereien, Waldungen, Dörfern und Zehnten.

Obwohl Disibod schon zu Lebzeiten verehrt wurde, sorgte er stets dafür, Verführungen von außen kein Jota nachzugeben. Das harte und entbehrungsreiche Leben hier oben sollte sich weder für ihn noch für seine Mitbrüder ändern. Bis zu seinem Tod trug er der Legende nach das völlig abgenutzte Pilgerkleid, in dem er den Kontinent betreten hatte. Er starb nach schwerer Krankheit vermutlich am 8. Juli 674, im Alter von etwa 81 Jahren.

»Disibods Leben ist an spektakulären Ereignissen denkbar arm gewesen. Es verlief in den Bahnen jenes eigensinnigen Anachoretentums, wie es seit St. Patrick mit Beten, Wachen und Fasten in strenger Einsamkeit für das irische Mönchstum verpflichtend war« (Meyer-Sickendick, 1980, S. 209).

Die »Ungarn« kommen – und die heilige Hildegard

Im Jahre 745 ließen der fränkische König oder sein Stellvertreter Disibods Grab öffnen, das man auf dessen Wunsch hin unter dem Vordach seiner alten Gebetszelle ausgehoben hatte. Im Beisein des Bischofs Bonifatius und zahlreicher kirchlicher wie weltlicher Würdenträger wurde der Leichnam feierlich in eine neue Kirche umgebettet. Sie gehörte zu den Klostergebäuden, die mittlerweile für eine immer größer werdende Gemeinschaft auf dem Berg entstanden waren. Sicherlich hielt der Einfluss des asketischen Gründervaters noch einige Jahrzehnte an. Dann aber häuften die Benediktiner gerade dank des Kultes um den »armen« Disibod immer mehr Reichtümer im Kloster an, was die großen Kelleranlagen belegen. Diese Reichtümer müssen so bedeutend gewesen sein, dass möglicherweise die Normannen (893), vor allem aber die grausamen Ungarn es auf ihre »Liste besonders plünderungswürdiger Einrichtungen» gesetzt haben dürften. Beide Heere, Normannen und Ungarn, zogen eine Spur totaler Verwüstung hinter sich. Der Disibodenberg wurde geplündert und gebrandschatzt.

Neuere Forschungen besagen, dass die Ungarn und Normannen nur für die kaum weniger zimperlich vorgehenden Heerhaufen und Anhänger des Mainzer Bischofs hätten herhalten müssen. Dieser stritt sich nämlich ständig und heftig mit den Adelsgeschlechtern im Nahegau um die Rechte an dem Kloster. Ein Streit, der auch noch einige Jahrhunderte anhalten sollte.

Der Mainzer Erzbischof Williges bestieg den Berg nachweislich im Jahr 975, um das Grab des Disibod zu besuchen. Er ließ das Kloster wieder aufbauen, setzte zwölf Kanoniker (Mitglieder des Stiftskapitels) ein und erhob den Ort zum Mittelpunkt kirchlicher Arbeit an der mittleren Nahe. »Demütig, fromm und zerknirschten Herzens», weil er sich der Untaten seiner Vorgänger schämte. Williges brachte auch die Gebeine des Heiligen feierlich auf den Berg und bestattete sie in der alten Klosterkirche.[24] Sein Nachfolger, Bischof Ruthard, ein ehemaliger Benediktinermönch, wandelte das Kanonikerstift wieder in ein Benediktinerkloster um und erweiterte den Komplex zusätzlich noch um eine Frauenklause.

Im Jahre 1106 klopfte es dort an der Pforte. Man gab ein achtjähriges, schüchternes Mädchen zur Aufnahme ab: Hildegard von Vermersheim aus Bermersheim.[25] Am 1. November desselben Jahres wurde sie dann zusammen mit der heiligen Jutta von Sponheim und einer Leidensgenossin feierlich in einer Klause eingesperrt, das heißt: Es gab keinen Weg mehr in die Freiheit.

Nach den Klosterregeln durfte der Wohnraum einer Klause nur zwölf Fuß lang und ebenso breit sein. Die Einrichtung bestand aus einer Schüssel, einem Napf, einem Krug, einem niedrigen Bett mit einer Strohmatratze, Kopfkissen, Decke und einem Fußdeckbett. Zur Kleidung gehörten Kutte, Frauenschleier, Unterwäsche und ein Pelzmantel für den Winter. Ein einziges Fenster als Durchreiche für die Mahlzeiten und die regelmäßigen

24 Hier ergibt sich ein Problem: Wohin hatten denn der fränkische König und Bonifatius die Gebeine des Disibod gebracht? Es gibt nur zwei Möglichkeiten: Entweder wurden sie in eine Kirche, die bei der Einsiedelei am Osthang stand, gebracht oder die einzige Zeugin und Berichterstatterin, Hildegard von Bingen, irrt. Denn dass Erzbischof Williges Disibod in die wiederaufgebaute Kirche »auf« den Berg umbettete, beweist eine Urkunde.

25 Friedhelm Jürgensmeier stellt die bislang gültige Auffassung, Hildegard stamme aus dem adeligen Geschlecht von Vermersheim oder Bermersheim, in Frage. Nach seiner genealogischen Forschung sieht er sie in Verbindung mit einer noch unbekannten Familie aus dem rheinhessisch-naheländischen (Hoch-)Adel (Brück 1979, 273ff.).

Der Disibodenberghof ist vermutlich der Platz, an dem Disibod die ersten Hütten bauen ließ.

Gesprächszeiten, ein kleiner Garten und eine Öffnung zum Kirchenschiff – das war alles. Später scheint diese allgemein verbreitete Ordnung für Klausnerinnen gemildert worden zu sein. Hier verbrachte Hildegard die nächsten dreißig Jahre. Die später selig gesprochene Jutta stand der Klause vor und zog durch ein beispielhaft geistlich-asketisches Leben zahlreiche andere »Inclusinnen« (Eingeschlossene) an. Sie verfügte wohl auch über seherische Kräfte. Die von einem Mönch vom Disibodenberg verfasste Lebensbeschreibung Juttas spricht vom »himmlischen Orakel«. Als Jutta 1136 starb, übernahm Hildegard für zwölf Jahre die Leitung der Klause.

Gott ist Erinnerung

Als heilige Hildegard von Bingen (1098–1179) erfuhr sie schon zu Lebzeiten eine enorme Bekanntheit. Vielleicht angeleitet von ihrer Meisterin Jutta, verstärkte die Zurückgezogenheit bei ihr ebenfalls eine innere Schau. Sie nannte es »das lebendige Licht« und hatte schon als Kind erste Erfahrungen damit. Dieses innere Licht lenkte ihren Blick mit äußerster Sensibilität auf alles Leben: Steine, Tiere, Pflanzen, Sterne, vor allem aber auf den Menschen mit seinen Ebenen Körper, Seele und Geist. Sie forschte als Ärztin, Heilpraktikerin, Naturwissenschaftlerin, Anthropologin und Theologin, malte, dichtete und vertonte ihre Gedichte zu über 70 Liedern.

1141 erschien auf dem Disibodenberg ihr erstes Buch »Scivias« (Wisse die Wege). Es deutete den Geschichtsverlauf von der Entstehung der Welt bis zum Jüngsten Gericht in farbenprächtigen Visionen und in einem kosmischen Gesamtverständnis. Vielleicht wurde sie damit zur großen, zeitlosen Lehrerin. Über die alles umfassende Schau der Dinge, über das unteilbare Ganze, findet der Mensch das Wesentliche, das Eigentliche. Vom Eigentlichen aus aber lassen sich die Details in einem neuen Zusammenhang sehen. Damit bietet sie jedem Menschen – gleich welcher Religion – ein Gerüst, einen Halt im Chaos der vielfältigen Probleme und Katastrophen des Alltags.

Hildegard von Bingen: »Denn es geht ein Weg vom Herzen des Menschen zu den elementaren Bausteinen der Welt.« Der Mensch ist der Luft, dem Wasser, ja allen Elementen gegenüber verantwortlich. Entscheidet er sich gegen das Grundprinzip des Lebens, die Liebe, dann entsteht Chaos. Die Elemente wenden sich in einem wilden Aufschrei gegen den Menschen. Es entsteht auf diese Weise, so Hildegard, »Luftverschmutzung« und »verstärkter Weltgestank«.

Als der ebenso berühmte Zisterzienserabt Bernhard von Clairvaux auf einer Synode in Trier 1147/48 Hildegards Buch vor dem Papst als »Resultat einer besonderen Sehergabe» anerkannte, begründete er damit den Ruhm der Autorin. Bald waren ihre mystischen Eingebungen in aller Munde, wenn auch nur wenige sie verstanden. Der gelehrte Mönch Volmar schrieb ihre Texte nieder und prägte wohl nicht unmaßgeblich ihren Stil.

Auf Wunsch des Abtes Helenger machte sich Hildegard 1170 an eine Lebensbeschreibung Disibods. Der Heilige selbst soll es dann gewesen sein, der ihr erschien und ihr die Geschichte dieses Berges erzählte. Aufgrund dieser Art reizvoller Recherche stand sie zeitlebens im Banne des keltischen Apostels. Respektlose Forscher kritisieren, Hildegard hätte eher eine fromme denn eine historisch korrekte Biografie geschaffen und diese bewusst und geschickt als Instrument benutzt, um ihrer Kritik am Mainzer Episkopat und am Stauferkaiser Barbarossa Ausdruck zu geben.

Ein Gefäß des Heiligen Geistes auf dem Klosterberg

Hildegard beschrieb in ihrer Vita, wie sie vom Fenster der Klause die Errichtung der dreischiffigen Basilika beobachten konnte, die in ihrem

Die neue Hildegardiskapelle vor den Rebgärten. Selbst bei Vögeln erfreut sich dieser Bau großer Beliebtheit.

Ausmaß dem Mainzer Dom entsprach. Sie nahm auch noch an der Überführung von Disibods Gebeinen in die neue Abteikirche (1143) teil, bevor sie sich 1147 mit 18 Gefährtinnen zum Kloster Rupertsberg im heutigen Bingerbrück absetzte. Dies zum Entsetzen der Mönche, denn mit der großen Seherin (»prophetissima teutonica») und der »Feder, die sich bewegt, weil der Atem Gottes sie voranträgt», zog die große Attraktion des Disibodenbergs fort – und mit ihr die spendenfreudigen Gläubigen.

Hildegard gab keine Gründe für ihre Abreise an. Vermutlich spielten die Auseinandersetzungen zwischen dem örtlichen Adel und dem Mainzer Bischof eine Rolle, denn eine Adelskoalition um den Pfalzgrafen von Stahleck stiftete Hildegards neues Kloster.

Über den Disibodenberg legte sich aber damit scheinbar ein lähmender Schatten. 1240 belagerte eine Adelsfronde aus dem Nahegau die mittlerweile als Burg ausgebaute Klosteranlage und erstürmte sie. Obwohl ab 1259 Zisterzienser für kurze Zeit eine neue Blüte herbeiführten, geriet der Disibodenberg immer mehr zwischen die Mühlsteine konkurrierender Territorialgewalten. Der pfälzisch-bayerische Erbfolgekrieg (1504) und schließlich der Dreißigjährige Krieg besiegelten sein Schicksal. Die 2,5 Hektar große Anlage diente nun als Steinbruch für die in Schutt und Asche gelegten Dörfer. Erst Napoleon stellte das Gelände unter nationalen Schutz – eine erstaunliche Tatsache, pflegte der Kaiser der Franzosen doch ansonsten Klöster und Kirchen gern zu Scheunen und Pferdeställen umzufunktionieren.

Hatte Hildegard also noch rechtzeitig die Flucht ergriffen? Oder nahm sie, »das Gefäß des Heiligen Geistes«, Disibods Genius Loci mit sich fort? Schließlich erhielt auch sie in mehreren Visionen den Auftrag, ihr neues Kloster auf dem Rupertsberg zu gründen. Wenige Reste dieser Anlage, in der Hildegard eifrig weiter schrieb oder diktierte, sind heute im Komplex der Firma Würth noch zu besichtigen. (Die Firma betreibt passenderweise einen Büro- und Papiergroßhandel.) Eine stets wachsende Schwesternschar veranlasste Hildegard allerdings schon bald, ein weiteres

Unter dem Steinaltar im Chor der Abteikirche liegt vermutlich des letzte Grab von Disibod.

Kloster aufzubauen. Jenseits des Rheins erwarb sie 1165 das Gelände für das Kloster Eibingen. 1641 siedelten die Nonnen des 1632 von den Schweden zerstörten Klosters Rupertsberg hierher. Benediktinerinnen aus der Abtei St. Gabriel zu Prag haben heute für das Grab der heiligen Hildegard in Eibingen die Obhut übernommen, wo seither eine weitere Pilgerstätte entstanden ist.

Disibods Erbe ...

Seit 200 Jahren befindet sich das Ruinengelände auf dem Disibodenberg in privatem Besitz. Die Freiherren von Racknitz, die nebenan ein Wein- und Obstgut betreiben und damit eine tausendjährige Tradition an diesem Ort fortführen, brachten 1989 das Kloster in eine Stiftung ein. Diese unterhält dort ein Museum und eine Bildungsstätte. Bei diesem Museum beginnt der Weg, der hinauf in die weiträumige Ruinenanlage führt.

Noch immer fällt die beachtliche Größe der Klosterkirche ins Auge. Das vermeintliche Grab des heiligen Disibod im Nordchor, »rückwärts hinter dem Hauptaltar« (so die heilige Hildegard), ließ sich bisher nicht nachweisen. Über der mutmaßlichen Stelle steht jetzt der schlichte Steinaltar. Vor allem im September werden hier Freilichtgottesdienste abgehalten. Die Gebäude des Frauenkonvents vermutet man an der Nordseite der Anlage. Dort haben Pilger jüngst ein Rasenlabyrinth angelegt, dessen Mitte der Lebensbaum markiert.

Aus Anlass der Feierlichkeiten zum 900. Geburtstag »der Prophetin durch die Zeiten« entstand 1997 eine Hildegardiskapelle, ein schlichter weiß getünchter Halbkreisbau mit Glaswand und Blick auf Glan und Nahe und in die Weinberge. Ein kleiner Zettel vermerkt: »Bitte Türe schließen, sonst nisten Vögel darin!« Hildegard hätte die Türe mit Sicherheit offen gelassen.

... und das Relativitätsproblem

1996 fuhr ich mit einem Freund (dem Herausgeber dieses Buches), seiner Frau und einer Kollegin auf den Disibodenberg. Es war Mitte Oktober, am späten Nachmittag. Feuchtigkeit und Nebenschleier der einsetzenden Dämmerung vermischten sich zu einer mystisch verdichteten Atmosphäre. Mein Freund, ein Liebhaber skurriler Psychodramen, legte sich eine graue

Kutte um, zog die Kapuze über den Kopf, steckte die Hände verschränkt in die weiten Ärmel und wieselte mit kleinen Schritten und tief geneigtem Kopf den Berg hinauf durch die Ruinen. Wir folgten gemächlicher und genossen die völlige Ruhe auf dem Heiligtum. Plötzlich kam uns mit bleichem Gesicht ein letzter Besucher entgegen. Er hatte es sichtlich eilig, den Berg zu verlassen. Als er an mir vorbeikam, blieb er kurz stehen, um mir ins Ohr zu raunen: »Disibod geht heute wieder um. Ich habe ihn gesehen. Glauben Sie mir! Er huschte völlig versunken durch die Ruinen. Mit grauer Kutte ...«

»Was Sie nicht sagen!«, meinte ich freundlich. »Ja, aber für diese Frauen wird er unsichtbar bleiben.« Das klang schon ein wenig abschätzig. »Auch Hildegard ist er nur im Traum erschienen. Nur im Traum! Aber es ist ja alles nur relativ! Verstehen Sie?« »Das mit den Frauen?« »Nein, das mit Disibod!« Ich verstand. Oder glaubte es zumindest.

Bestimmte Sagenmuster tauchen so häufig in ähnlicher Form auf, dass man dahinter ältere Symbole oder Rituale vermuten könnte. So zum Beispiel, wenn ein Stab in die Erde gesteckt wird und zu grünen beginnt oder eine Quelle zu sprudeln anfängt. Setzte man auf diese Weise eine Schöpfung in Gang? Den Ursprung einer Besiedlung, einer Idee oder einer geistigen Kraft?

Im 6. Jahrhundert lebte in Irland der fromme Bischof Disibodus. Eines Nachts erschien ihm ein Engel und sprach: »Gehe hin über das Meer in das jenseitige Land, das Evangelium zu verkünden. Und da, wo du deinen Wanderstab in die Erde steckst und er grünt, wo ein weißes Reh sich dir naht und am Boden scharrt, dass ein Brunnen lebendigen Wassers hervorspringt, da bleibe und baue ein Kloster!« Schon am nächsten Morgen bestieg er mit seinen drei Gefährten ein Schiff, das schnell wie ein Pfeil über das Meer schoss.

Lange Jahre zogen sie, die Heiden bekehrend, durch Frankreich und kamen eines Abends zu einer Anhöhe auf dem rechten Ufer der Nahe. Als der Durst sie plagte, gingen die Gefährten Disibods hinab zum Fluss, um dort ihre Kürbisflaschen zu füllen. Bei ihrer Rückkehr bot sich ihnen ein wunderbares Schauspiel: Der ehrwürdige Greis kniete mitten auf einer Lichtung. Sein hoher Pilgerstab steckte in der Erde und trieb Äste und Blätter, ein schneeweißes Reh scharrte am Boden, dass ein Quell daraus hervorsprang, mit Wasser, so rein wie Kristall. Disibodus erkannte diese Stätte als die Verheißung des Engels und rief: »Der Ort ist heilig. Lasset uns Hütten bauen.« Bald erhoben sich hier eine herrliche Kirche und ein Kloster. Disibodus aber wohnte in seiner einfachen Hütte, und sein Stab wurde zum schattigen Baum.

Steckbrief: Disibodenberg

Lage:

A 61, Ausfahrt Bundesstraße 41 über Bad Kreuznach Richtung Bad Sobernheim. In Waldböckelheim abzweigen nach Staudernheim. Auffahrt zum Disibodenberg über Staudernheim (Klosterweg) oder Odernheim (Straße »Am Disibodenberg») bis zum Bus- und Pkw-Parkplatz. Eingang über Disibodenberghof mit Museum. Es wird Eintritt verlangt. Von dort Fußweg auf das Klostergelände.

Besonderheiten:

Der Disibodenberg (etwa 170 Meter) liegt im Soonwald, einem der größten zusammenhängenden Waldgebiete, merkwürdigerweise zumeist mit dem »Schinderhannes« in Verbindung gebracht, der hier sein Unwesen trieb.

Geschichte:

Der Berg gilt als keltischer Kult- und Versammlungsplatz, Archäologen fanden bisher aber nur Reste eines möglichen römischen Tempels; Missionierungszentrale des irischen Bischofs Disibod und Bau einer ersten primitiven Klosteranlage; Erweiterung der Anlage über die Jahrhunderte zu einem reichen und bedeutenden Kloster; für 42 Jahre Aufenthaltsort der heiligen Hildegard von Bingen. Nach dem Auf und Ab während der nächsten Jahrhunderte immer mehr zerstört und von den Bauern der Umgebung als Steinbruch benutzt; von Napoleon unter Schutz gestellt und seitdem gesichert. Heute, nach den Feierlichkeiten zum 900. Geburtstag der Hildegard von Bingen, wieder eine viel besuchte Pilgerstätte, berühmt für den mystischen Schatten über den Ruinen.

Anfahrt mit der Bahn:

Regionalbahn zwischen Mainz und Saarbrücken, Bahnhof Staudernheim.
Wanderweg von dort ist ausgeschildert (rund 35 bis 45 Minuten).

Nächstes Tourismusbüro:

Kur- und Touristinformation,
Bahnhofstraße 4,
D-55566 Bad Sobernheim,
Tel. 0049 (0) 6751 812 41.

Wichtige kunsthistorische Ziele in der Umgebung:

- Priorhof (Heimatmuseum), Malteserkapelle mit Komturei und evangelische Pfarrkirche St. Matthias in Bad Sobernheim;
- Rathaus, Schloss und Reste der Stadtbefestigung Odernheim; Klostermühle Staudernheim.

Nächste Museen:

- Museum Disibodenberg;
- Heimatmuseum, Priorhofstraße 18, Bad Sobernheim;
- Freilichtmuseum Rheinland-Pfalz, Nachtigallental, Bad Sobernheim.

Der besondere Tipp:

Etwa 15 Kilometer entfernt liegt das romantische Kellenbachtal mit Quarzitklippen und ungewöhnlichen Felsformationen.
Wer auf Hildegards Spuren bleiben möchte, reise über Bingen mit der Fähre zur anderen Rheinseite nach Rüdesheim.
Im Stadtteil Eibingen birgt die Pfarrkirche der alten Benediktinerinnenabtei den Schrein mit den Gebeinen der Hildegard.

DONAREICHE ZU GEISMAR

Der Frevel des Bonifatius

In der Nähe des hessischen Städtchens Fritzlar liegt das heute eingemeindete Dorf Geismar. Vor der Dorfkirche und den Resten der alten Wehrmauer hat die Ortsgemeinde eine hölzerne Plastik des »Apostels der Deutschen«, des Angelsachsen Bonifatius, aufgestellt. Sie drückt die ganze Zwiespältigkeit aus, die hier und anderenorts dieser Person begegnet: Unverständnis für seine rigide Form von »Heidenbekehrung« und Dankbarkeit dafür, auch heute noch Fremden und Touristen wenigstens einen Grund zu bieten, Geismar zu besuchen. Letzteres allerdings könnte sich noch ändern.

Dabei liegt der »Stein des Anstoßes« eine gute Wanderstunde entfernt, völlig einsam auf der Johanneskirchenkopfhöhe im Wald, in der verlassenen Wüstung Hayn oder Hain. Hier stand örtlicher Tradition gemäss die bekannte Donareiche zu Geismar, vielleicht das Zentralheiligtum der germanischen Chatten, das offensichtlich weit über die Stammesgrenzen hinaus von Bedeutung war. Der Mönch Winfried Bonifatius ließ diese Eiche im Jahre 723 fällen, möglicherweise legte er sogar selbst Hand an.

Warum löste diese Tat schon zu Lebzeiten heftige Empörung aus, nicht nur bei den heidnischen Germanen, und führte beim »Frevler« zu einem eigentlichen Karriereknick? Warum ist gerade diese Tat bis heute nicht vergessen, obwohl unzählige Naturheiligtümer dem Eifer christlicher Missionare zum Opfer fielen? Und wer wurde hier in diesem Baum verehrt?

Seit 1973 werden von der Abteilung für Vor- und Frühgeschichte des Landesamtes für Denkmalpflege Hessen in der Gemarkung Geismar umfangreiche archäologische Ausgrabungen durchgeführt. Man stieß auf eine um Christi Geburt angelegte Siedlung, die wohl bis ins frühe Mittelalter Bestand hatte. Obwohl erst Teilbereiche ausgegraben sind, weisen die Funde auf ein beachtliches »Gemeinwesen« des Stammes der Chatten, »dessen Wirtschaftsstruktur mit Eisen, Bronze und Glas verarbeitenden Handwerksbetrieben eine Frühform städtischen Lebens aufzeigt, wie es bisher im frühgeschichtlichen freien Germanien unbekannt war« (Gensen, 1978, S. 12). Diese Siedlung wurde offensichtlich wegen des Aufblühens des benachbarten Fritzlar aufgegeben. Vielleicht aber auch, weil das sie beschützende Großheiligtum missionarischem Eifer zum Opfer gefallen

Der Geismarer Bonifatius auf dem Dorfplatz unterhalb der Kirche.

war? Jedenfalls rückt Geismar heute nach genau 1250 Jahren wieder etwas ins Rampenlicht der Geschichte.

Mission mit Bibel und Schwert

Die Offenbarung des heiligen Johannes spricht vom Wort Gottes als dem »scharfen, zweischneidigen Schwert aus dem Mund das Herrn«. Wie immer, wenn man den Text der alten heiligen Schriften wörtlich nimmt, beginnen Fanatismus und Gewalt zu wuchern. Im Jahrhundert der Germanenmission gelangte dieses Schwert aus dem Munde des Herrn fast übergangslos in die Faust christlicher Herren. Man brauchte Erfolg, raschen Erfolg, und eine Befriedung der eroberten oder zu erobernden Gebiete. Es fehlte die Zeit für individuelle Katechumene. Nicht zuletzt, weil ja die »Bekehrer« selbst – von einzelnen iroschottischen Sendboten einmal abgesehen – nicht sonderlich sattelfest in Theologie und Glaubensfragen waren. Die Hauptsache, man hatte überhaupt einen Glauben. Im Gegensatz zu den Heiden, die keinen oder zumindest keinen richtigen hatten und deshalb notfalls auch mit Gewalt getauft werden sollten.

Es gab nur so viele Heiden! Und hier bot sich die Zeit sparende Lösung der Massentaufen an. Obwohl sie im einzelnen Individuum nur schwerlich ein Lichtlein entzündet haben werden, brachten sie dem Christentum letztlich den Durchbruch. Ob man aber mit der feinsinnig gesponnenen Bergpredigt oder in »Einzelsitzungen« erfolgreicher gewesen wäre, bleibe dahingestellt. Von der Bekehrung der Skandinavier wird erzählt, die christlichen Priester hätten ihnen versprochen, im Reich Gottes würde es noch zünftiger zugehen als im germanischen Himmel Walhall, wo sich die Tische unter der Last der Köstlichkeiten bogen und der göttliche Met in Strömen floss. Wenn schon in Walhall ein Festgelage das andere ablöste, ein Schaukampf und ein Heldengesang dem anderen folgte, dann bot natürlich ein noch ausgelasseneres christliches Himmelsfest durchaus seine Reize.

Für unsere Ahnen zählten sicher vor allem eindrucksvolle, dramatische und nachhaltige Taten, gewissermaßen als flankierende Maßnahmen zu all der salbungsvollen Theorie. Bei Geismar, unmittelbar gegenüber der fränkischen Landesfestung Büraberg, griff der angelsächsische Heidenbekehrer Bonifatius bei seinem zweiten Aufenthalt in Hessen im Jahr 723 zu einer unerhörten Provokation. Und das ausgerechnet mit einer Axt!

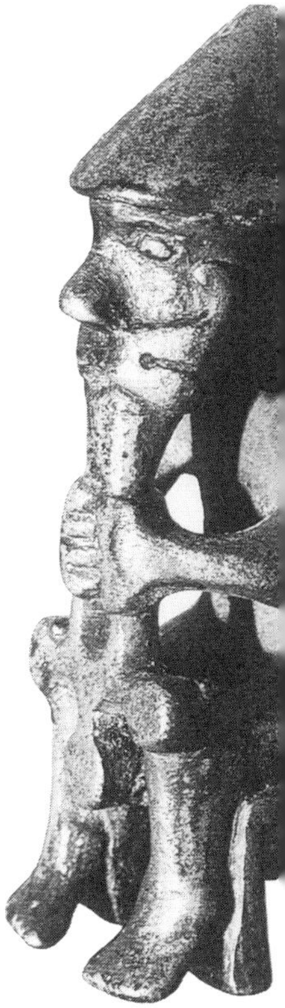

Statuette des Thor aus Island (Bronze, 10. Jahrhundert), Symbol für die Aufrechterhaltung der kosmischen Ordnung, innerhalb wie außerhalb des Menschen.

Ein ohnmächtiger Donar in Geismar liefert Latten für eine Holzkapelle

»Im Edertal nahe Fritzlar lag vorzeiten der Weiler Gaesmere, das heutige Geismar. Die Leute von Gaesmere waren dem Bonifatius ein Dorn im Auge, denn sie ließen nicht ab von ihrem germanischen Glauben. Mitten im Dorf stand eine heilige Eiche. Sie war dem Wettergott Donar geweiht.

Auch der fränkischen Garnison auf der Büraburg galten die alten Geismarer als unberechenbar und aufsässig. Deshalb entschlossen sich der Burgherr Burrus und Bonifatius zu einer Strafaktion, die den Heiden von Gaesmere den Schneid abkaufen sollte. Bonifatius und seine Helfer kamen in den Ort und begaben sich geradewegs zum heiligen Baum. Die fränkischen Soldaten schützten die Missionare mit einem doppelten Kreis und senkten drohend die Lanzen. Die wütende Menge schreckte zurück. Zwei Holzknechte fällten nun die riesige Eiche. Gaesmere war entweiht, seine Heiden mehr als frustriert. Das Holz jedoch wurde sofort beschlagnahmt. Die Franken überließen es Bonifatius, der daraus eine Kirche zimmerte. An deren Platz entstand später der Fritzlarer Petersdom« (Bauer, 1993, S. 128f.).

Donar, der Lärmer – oder der Gipfel menschlichen Aufstiegs

Der germanische Donar ist gewissermaßen die Festlandsvariante des späteren nordischen Hauptgottes Thor und gehört zur höchsten Götterdreiheit Ziu-Wodan-Thor. Sein Name entstammt der indogermanischen Wurzel (s)ten, was dröhnen, brüllen, lärmen bedeutet. Als Sohn der Erdgöttin entspricht er mit seinen Kämpfen gegen Riesen, Ungeheuer und Dämonen dem griechisch-römischen Herkules. Der römische Historiker Tacitus berichtete, Herkules habe auf einer seiner Reisen auch Germanien besucht, und die dortigen Krieger hätten ihn, ehe sie in den Kampf zogen, als ersten aller Helden besungen.

Herkules oder Herakles symbolisiert mit seinen 12 Heldentaten den Menschen, der in seiner Persönlichkeit die den zwölf Tierkreiszeichen zugeordneten Charaktereigenschaften ins Gleichgewicht bringen, mit der jeweils negativen Ausprägung ringen, die eigenen titanischen Naturkräfte beherrschen und die inneren Dämonen zu positiven Dienern umerziehen muss: wahre Herkulestaten. Haben wir all diese Kräfte in Harmonie zueinander gebracht, werden wir genau wie er in den hehren Kreis der Götter aufgenommen.

Zu Donars Attributen gehören der steinerne, aber glühende Hammer (Mjöllnir = Mahler, Zermalmer), den er nur mit Eisenhandschuhen anfassen kann, sein Kraftgürtel, die Axt und der rollende Wagen, den zwei Ziegenböcke ziehen: Tanngniost (Zahnknisterer) und Tanngrisnir (Zahnknirscher). Er braust damit im Sturm daher, dass die Berge bersten und die Erde flammt. Donar als Wagenlenker gleicht einem altüberlieferten Bild von demjenigen, der das Gefährt unserer Existenz letztlich steuert. Als solcher steht er mit dem Gewitter und Donner in Verbindung. Im übertragenen Sinne löst sein Wetterleuchten bei uns die Inspirationen aus, den so genannten Blitz der Erleuchtung. Sein Hammer dient als Symbol unseres unbeugsamen Willens, für die Arbeit an unseren alten verhärteten Strukturen. Die Axt als unverzichtbares Attribut alter Sonnengötter und Sonnenheroen vermittelt höchste Autorität und richterliche Gewalt, aber auch Strafe, Blutopfer und scharfen »Zuschnitt«.

In späterer Zeit weihte man Thor auf Skandinavien feste Tempel und wagte es, ihn abzubilden. Kräftig, schön und groß gewachsen, vermittelte er den Eindruck einer sicheren, selbstbewussten und freien Persönlichkeit. Dies unterstrich der rote (flammende) Bart, den bei den Germanen nur freie Bauern tragen durften. Das Haar trug er modisch lang, mit einer frechen Locke vor der Stirn. Von gewaltigem Wuchs waren auch die ihm geweihten Bäume. Vor allem Eichen boten hier zu Lande die geeignetsten Vorbilder. Sein Kult verband sich aber nicht mit einer bestimmten Baumart. Vermutlich musste er seine Heiligtümer vorher mit einem Blitzeinschlag zeichnen. Als Gewittergott reinigte Donar den dunklen Himmel, wenn er von Nordosten her gebraust kam, und machte die Sternbilder des Zodiak wieder sichtbar. Andere Mythen in der »Edda« berichten von ihm als dem gefangenen Gott, der sich selbst befreit, wahrlich zu kämpfen versteht und gegenüber allen alten Göttern letztlich im Streit um den Herrschaftsanspruch den Sieg davonträgt.

Donar galt zudem als Verursacher von Quellen. Das Fritzlarer Stift veranstaltete bis ins Mittelalter eine Prozession nach Geismar, das selbst als Sprudelquell (»gisa mari«) gedeutet wird. Noch im 18. Jahrhundert genoss der Gesundbrunnen nahe des Dorfes überregionale Bedeutung.

Ich widersage dem Donar, Wodan, Saxnot und all ihren Genossen

Die chattische Massentaufe – schließlich blieb die Rache Donars aus – leitete den Abschluss der Christianisierung des bis dato noch überwiegend heidnischen Stammes ein. Die Abschwörungsformel der zwangschristianisierten Sachsen lautete: »Ich widersage allen Teufelswerken und Teufelsworten, dem Donar, Wodan, Saxnot und all den Unholden, die ihre Genossen sind.« Ähnlich werden es die Chatten formuliert haben müssen.

Die Nachricht von der Schändung der Donareiche, dieses offensichtlich weit über die Stammesgrenzen hinaus verehrten Heiligtums, eilte nun wie ein Lauffeuer durch die rechtsrheinische Welt. Sie empörte sogar die nördlichen Sachsenstämme. Und im Grunde genommen schlägt der Frevel noch heute hohe Wellen.

Der Hitzkopf Winfrid zog mit diesem Baumfrevel aber nicht nur den Hass der heidnischen Priesterschaft auf sich. Für die zahllosen irischen Mönche, die den germanischen Stämmen auf dem Kontinent predigten, war die Natur mit all ihren Reichen genau wie der Mensch Ausdruck des Göttlichen; daher hielten auch sie eine solche Tat für unverzeihlich. Sie, die zu Hause noch in direkter Berührung mit vorchristlichem Gedankengut aufgewachsen waren, erkannten schärfer die Tiefen und Oberflächlichkeiten beider Weltanschauungen. Anders als die von Rom aus beeinflussten romanischen Kirchenmänner versuchten sie behutsam, Teile der keltischen oder germanischen Spiritualistik in die christliche Weltanschauung hinüberzuleiten und zu integrieren.

Große Teile des weltlichen Klerus beargwöhnten derartig radikale Schritte wie das Fällen der Donareiche eher aus existenziellen Gründen, konnten solche Aktionen doch das bisher mühsam Erreichte leicht gefährden. Der Missionar selbst klagte, es gäbe noch zahlreiche Priester, die im Namen des dreieinigen Gottes tauften und hinterher dem Wotan Opfertiere schlachteten. Verständnis für seinen radikalen Alleingang durfte Bonifatius also von keiner Seite erwarten. Er musste sich schließlich unter den Schutz des von Karl Martell und seinen fränkischen Truppen begeben. Und fast hätte seine Unbesonnenheit ihn das Wohlwollen des Papstes gekostet.

Verdächtig ist, wer am Donnerstag keine Arbeit tut

Thor-Donar und Wotan galten zu Anfang des 20. Jahrhunderts bis in die Nazizeit hinein als Repräsentanten des deutschen Volkscharakters. Dieser offenbarte sich angeblich in Schlichtheit, Treue, Stärke, Edelmut, Unerschrockenheit – summa summarum: als zur Herrschaft bestimmt. 1500 Jahre früher hatte Donar tatsächlich in der Beliebtheitsskala des Volkes, vor allem der Bauern, die Götterkonkurrenz fast aus dem Feld geschlagen. Bis heute hält sich unser Donnerstag als der Tag, der ihm geweiht ist. An diesem Tag begann jeder Thing (Volksversammlung) und jeder Gerichtstermin. Ein christlicher Missionar definierte: »Ein Heide ist, wer den Donnerstag Donars wegen heiligt und an ihm keine Arbeit tut.« Noch heute haften dem Gründonnerstag, Himmelfahrtsdonnerstag und den vier Donnerstagen im Advent alte und kaum verhüllte heidnische Bräuche an.

Leider fallen die arbeitsfreien Tage heute nur aufs Wochenende. Trotzdem spukt Donar noch durch unsere Gesellschaft. Jedes Gerichtsurteil wird erst mit dem Hammerschlag des Richters rechtskräftig. Eine Grundsteinlegung beginnt feierlich mit dem Hammerschlag auf den ersten gesetzten Stein. Die alte Tradition, mit einem Hammerwurf die Entscheidung über eine Grenzziehung herbeizuführen, mauserte sich sogar zur olympischen Disziplin. Und wenn die Gegner des Gottes einmal Zutritt zu den arbeitenden Logen und Tempeln spirituell ausgerichteter Orden und Bruderschaften fänden, müssten sie zugeben: Donar hat das Fällen seines Heiligtums bei Geismar und anderswo relativ gut überstanden. Und wie in alten Zeiten macht es immer noch wenig Freude, »unter den Hammer zu kommen«.

Gott ist Stärke

Aus dem Holz der Eiche soll also angeblich die erste Fritzlarer Kapelle erbaut worden sein, die den Mittelpunkt der dortigen Klostergründung durch Bonifatius bildete. Als ersten Abt setzte er Wigbert ein, der den Holzbau 732 durch eine steinerne Kirche ersetzte. Unter Wigbert entwickelte sich die Klosterschule zu einem bedeutenden Bildungszentrum. Sie erhielt 731 die älteste deutsche Schulordnung.

Auch wenn der rigorose Angelsachse Bonifatius sich überall Gegner geschaffen hatte, machte ihn seine weitere Arbeit für Rom unverzichtbar. Was die Anwendung kirchlicher Ordnung bei den neu gewonnenen Christen anging, so zeigte Bonifatius eine große väterliche Milde. Umso härter und kompromissloser ging er aber gegen alle Missstände innerhalb kirchlicher Institutionen vor. Unermüdlich tätig, gründete Bonifatius zahlreiche Klöster, und zwar mit der vorrangigen Aufgabe, eine neue »christliche Speerspitze« herauszubilden: gut ausgebildet, fest auf dem Boden der römischen Kirche stehend und der mehr als lässigen Moralauffassung innerhalb des Klerus ein positives Beispiel gebend. Der tatsächliche Erfolg in dieser Hinsicht verbindet sich mit seiner Tatkraft und seinem Namen.

Obwohl 722 in Rom als Bischof geweiht und 732 zum Erzbischof ernannt, stand Bonifatius aber keinem eigenen Bistum vor. Seine Bemühungen um einen Metropolitansitz scheiterten lange Zeit. Der reformwütige Angelsachse war wohl in zu viele Fettnäpfchen getreten. Außerdem hing ihm immer noch die leidige Affäre um die Donareiche an. Erst als Bischof Giwilib von Mainz um 745 des Amtes enthoben werden musste, wurde ein Stuhl frei. Giwilib hatte nämlich den Mord an seinem Vater, Bischof Gerold, nach alter Sitte wie selbstverständlich durch eine ordentliche Blutrache gerächt. Als »Stellvertreter und Legat des Papstes in allen germanischen Missionsgebieten« übernahm nun Erzbischof Bonifatius das Bistum Mainz. Die Stadt sollte künftig einen Vorrang unter anderen Bischofsstädten genießen, denn Mainz wurde zum »Heiligen Stuhl« nördlich der Alpen.

Der späte Glanz des Bonifatius verhalf seiner Gründung Fritzlar zu raschem Aufstieg. Neben Bad Hersfeld wurde die junge Stadt beliebtester Aufenthaltsort deutscher Könige und Kaiser in Hessen; zahlreiche Synoden und Reichsversammlungen fanden hier statt. Die vorher viel bedeutendere Siedlung Geismar wurde aber aus unbekannten Gründen aufgegeben und dämmerte von nun an – verlassen vom Genius Loci – als unscheinbares, freundliches Dörfchen dahin.

Vermutlich war das Prinzip des Donar schon in der Bronzezeit bekannt. Es finden sich eine Reihe von Felsbildern, die Träger von Riesenäxten und Hämmern zeigen. Noch heute bezeichnen Freimaurer ihren Vorsitzenden der Loge als »hammerführenden« Meister. Der Hammer ist für sie das Hauptwerkzeug, um den »rauen Stein« zu bearbeiten.

Die Hainkirche im Wald bei Geismar

Der Streit um den Standort der Donareiche tobt seit 150 Jahren und hat eine Flut von Veröffentlichungen hervorgebracht. Heute konzentriert sich die Forschung nur noch auf zwei Möglichkeiten. Dazu gehört die Dorfwüstung Hayn auf dem Johanneskirchenkopf am Südende des »Langen Waldes« von Geismar. Sie wurde in Urkunden des 14. Jahrhunderts erwähnt und schon 1433 erstmals ausdrücklich als »wüst« (zerstört, aufgegeben) bezeichnet. Ob sich die Erwähnung eines Dorfes Hagini (um 850) und ein Theoderich von Hain (1270) auf diese Dorfwüstung beziehen, bleibt unsicher.

Für die Bewohner der umliegenden Ortschaften ist es keine Frage, dass an diesem Platz besagte Donareiche stand. Als Bonifatius Hand an sie legte, soll er auch gleich daneben ein dem Apostel Petrus geweihtes Bethaus errichtet haben, wie ein Chronist und Zeitgenosse des Missionars bezeugte. 1564 wird zwar an diesem Ort eine Hainskirche erwähnt – der heutige Name Johanneskirche könnte eine Fehlableitung des alten Namens sein –, doch haben Ausgrabungen bisher lediglich Fundstücke hervorgebracht, die aus dem 12. Jahrhundert (und aus späteren Epochen) stammen. Ein wissenschaftlicher Beweis fehlt also bisher. Für den Johanneskirchenkopf sprechen bislang lediglich der lokale Volksglaube und die zu Mythen anregende Lage der Ruine in einem Eichenhain, wie die Archäologen meinen (Brendow; Kulick, 1982, S. 2).

Wieder fragt man sich, wie schon beim heiligen Hain der Semnonen: Sollte ein offensichtlich derart wichtiges Heiligtum derart in den Dornröschenschlaf versunken sein, sodass man noch heute auf seiner Suche kilometerweit durch den Wald streifen muss? Sollte ein neu gepflanztes mickriges Bäumchen die Reinkarnation eines alten Zentralheiligtums darstellen und den Standort eines Frevels und eines missionarischen Paukenschlags markieren, der die Germanen jahrhundertelang erregte?

Ein Streit und keine Ende: Wo stand nun die Donareiche?

In dem schiefen und alten ehemaligen Krämerhaus in Fritzlar, das heute das städtische Tourismusbüro beherbergt, erwarb ich eine Wanderkarte für Fritzlar und Umgebung. Vergeblich suchte ich allerdings beim Johanneskirchenkopf nahe Geismar einen Eintrag für den mutmaßlichen Standort der Donareiche. Als ich mich an die Dame vom Fremdenverkehrsamt wandte, antwortete sie freundlich, aber bestimmt: »Ganz einfach: Wissenschaftlich ist es längst erwiesen, dass die Donareiche hier in Fritzlar, neben dem Dom, stand. Die Geismarer Überlieferung wurde als reines Wunschdenken entlarvt.«

Das ist auch nicht korrekt. Und so steht Wunschdenken gegen Wunschdenken …

In Fritzlar stand im Bereich des Domes offensichtlich ebenfalls eine heilige Eiche. Oft pflanzte man bei der Grundsteinlegung von Kirchen einen heiligen Baum. Möglicherweise befindet sich der Tatort vom Frevel des Bonifatius auch tatsächlich hier. Dieser Variante half Fritzlar mit einem durchaus gelungenen Denkmal etwas nach.

In der »Lebensbeschreibung des Bonifatius« schilderte der Mönch Willibald, wie dieser, in Rom vom Heiligen Vater zum Bischof erhoben, wieder nach Hessen zurückkehrte.

Damals empfingen viele Hessen, die den katholischen Glauben angenommen hatten und durch die Gnade des siebenfältigen Geistes gestärkt waren, die Handauflegung. Andere aber sträubten sich noch gegen die unverfälschte Wahrheit des Glaubens; sie opferten heimlich oder sogar ganz offen Bäumen und Quellen. Etliche trieben auch Seherei, Wahrsagerei und allerlei Zauberwerk, sie schauten auf Zeichen und Vogelflug und pflegten mancherlei Opferbrauch. Andere wiederum waren schon gesunderen Sinnes und hatten allem heidnischen Götzendienst abgeschworen. Letztere berieten und halfen Bonifatius, eine ungeheure Eiche in dem Ort Gaesmere zu fällen, die von alters her bei den Heiden Jupitereiche (also Donareiche) hieß. Die Diener Gottes umstanden ihn bei dieser Tat, aber es kam auch eine große Menge von Heiden hinzu, die ihn als einen Feind ihrer Götter verfluchten. Bonifatius hatte erst wenige Hiebe getan, da wurde die gewaltige Eiche von einem göttlichen Wehen erschüttert, ihre Krone brach, sie stürzte zusammen und zerbarst wie durch höhere Gewalt in vier gleich große riesige Stücke. Als die Heiden dies sahen, begannen sie Gott zu preisen. Der heilige Bischof aber kam mit den Brüdern überein, dass sie aus dem Holz des Baumes ein Bethaus bauen und es dem heiligen Petrus weihen sollten. Als er dies mit gütigem Beistand des Himmels vollendet hatte, zog er weiter nach Thüringen.

Steckbrief: Donareiche in Geismar

Lage:

A 49 zwischen Kassel und Treysa, Ausfahrt Fritzlar-Nord, vor der Stadt nach rechts, Richtung Züschen bis Geismar. Etwa 50 Meter hinter dem Friedhof zweigt links von der Bonifatiusstraße der Mühlenweg ab. Hier beginnt ein ausgeschilderter Wanderweg zur Donareiche auf dem Johanneskirchenkopf, der bis zur Schutzhütte für Fahrzeuge freigegeben ist. Von dort rechts abbiegen, der Markierung »E« folgend, vom Dorf aus etwa 4 Kilometer.

Besonderheiten:

Der Johanneskirchenkopf (332 Meter) scheint eine Fehlableitung von Hainskirchenkopf zu sein. Hier, in der Wüstung Hain, liegen die Ruinen der alten Dorfkirche, mitten im einem Eichenhain. Es gibt noch sichtbare Reste eines Hauses und eines Brunnens sowie einen Grabstein. Das Dorf wurde schon 1433 als wüst bezeichnet.

Geschichte:

Die Donareiche zu Gaesmere – die meisten Archäologen lokalisieren sie heute in Geismar bei Fritzlar oder in Fritzlar selbst – war offensichtlich ein überregionales Heiligtum für Gott Thor-Donar oder sogar das Zentralheiligtum der Chatten. Die heutigen Ausgrabungen einer für germanische Verhältnisse sehr großen Handels- und Fabrikationsniederlassung in Geismar bestätigen die Bedeutung des Heiligtums. Als Bonifatius die Eiche im Jahre 723 fällte, wurde Geismar bedeutungslos, zum Vorteil des aufstrebenden Fritzlar.

Anfahrt mit der Bahn:

Von Kassel-Wilhelmshöhe fährt ein Regionalzug mit Umsteigemöglichkeit in Wabern Richtung Bad Wildungen mit Halt in Fritzlar. Bequemer ist der Bus von Bahnhof Kassel-Wilhelmshöhe oder Kassel-Hauptbahnhof, Linie 50, bis Fritzlar-Allee. Von dort fahren stündlich Busse nach Geismar (Haltestelle: Raiffeisen) oder Sammeltaxis.

Geismar (Haltestelle: Raiffeisen) oder Sammeltaxis.

Nächstes Tourismusbüro:

Touristinformation,
Zwischen den Krämen 5,
D-34560 Fritzlar,
Tel. 0049 (0) 5622 988 643.

Wichtige kunsthistorische Ziele in der Umgebung:

Dom St. Peter mit dem Denkmal für den Alternativstandort der Donareiche, Rathaus, Minoritenkirche, Frauenmünsterkirche, Altstadt und Stadtbefestigung von Fritzlar.

Nächstes Museum:

– Hochzeitshaus (Regionalmuseum), Burggraben, Fritzlar.

Der besondere Tipp:

Gudensberg (früher Odinsberg) schart sich mit seinen hübschen Fachwerkhäusern um zwei Erhebungen. Die größere, der Schlossberg, war sicherlich ein Kultberg für Gott Odin. Etwa 1,5 Kilometer nördlich erhebt sich der eigentliche Odinsberg.
Sagen berichten vom schlafenden Kaiser Karl dem Großen im Berg, der auf die letzte Schlacht wartet, um dann die Heere anzuführen.
Im Ortsteil Maden, am Südende, ein wunderschöner, gepflegter Hain mit Opferstein, dem unter Naturschutz gestellten »Wodansstein«.

»ALTER TURM« IM KLOSTERPARK METTLACH/SAAR

Nachtwache am Grab des Heiligen

Dort, wo das Saarland sich von der grünsten und landschaftlich harmonischsten Seite zeigt, im Dreiländereck von Deutschland, Frankreich und Luxemburg, liegt das hübsche Städtchen Mettlach, in Nachbarschaft der drei Burgruinen Montclair, den sagenumwobensten Burgen des Saarlandes. Der imposante und ungehinderte Rund- und Weitblick von der Saarschleife veranlasste möglicherweise unsere Vorfahren schon früh, an diesem Ort auch den Blick zum Transzendenten zu erheben. Das Gebiet um diesen markanten Landschaftspunkt mit der Stadt Mettlach als Mitte könnte in ferner Vergangenheit sogar ein größerer zentraler Kultbezirk gewesen sein.

Freunde der Keramik pilgern heute zu einem der schönsten Fabrikgebäude in deutschen Landen, zur Hauptniederlassung der Weltfirma Villeroy & Boch in einer alten Benediktinerabtei. In ihrem Park aber steht das älteste Bauwerk des Saarlandes, der »Alte Turm«, vermutlich auf einem Gelände, das schon einen vorchristlichen Kultplatz beherbergte. Hier, am Grab des Klostergründers Liutwin aus dem Kaisergeschlecht der Salier, suchten noch bis ins 20. Jahrhundert hinein Menschen eine besondere Erfahrung während der nächtlichen Stille: Wallfahrer nächtigten am Sarkophag des Heiligen, um eine ganzheitliche Gesundung einzuleiten. Stoßen wir hier, in einer verträumten Kleinstadt am Rande der Landesgrenze, auf eine wiederbelebte Initiationstradition? Oder auf eine versprengte ältere Tradition des Tempelschlafes?

Mittelalterliche Heiligenlegenden haben mit ihrem zumeist einfachen Strickmuster gelegentlich etwas Anrüchiges. Geradezu rücksichtslos spielen sie mit Wahrheit, Historie und Psychologie der Hauptakteure, geht es hier doch mehr um missionarischen Eifer, um ein frühes begleitendes Werbeinstrumentarium der römischen Kirche. Als solches aber verdient es durchaus handwerkliche Anerkennung. Noch heute gelten im Marketing, das erst im 20. Jahrhundert als fester Bestandteil von Verkaufs- und Vertriebsunterstützung entstand, die gleichen Lehrsätze: Die Aussage muss einfach, klar und ungeschminkt an den Kunden gebracht werden.

Die Gründungslegende: im Schatten des Adlers

Um das Jahr 700 n. Chr. stand Lutwinus, Herzog des Mosellandes, im Dienst und in der Gunst des fränkischen Königs. Er war sehr reich und

Der Heilige Lutwinus. Gründete er die Abtei nahe oder inmitten eines heiligen Bezirks?

wurde vom ganzen Volk verehrt und geliebt. Doch Reichtum und Ehre galten dem frommen Mann wenig, sodass er beschloss, ein Kloster zu gründen und darin als einfacher Mönch sein Leben zu beschließen. Lange Zeit versuchte er vergeblich an Mosel und Saar nach einem geeigneten Ort für das Kloster. Doch da geschah etwas Seltsames, und er sah darin einen Wink des Himmels:

Einst jagte Lutwinus in den Wäldern der unteren Saar. Von der Jagd ermüdet, ließ er sich in der glühenden Mittagshitze auf einem Felsen zur Ruhe nieder, der steil zur Saar abfällt, sein Waffenträger an seiner Seite. Da erschien plötzlich ein Adler, beschattete mit ausgebreiteten Flügeln das Gesicht des Schlafenden und schützte es so vor den brennenden Sonnenstrahlen. Als Lutwinus erwachte, erzählte ihm sein Waffenträger, was geschehen war. Lutwinus erkannte den Fingerzeig Gottes: Hier im Tal der Saar sollte er sein Kloster gründen.

So weit die Legende. Gemäß historischen Quellen gründete der als Herzog von Lothringen bezeichnete fränkische Adlige Lutwinus oder Liutwin im Jahre 698 das Kloster Mettlach. Tatsächlich war er Herzog eines so genannten Moseldukates und schuf mit der zweiten großen Adelsabtei im Raum Trier ein Hauskloster für seine erlauchte Familie. Nicht lange nach dieser Klostergründung wurde er als Nachfolger seines Onkels Basin zum Erzbischof von Trier (692–705) ernannt. Auf Liutwins Sohn Wido lässt sich das deutsche Kaisergeschlecht der Salier zurückführen.

Liutwin übereignete das Kloster vor seinem Tode dem Erzbistum Trier. Der jeweilige Erzbischof amtierte gleichzeitig fernab vom Kloster als Abt, was wohl nach dem Tode des Gründers zunächst zu einem Niedergang des

Klosters führte. Erst in der zweiten Hälfte des 10. Jahrhunderts blühte die Stätte wieder auf. Besonders die Schule des Klosters erlangte überregionale, ja sogar europaweite Berühmtheit. Nachweislich pflegten zahlreiche große Geister der Zeit engen Kontakt zum Kloster Mettlach, so etwa Gerbert von Aurillac, der spätere Papst Sylvester II., der so gelehrt war, dass abergläubische Menschen dahinter einen Bund mit dem Teufel vermuteten.

Auf der Suche nach dem geeigneten Ort für das Grab für eines Heiligen

Am 29. September 713 verstarb Liutwin in Reims, das mit zu seinem Wirkungskreis gehörte. Da sich sein Ruhm als wundertätiger Seelenhirte wohl schon zu seinen Lebzeiten verbreitet hatte, stritten nun Trier und Reims um das Recht, die »Perle von unschätzbarem Wert« in ihren Mauern begraben zu dürfen. Bei diesen Streit besaß Trier wohl die besseren Argumente, wurde ihre Delegation doch angeführt von Milo, dem zweiten Sohn von Liutwin. In einem feierlichen Schiffszug überführten sie den Leichnam nach Trier. Chronisten des Mittelalters, zwei Äbte von Mettlach aus dem 11. Jahrhundert, berichteten Folgendes:

Die ganze Einwohnerschaft der Stadt Trier hatte Aufstellung genommen und wartete auf die Ankunft der sterblichen Überreste Liutwins. Doch das Schiff ließ sich nicht von der Mitte des Flusses zum Ufer bewegen. Alle Kraftanstrengungen der Ruderer führten nur dazu, dass sich das Boot im Kreise bewegte. Fromme Stadtväter glaubten, einen Fingerzeig Gottes zu erkennen, und beschlossen, die wertvolle Fracht den Wellen zu überlassen. Und siehe da: Ohne Steuer und Ruder nahm das Schiff stromaufwärts seinen Weg, glitt in die Mündung der Saar ein und legte brav am Ufer bei Mettlach an. »Du hast nicht gewusst, Kirche von Mettlach, wie große Freude dir dieses Schiff, wie kostbaren Schatz es dir brachte!«

Von selbst begannen alle Glocken in Mettlach zu läuten und trieben Bewohner und Mönche herbei. »Oh, mit welcher Freude hob man die Gebeine des ehemaligen Abtes auf die Schultern, um ihm hier ein würdiges Grab zu bereiten.« So weit die frommen Chronisten.

Sicher frohlockten die Mönche, einen weithin bekannten Wunderheiler in ihren Mauern zu bergen. Dies versprach nicht nur geistig-spirituellen Gewinn, sondern eröffnete auch interessante finanzielle Möglichkeiten. Hinter dem gängigen Legendenmuster, dass Schiffe, Ochsen- oder Pferdekarren sich selbständig, oft sogar gegen den menschlichen Willen, dorthin bewegen, wo Gott seine Pläne verwirklicht haben möchte, stecken in aller Regel noch andere Botschaften. Häufig weisen sie auf schamhaft verschwiegene vorchristliche Traditionen mit starkem Überlebenswillen. Vielleicht existierte im Klosterbereich von Mettlach ein frühes Heiligtum, dessen Funktionen und Ausrichtungen bloß wiederbelebt oder überlagert wurden. Der herrliche Klosterpark rund um den Alten Turm nährt eine solche Vorstellung. Mit seinem großen Weiher, den alten knorrigen Baumveteranen und geschickt platzierten neuen wie alten Kunstobjekten vermittelt er noch heute eine stark meditative Stimmung.

Stehen wir hier sogar vor einem ursprünglich größeren Kultbezirk? Der Breitenstein auf dem Mettlacher Hausberg Skiva vor der jüngsten Burg Montclair mit Näpfchensteinen, so genannter Rosstrappe und sagenträchtiger Höhle deuten ebenso auf eine bedeutende Kultstätte wie der Herrgottsstein neben Schloss Ziegelberg an der alten Banngrenze Mettlachs, der sogar dem benachbarten Berg seinen Namen verlieh. Auch hier erkennt man neben zahllosen Näpfchen und Rillen das mehrfach eingravierte Hufeisen. Die damit verbundenen Sagen sprechen immer von einem kühnen Sprung von Pferd und Reiter, wobei sich der Abdruck im Felsen eingekerbt habe. Nach keltischer Tradition, und um die handelt es sich hier zumeist, steht das Pferd als Seelenbegleiter und Seelenreittier mit einem Fuß in der so genannten Anderswelt, im Jenseits. In der Welt also, die wir in einem wahrlich mutigen Sprung über den Abgrund erreichen wollen, erreichen müssen.

Ein achteckiger Turm, Behältnis für höchste Eingebungen

In die Zeit des ausgehenden 10. Jahrhunderts datiert man den Beginn der Verehrung des heilig gesprochenen Liutwins. Dort, wo vorher die von ihm gegründete Marienkirche stand, errichteten die Mönche für sein Grab einen Zentralbau nach dem Vorbild des Aachener Domes, heute der »Alte Turm« genannt. Nur durch Zufall entging der Turm dem Abbruch, denn laut Plan des Architekten der barocken Klosteranlage aus dem 17. Jahrhundert, Christian Kretzschmar, sollte an der Stelle des alten Turmes und der unmittelbar anschließenden ehemaligen Peterskirche der Neubau einer großen Abteikirche entstehen. Das Schicksal sorgte dafür, dass es nicht so weit kam.

Die heutige Form des alten Turmes ist schon die fünfte »Wiedergeburt« der ursprünglichen Anlage, die erst 994 im vierten Ansatz von Abt Lioffin, einem Iren, in der heutigen achteckigen Form vollendet wurde. Religiös-spirituellen Symbolen werden mehrere Bedeutungsebenen zugewiesen. Hier greifen wir nur das Achteck als ein eingepferchtes Feld (Kraftfeld) oder Behältnis (Körper) heraus, in dem die Fähigkeit, Inspirationen zu empfangen, also die bewusste Abstimmung auf höhere Bewusstseinsebenen kultiviert und entwickelt werden kann. Das Achteck symbolisiert aber zugleich die Wehrhaftigkeit und den Schutz vor den äußeren Einflüssen, die eine solche subtile Verbindung stören können oder wollen.

Zum Westen hin öffnete sich der Bau zu der genannten Vorhalle. Man betritt den zentralen erhabenen Raum, den ursprünglich ein Zeltdach deck-

Der Alte Turm inmitten eines herrlichen Parks mit Weiher.

te. Das Erdgeschoss wies sechs Nischen auf, über die im Obergeschoss ein Umgang lief, zum Innern hin mit Arkaden geöffnet. Im Osten des Umganges befand sich wohl ein Altar. Um das Jahr 1230 erhielt der Turm gotisierte Fenster und Nischen wie ein so genanntes Rippensterngewölbe.

Die Zahl Sechs mag an die sechs Schöpfungstage erinnern, wie sie sich in der physischen Welt offenbaren. Dem siebten Tag ist das Prinzip der Ruhe zugewiesen, wobei Ruhe auch Tod, Auflösung und Transformation meint. Die Transformations- oder Wiedergeburtskräfte arbeiten symbolisch im Norden, dem Reich der Dunkelheit. Wie die erneut aufgehende Sonne taucht das Wiedergeborene dann im Osten auf, um seinen neuen Lebenszyklus anzutreten. Sollte der Adler in der Legende des Heiligen auf diesen geheimnisvollen Prozess der Transformation im Schutze der Nacht, der Nacht des Todes, hinweisen?

Vorlage für den Bau lieferte wohl das beliebte Beispiel des Aachener Domes als Grabmal Karls des Großen. Andere denken eher an das Grabmal des Theoderich in Ravenna. Jedenfalls sollte die Architektur die Erinnerung an einen bedeutenden Mann befestigen, über den wir leider zu wenig wissen.

Eiserne Kopfringe gegen Kopfschmerz

In der Mitte unter dem Dach stand vermutlich die Tumba mit dem Leichnam des Heiligen. Der heute wieder im Turm aufbewahrte Steinsarg gilt in der Überlieferung als der Sarkophag des Klostergründers, dessen Gebeine heute in der nahen Pfarrkirche St. Liutwinus ruhen.

Es wird berichtet, Kranke auf der Suche nach Heilung hätten am Grab des Liutwins genächtigt, oft sogar mit Erfolg: Man hatte ihn nämlich zum Fürbitter bei allen Kopfleiden gestempelt. Dazu diente auch die Übernahme des ursprünglichen Patroziniums des heiligen Dionysius von Paris. Dieser war der Legende nach, ungerührt ob seines Martyriums, mit abge-

Der alte Steinsarkophag des Heiligen steht heute wieder im Turm, aber nicht in der Mitte, sondern etwas verschämt in der Ecke – wie eine Kiste, die man vergessen hat.

schlagenem Kopf in den Händen bis zu der Stelle marschiert, an der später die Abtei St. Denis erbaut wurde. Bis heute haben sich in Mettlach Wallfahrten in Form von Kirmesprozessionen erhalten. Betende, die ihren Kopfschmerz loswerden wollten, trugen dabei bis zu Anfang des 20. Jahrhunderts eiserne Ringe auf dem Kopf.

Die Nachtwache beim Grab des Heiligen steht vermutlich in der Tradition des antiken Tempel- oder Initationsschlafes. Schon die ägyptischen Mysterienschulen verliehen ihren Schülern über Initiationen die Möglichkeit des Nahtoderlebnisses. Eine oft bis zu vier Tage dauernde Zeit der absoluten Ruhe in einem Tempel oder einem Scheingrab spiegelte symbolisch die Dramatik des wirklichen Todes. Während der Mensch körperlich einschlief, sollte und konnte er spirituell erwachen. Noch heute ist es in Ostasien gängige Praxis, eine Nacht am Grab eines Heiligen zu verbringen, in unmittelbarer Nähe eines »Wegbereiters«. Sollte es in Mettlach ebenfalls eine weit vor die Zeit Liutwins zurückreichende Tradition geben?

Gott ist Heilung

Solange wir auf der Bühne der physischen Welt mitspielen, haben wir mit der Aufsplitterung zwischen innerem und äußeren Bewusstsein, zwischen innerer und äußerer Persönlichkeit zu tun, sagt die Psychologie. Die Mystik spricht von der irdischen Welt als der Welt der Gegensätze. Immer folgt dem Ärger die Freude, dem Schmerz die Lust, der Krankheit die Gesundung, dem Hunger die Sättigung, dem Dunkel das Licht. In umgekehrter Reihenfolge macht es weniger Spaß ... Jeder Mensch wird mit dieser Dualiät konfrontiert. Solange wir nicht die Einheit zwischen innen und außen, die Ganzheit unseres Selbst – letztlich die Bewusstseinseinheit mit und in Gott – gefunden haben, bleiben wir gespalten, unvollkommen, »unheil« – und somit meistens reichlich unzufrieden.

Diese Problematik ist also nicht neu. Der schon in der Antike bezeugte Tempelschlaf brachte die Menschen dazu, in einer Art Traumreise voller phantastischer Bilder die transzendente Wirklichkeit zu betreten, in der sich die Gegensätze aufhoben. Hier konnte man aus höherer Perspektive das notwendige Zusammenwirken und das Zusammengehören dieser Gegensätze erfassen. Gleichzeitig tauchten die »Tempelschläfer« in die unergründlichen Tiefen ihrer Seelenlandschaft ein, um die Schätze abgelagerter, aber auch verdrängter Anteile zu heben. Symbolisch betraten sie das Reich des Todes, des Schattens, um sich ihren eigenen Schattenkräften gegenüberzustellen. Nur das, was getrennt ist, kann man zusammenfügen. Und man kann nur etwas dauerhaft zusammenfügen, wenn man die Potenzen der Ergänzung scheinbar unvereinbarer Aspekte wirklich erkannt hat.

Der Nachteil dieser Initiation bestand darin, dass der so genannte Myste zwar während des Tempelschlafes aufgrund mehrerer gleichzeitig verlaufender geheimnisvoller Prozesse als »neuer Mensch« wiedergeboren wurde. Sein Intellekt und sein physisches Verstehen waren aber nicht daran beteiligt. Er konnte von diesen Ereignissen und Heilungsprozessen nichts mit in sein Oberbewusstsein herüberretten.

Ähnliches passierte beim Schlaf neben einem Heiligen. Man vertraute einer göttlichen Führung, um heil und gesund zu werden, vermochte aber Schau, Einsicht und Ergebnisse nicht bewusst mit in den Alltag zurückzunehmen. Heutige Mysterienschulen gehen deswegen anders vor. Sie benutzen zwar oft noch die gleichen symbolischen Details (Grab, Sarg, Tod), führen die Kandidaten aber zu einer Selbstinitiation. Auf diese Weise werden Manipulationen weitgehend ausgeschaltet, außerdem reduziert sich der Aufenthalt im Transzendenten auf eine Spanne, die der nach Wiedergeburt Suchende voll bewusst und doch in möglichst tiefer Versenkung zu erleben im Stande ist.

Behältnisse für den Alltagsgebrauch

Der Dreißigjährige Krieg wie der Pfälzische und der Spanische Erbfolgekrieg zerstörten die Klosteranlage Mettlach so stark, dass sie abgerissen werden musste. Im Jahre 1728 erfolgte ein barocker Neubau am Saarufer. Mit zahllosen dekorativen Porträts an den Fensterschlusssteinen, traurigen Grimassen und Grotesken, die später der preußische Hofbaumeister Schinkel bei seinem Besuch (vermutlich 1833/1834) als »Jesuitenstyl« charakterisieren sollte. Im Zuge der Französischen Revolution flohen die Mönche nach Trier und lösten von dort aus den Konvent auf. Der französische Staat beschlagnahmte daraufhin die Abteigebäude. Nach einer Versteigerung gelangte der ganze Besitz einschließlich der großen Ländereien in die Hände eines Trierer Papierfabrikanten. Dieser verkaufte ihn wiederum für 35 000 Francs an einen gewissen

Die Klostergebäude sind heute Hauptsitz der Firma Villeroy & Boch.

Johann Boch aus Septfontaines (Luxemburg), der in den Räumlichkeiten eine Steingutmanufaktur einrichtete.

Von diesem ihrem Hauptsitz aus, dicht beim Grab des Heiligen, gelang der Firma Villeroy & Boch der Aufstieg an die Weltspitze. Ursprünglich berühmt für ihre hochwertigen Keramikerzeugnisse, produziert sie heute eine breite Palette von Behältnissen für den Alltagsgebrauch, selbst Badewannen und Toilettenschüsseln.

Die Sage vom lärmenden Teufel im Dachgebälk des Alten Turmes zeigt in einem durchaus passenden Bild, was passieren kann, wenn in einer Art Tempelschlaf die Kranken plötzlich sich selbst und ihren Spaltungen gegenüberstehen. Wie so häufig, projizieren wir dann das Innere nach außen – beispielsweise an die Decke.

Im Mittelalter suchten Wahnsinnige und Besessene Heilung im Turm des heiligen Luitwin in Mettlach, in dem sein Grab lag. Die nach Mettlach ziehenden Kranken brachten damals zumeist eine Nacht zu ihrer Heilung in diesem Gotteshaus vom Alten Turm zu und schliefen darin. Häufig aber war ihre Krankheit so stark, dass sie gebunden in die Kirche gelegt werden mussten, bevor sie vom bösen Geist befreit wurden, da sie sonst um das Grab herumgetollt hätten.

Als einst Waldrada, die Gemahlin des Ritters Anselmus, von einer solchen Krankheit befallen wurde, brachte man auch sie über Nacht in den Alten Turm von Mettlach, wobei es sich ereignete, dass der Teufel, um die bei ihr Wachenden zu erschrecken und zu vertreiben, in dem Deckengebälk des Baues einen schauerlichen Lärm machte.

Steckbrief: »Alter Turm« in Mettlach

Lage:

A 1 bis Trier, dann Bundesstraße 51 bis Mettlach; oder A 8 bis Merzig, dann Bundesstraße 51 bis Mettlach. Der Turm liegt im Park der Abtei, sichtbar am Saarufer.

Besonderheiten:

Der malerische Buntsandkessel (etwa 350 Millionen Jahre alt), in dem die Saar bei Mettlach eine große Schleife zieht, gehört zu den meistfotografierten Ansichten des Saarlandes und gilt als sein bekanntestes Naturdenkmal. Die gesamte Landschaft hat mit vielen seltenen Einzelschöpfungen der Natur für sich einen hohen Grad von Ursprünglichkeit erhalten.
Am Cloef (keltisch: steiles Felskerbtal), dem äußersten Scheitelpunkt der Saarschleife mit herrlichem Ausblick, hat das Flusstal bizarre und groteske Felsbildungen an den Steilwänden herausgewaschen. In diesem Landschaftsschutzgebiet gedeihen seltene Pflanzen, Reiher und Eisvögel.

Geschichte:

Um 690 Gründung einer Abtei durch Liutwin, Herzog von Lothringen, aus dem späteren Kaisergeschlecht der Salier;
die Gründung erfolgte dicht neben zwei bedeutenden vorchristlichen Kultstätten, möglicherweise befand sich auch an der Stelle des Klosters eine weitere, wie man einer Sage entnehmen könnte; im 10. Jahrhundert genießt die Klosterschule internationale Bedeutung; während und nach dem Dreißigjährigen Krieg werden die Klostergebäude verwüstet, 1728 im barocken Pomp neu errichtet; vom ursprünglichen Kloster blieb nur der Alte Turm; früh einsetzende Verehrung des Heiligen, der in einer Tumba mitten im Turm aufgebahrt lag; bis ins 20. Jahrhundert Tradition der Nachtwache am Grab des Heiligen – ein Relikt des uralten Tempelschlafes?
Die neuen Klostergebäude sind heute Sitz der Generaldirektion von Villeroy & Boch, der weltbekannten Fayencerie.

Anfahrt mit der Bahn:

Regionalstrecke von Trier nach Saarbrücken bis Bahnhof Mettlach.

Nächstes Tourismusbüro:

Saarschleife Touristik,
Freiherr-von-Stein-Straße 64,
D-66693 Mettlach,
Tel. 0049 (0) 6864 8334.

Wichtige kunsthistorische Ziele in der Umgebung:

Kirche St. Lutwinus und der Herrgottsstein, ein Kult- und Opferstein dicht neben Schloss Ziegelberg; Ruine Saarstein auf dem anderen Saarufer gegenüber von Montclair.

Nächste Museen:

Keramikmuseum Mettlach in Schloss Ziegelberg, Siebendstraße; Schauräume der Firma Villeroy & Boch in der Alten Abtei, Saaruferstraße.

Der besondere Tipp:

Neben den drei sagenumwobenen Burgen Montclair auf dem Bergrücken innerhalb der Saarschleife bei Mettlach liegt wenige Meter vor der Burgruine der Breitenstein. Der Hufabdruck auf der Felskanzel wird oft mit einem Sonnenheiligtum in Verbindung gebracht. In einer Höhle unterhalb des Breitensteins bewache eine Kröte den Schatz im Berg, erzählt man.

KAP ARKONA AUF RÜGEN

Der Priesterstaat des Gottes Svantevit

Die Nordostspitze der Insel Rügen endet in Kap Arkona, dem Nordkap Deutschlands. Dort liegen die Reste einer geschichtsträchtigen Befestigung der Rügenslawen (Ranen) aus dem 9. Jahrhundert, der so genannten Jaromarsburg. Zwei Seiten der dreieckigen Burgfläche fallen steil zum Meer ab, die dritte ist durch einen 13 Meter hohen Wall aus dem 10. Jahrhundert geschützt. Das Meer unterspült die Steilküste, und regelmäßig brechen und rutschen Teile der Anlage ab. Trotz der fortschreitenden Zerstörung gehören die übrig gebliebenen Reste zu den eindrucksvollsten Zeugnissen slawischer Kultur in Deutschland.

Inmitten der ursprünglich gewaltigen Anlage standen einst Tempel und Standbild Svantevits, eines der slawischen Hauptgottheiten. Wie kam es dazu, dass er bald weit über die Insel hinaus verehrt wurde? Und dass seine Priesterschaft in Arkona eine einflussreiche Theokratie slawischer Prägung errichtete, einen eigentümlichen Priesterstaat, der zwar sehr machtbewusst ausgerichtet war, aber auch höchst spirituelle Züge trug? Dieser Priesterstaat – für die christlichen Gebiete des Westens fast undenkbar – hielt die Überlieferung ur- und direktdemokratischer Elemente aufrecht. Und wie endete dieser frühslawische »Gottesstaat« samt seinem Heiligtum in der scheinbar unüberwindbaren Wallburg?

Die ursprüngliche Burg Arkona könnte ein gleichseitiges Dreieck von je 300 Metern Seitenlänge umfasst haben. Sie hätte damit ein symbolisches Abbild höchster Prinzipien geboten, denn nach alter mystischer Überlieferung bedarf jede vollkommene Manifestation dreier Punkte. Gott, ein großer Anhänger der Geometrie, bevorzuge dabei das vollkommene gleichseitige Dreieck, heißt es. In diesem Fall wäre Arkona schon von Anfang an als Träger eines bedeutenden Heiligtums für einen zentralen Aspekt göttlicher Verehrung geplant gewesen.

Der mächtige Herr auf Arkona

Die gewaltige Burg, heute nach ihrem letzten König Jaromarsburg genannt, war gleichzeitig Heiligtum, Handelsplatz und Ort des jährlich stattfindenden Hauptfestes aller Ranen, einer Art orgiastisches Erntedankfest. Ganz Rügen und viele Fremde pflegten sich damals zur fröhlichen

Das windumtoste, von der Brandung umspülte Nordkap Deutschlands. Gut ein Drittel der mächtigen Jaromarsburg hat das Meer schon an sich gerissen.

Völlerei zu treffen, und wer dabei nüchtern blieb, galt als Frevler, wie ein Gewährsmann schrieb. Wann auf Arkona die Verehrung des Gottes Svantevit einsetzte, bleibt ungewiss. Der Priesterschaft gelang es mit der Zeit, diese Stätte zum Mittelpunkt eines die ganze Insel beherrschenden Kultes zu erheben. Als im Jahre 1066 der slawische Luitizenaufstand gegen Reich und Christianisierung niedergeschlagen worden war und sich der einflussreiche Priesterstaat von Rhetra[26] aufgelöst hatte, drängte sich der Kult Svantevits in das entstandene religiös-spirituelle Vakuum. Rügen übernahm nun unter der Priesterschaft Arkonas die Führungsrolle des slawischen Heidentums im Nordwesten. Anhänger fand der Kult bald auf dem Festland vom heutigen Holstein bis nach Pommern, vereinzelt sogar in polnischen und baltischen Regionen sowie bei den Dänen.

Der Name Svantevit bedeutet »der mächtige Herr, der mächtige Sieger« und weist auf eine ältere Gottheit, von der nur ein Teil des Attributes übrig blieb. Er vereinigte in sich die Eigenschaften eines Kriegs- und Wirtschaftsgottes und fast aller Lokalgottheiten jener Zeit – ein gelungenes Beispiel für Religionsökonomie.

Vier Köpfe, ein Gott

Nach einer Beschreibung des Chronisten Saxo Grammaticus umgab ein Palisadenzaun den Tempel auf Arkona. Ungeübte naive Malereien und qualitativ hochwertige Schnitzereien zierten die Außenfront. Ein einziger

26 Der Luitizenbund war der kultische Zusammenschluss der Wilzenstämme, die westlich der Oder im heutigen Nordbrandenburg und Mecklenburg-Vorpommern lebten. Ihre straff geführte Priesterschaft organisierte den Widerstand vom sagenumwobenen, vermutlich am südlichen Ende des Tollensesees gelegenen Rhetra aus. Der Bund konnte für nahezu zwei Jahrhunderte alle Versuche, die deutsche Vorherrschaft wieder zu errichten, erfolgreich abwehren. In dieser Zeit etablierte sich ein mächtiger und einflussreicher Priesterstaat.

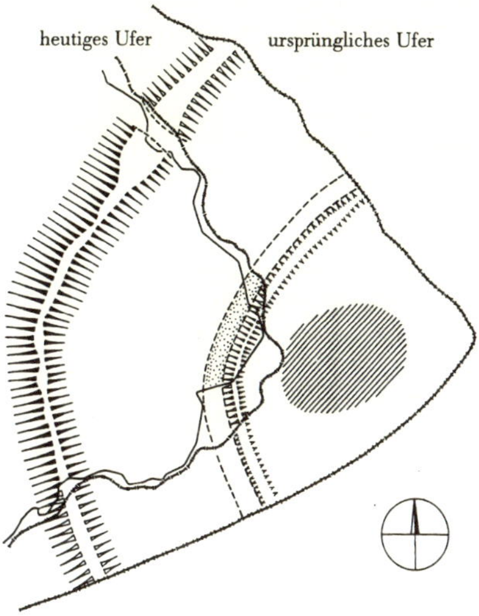

Der Ort, auf dem Svantevits Tempel stand, wurde vom Meer verschlungen (schraffierte Fläche) – ein symbolisch wunderschönes Ende.

Eingang führte zum Heiligtum, einem überdachten Holzbau. Zwischen vier Säulen im Innern umspannten prächtigste Vorhänge ein Viereck. Dort, im Mittelpunkt, stand der Gott: eine Ehrfurcht heischende Holzstatue von übermenschlicher Größe mit vier Köpfen. Zwei Köpfe schienen nach vorn, zwei nach hinten zu zeigen, wobei je einer nach links und einer nach rechts blickte. Haare und Bart waren nach Rügener Art geschnitten. Die Gottheit trug Brüste, einen stark gewölbten Rücken und in der rechten Hand ein metallenes Trinkhorn, das einmal im Jahr mit neuem Wein gefüllt wurde. Die linke Hand hatte er in die Hüfte gestemmt. Die Füße ruhten auf einem Sockel, der so tief in der Erde vergraben war, dass Svantevit auf dem Boden stand.

Neben ihm auf dem Boden lagen seine Kriegsattribute: ein reich verziertes, überdimensionales Schwert, die dazu gehörige silberne Scheide, ein Sattel und ein Mundstück des Zaumes. Sattel und Zaumzeug weisen auf den unverzichtbaren Begleiter des Gottes, seinen heiligen Schimmel. Nur der zuständige Priester durfte sich diesem Pferd nähern oder gar aufsitzen. Svantevit selbst scheint sich öfters ein Vergnügen daraus gemacht zu haben, nachts auszureiten und gegen seine Gegner anzureiten. Am Morgen stand dann das Pferd jeweils schweißüberströmt in seinem Stall, der fest verschlossen war.

Die Slawenstämme glaubten, über die gotteigenen Pferde göttlichen Ratschluss erfragen zu können. Dies schien immer ratsam vor wichtigen Entscheidungen, die das ganze Volk betrafen. Je nachdem, ob das Pferd mit dem rechten oder linken Huf zuerst eine Reihe gekreuzter Lanzen überschritt, beurteilte Svantevit die Aussichten eines Feldzuges oder Seekrieges positiv oder negativ. Bei wichtigen Seefahrten wartete man ab, bis das Pferd dreimal hintereinander mit dem rechten Glück verheißenden Huf voran über die Lanzen gegangen war. Wie viele Versuche man dem göttlichen Schimmel gewährte, ist nicht überliefert.

Das Innerste des Tempels durfte vermutlich nur der Oberpriester betreten – mit angehaltenem Atem. Für jeden Atemzug musste er zum Eingang zurückeilen, damit kein sterblicher Hauch das Heiligtum befleckte. Der Oberpriester opferte der Gottheit Wein und Honigkuchen.

Arkona, Zentrale des Priesterstaates von Rügen

In der Slawenchronik des Helmold von Bosau heißt es: »Svantevit, der Gott des Landes Rügen (hatte) unter allen Gottheiten der Slawen einen Vorrang erlangt, da man ihm glänzendere Siege und wirksamere Orakelsprüche zuschrieb. Daher schickten alle Länder der Slawen dorthin jährliche Tribute und bezeichneten ihn als Gott der Götter ...«

Jeder Mann und jede Frau hatte jährlich eine Münze als Abgabe zu entrichten. Von jeder Kriegsbeute erhielt der Gott für seine freundliche Parteinahme ein Drittel. Tributschätze, Geschenke und Landbesitz häuften sich, sogar fremde Könige schickten dem Gott wertvolle Opfergaben. Das Geld wurde zunächst einmal in den Ausbau der Tempelburg investiert. Svantevit selbst konnte bald auf ein Gefolge von 300 berittenen Elitesoldaten zurückgreifen. Sie bewachten die Tempelschätze und lebten vermutlich im inneren Ring des Walles. Damit rückten die Priester von Arkona nach und nach in eine Machtstellung, die der weltlichen Herrschaft bald nur mehr rein exekutive Funktionen zuwies.

Der politische und religiöse Dauerdruck, den das christliche Frankenreich auf seine östlichen Nachbarn ausübte, hatte letztlich zur Institutionalisierung solch übergreifender Kulte geführt. Da die Slawen ursprünglich keine

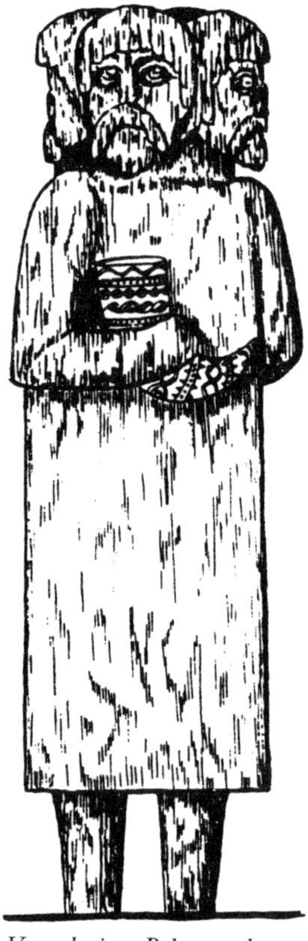

Versuch einer Rekonstruktion des Idols Svantevit nach der Beschreibung des dänischen Chronisten Saxo Grammaticus. Zwei- und Mehrköpfigkeit bei antiken Göttern spielte immer auch auf den merkurischen Aspekt eines Gottes an (auf mehreren Ebenen zu Hause sein, das Herstellen notwendiger Wechselbezüge).

Königsgewalt kannten, vermochte nur eine Zentralisierung der Religion der Zersplitterung recht lockerer Stammesverbände Einhalt zu gebieten. Zugleich bereiteten sie dem regionalen Durcheinander von Göttern ein Ende. Die neue Einheit erzeugte neben größerer Wehrhaftigkeit und Macht auch ein wachsendes Selbstbewusstsein – und nicht zuletzt die Chance einer sich vertiefenden Spiritualität, wollte man sich gegenüber dem Charisma eifriger christlicher Missionare behaupten, deren Einfluss epidemieartig wuchs.

Aus der Magie eines traditionellen Schamanentums, verbunden mit wachsender stammespolitischer Verantwortung, war ein zentraler Kult geworden. Der wiederum kopierte von der christlichen Konkurrenz das überaus erfolgreiche Konzept einer straffen Priesterhierarchie. Einzelheiten haben sich leider nicht überliefert. Spätere Urkunden aus Pommern sprachen von der dreifachen Rangfolge der »flamines« (Eigenpriester eines Gottes), den übergeordneten »archiflamines« und den führenden »protoflamines«. Gleiches oder Ähnliches dürfen wir für Rügen annehmen. Den niederen Priestern (flamines) oblag die Instandhaltung und Verwaltung der Provinztempel. Der Dienst am Haupttempel in Arkona sowie die Opfer- und Weihehandlungen fielen in die Zuständigkeit der höheren Priester. Die höchsten und wichtigsten Handlungen blieben dem Oberpriester vorbehalten.

Die Priester wurden von der Stammesversammlung gewählt. Ihre hohe Stellung unterstrichen sie mit auffälligen Gewändern und längerem Haar- und Bartwuchs. Sie legten das Maß fest, erhoben Steuern und trieben diese bei der Bevölkerung und bei Kaufleuten ein. Sie kontrollierten die Kontributionsabgaben der besiegten Feinde und entschieden als Ohr und Interpreten göttlicher Orakel über Krieg und Frieden. Sie übten Rechtsfunktionen aus und durften Asylrecht gewähren. Schließlich führten sie das Wort bei den Verhandlungen mit Vertretern fremder Stämme und Staaten sowie in den Stammesversammlungen.

Entscheidungen von stammespolitischer Bedeutung legten sie einem göttlichen Orakel vor. Dafür nutzten sie eine Menge divinatorischer Kniffe, die uns heute fast albern anmuten. Ein Priester versteckte sich beispielsweise hinter einem mannshohen Honigkuchen und fragte die Versammelten, ob er noch zu sehen sei. War er das nicht, glaubte man an eine treffliche Ernte. Auf solche und ähnliche Vorgänge gestützt, legten Priester auch Aussaatzeiten und Vorratsmengen fest. Ob sie dabei genauere Beobachtungen, Erfahrungswerte oder schlicht ihren eigenen Standpunkt als Wille Svantevits verkauften oder getreulich ein göttliches Urteil suchten, wissen wir nicht. Wahrscheinlich boten sie volksnah eine gesunde Mischung an.

Gott ist Gerechtigkeit: die Gottesherrschaft von Arkona

So entstanden auf dem Höhepunkt und gleichzeitigen Ende dieses Kultes Ansätze einer Theokratie, wie wir sie heute von einigen islamischen Staaten kennen. Die ureigentliche Bedeutung Gottesherrschaft verbindet sich mit den letzten und höchsten Bestimmungen des Menschen. Deshalb sucht wahre Theokratie unsere Verschmelzung mit einem universalen göttlichen System, wobei alle individuellen und gesellschaftlichen Fragen in die höhere Fügung, in den größeren Plan eingebunden werden.

Nach der Überlieferung genoss der Mensch in seinem ursprünglichen Zustand das Privileg, sein eigenes Gesetz, Meister seines eigenen Schicksals zu sein, immer aber unter der Führung Gottes. Das philosophische Modell der Theokratie gründet auf der Annahme, dass jeder Mensch noch heute solche Fähigkeiten besitzt. Diese Form von Theokratie versucht deshalb, das angeborene Recht des Menschen auf Selbstbestimmung zu festigen.

Doch dies setzt unabdingbar voraus, dass wir alle zunächst »Herrscher der vier Richtungen« werden. Die islamische Symbolik spricht von den vier Strömen des Paradieses, gleichgesetzt den vier alchimistischen Elementen, die der Welt erst das Abbild vollkommener Harmonie bieten:

- Feuer für die Welt der Gefühle und Instinkte
- Wasser für Ober- und Unterbewusstsein
- Luft für den Intellekt, die Ideen und Inspirationen
- Erde für die Welt des Körpers, des physischen und des geistigen

Hat der Mensch diese oft widerstrebenden Bestandteile in sich zur Harmonie gebracht und damit den fünften Punkt, eine Art Quintessenz, erreicht – den Standort »des mächtigen Herrn Siegers« –, besitzt er Reife. Die Reife, seinem Schicksal mit der notwendigen Gelassenheit, Wahrhaftigkeit und Stärke ins Auge zu blicken und ihm voller Vertrauen zu folgen. Erst wenn wir die Gesetze unserer inneren Natur erkannt haben und sie »königlich« beherrschen, vermögen wir eine gerechte Regierung außerhalb von uns zu errichten. Die alte indoarische Überlieferung spricht dann von den Priesterkönigen in der irdischen Welt: »Wenn den Interessen der Allmacht Vorrang gegenüber den Individualwünschen eingeräumt wird, setzt sich Gottesherrschaft langsam durch.« Inwieweit solche Gedanken in Arkona von Bedeutung waren, wissen wir nicht. Im Ansatz waren sie sicherlich vorhanden.

Da die ursprünglichen slawischen Stammesorganisationen nicht von langer Dauer waren, hielten nur die Priester der Kultverbände auch deren alte Traditionen aufrecht und damit zugleich die älteren Stammesverfassungen, die starke direktdemokratische Elemente enthielten. Mit dem Siegeszug des Christentums, das seit dem 4. Jahrhundert allzu gern allein auf die Mächtigen und Starken setzte und keine religiös-spirituelle Konkurrenz

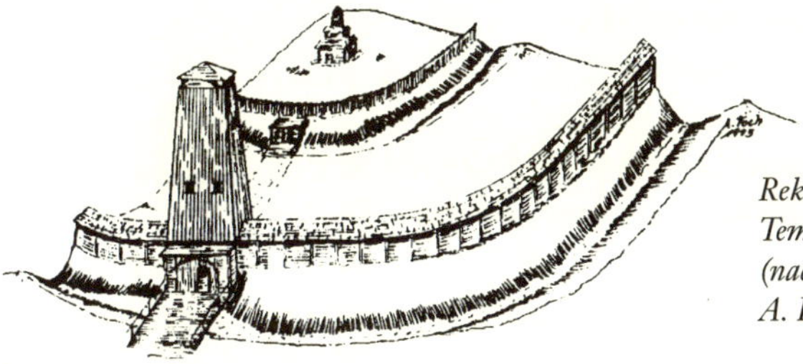

Rekonstruktion der Tempelburg um 1168 (nach W. Petsch und A. Leube).

duldete, hatten solche Formen bald ausgedient. Nach der Zerschlagung slawischer Selbständigkeit und dem Ende ihrer kurzlebigen hohen Priesterkultur übernahmen wieder primitive Zauberer mit ihrer Welt der Dämonen das Gegengewicht zur Kulturüberfremdung.

Svantevits Ende – Feuer für die Gulaschkanone

Die gehorteten Schätze erregten bald den Neid der Nachbarn. Vielleicht spielten auch Abneigung und Hass weltlicher Fürsten gegenüber der mächtigen Priesterherrschaft eine Rolle. Schon einige Male hatten die Dänen Raubzüge nach Rügen unternommen. Im Jahr 1168 setzte der Dänenkönig Waldemar I. zum entscheidenden Schlag an: Unterstützt von den Pommern landeten die Dänen mit einem großen Flottenaufgebot auf der Insel Rügen. Sie belagerten die Burg Arkona, versuchten aber – zur Belustigung der Verteidiger – vergeblich, die hohen Wälle zu stürmen. Nach dreiwöchigem immer lustloserem Geplänkel brach in der Festung plötzlich ein Brand aus, der sich rasch ausbreitete. Die Belagerten baten um Einstellung des Kampfes, da man nicht gleichzeitig kämpfen und löschen könne. König Waldemar verlangte aber auf Rat des Dänenbischofs Absalon die Kapitulation, die Auslieferung Svantevits und des gesamten Tempelschatzes, die Freilassung der gefangenen Christen sowie die Annahme dänischer Hoheit und des Christenglaubens dänischer Prägung. Der Brand hatte mittlerweile die ganze Tempelstadt erfasst. Den Ranen blieb nichts anderes übrig, als einzuwilligen. Das weitere Geschehen schilderte Saxo Grammaticus, der als dänischer Priester Zeuge wurde, in seinem eindrucksvollen Bericht:

»Am folgenden Tag begaben sich Esbern und Suno auf Befehl des Königs in die Burg, um das Götzenbild zu vernichten. Es musste mit einem Beil umgehauen werden. Die Vorhänge, mit denen das Innerste des Tempels bedeckt war, wurden herabgerissen. Die Diener waren ermahnt worden, recht vorsichtig zu sein, damit sie von dem Koloss nicht getroffen würden; leicht könnte es dann heißen, der Götze habe sich an ihnen gerächt. Die Burgbewohner drängten sich um das Heiligtum und hofften, Svantevit werde kraft seiner Allmacht über die Urheber so schweren Unrechts Strafe verhängen.

Als der unterste Teil der Schienenbeine abgeschlagen war, sank das Standbild nach rückwärts um und lehnte sich neben die benachbarte Wand. Um es hinaus schaffen zu können, befahl Suno, die Wand niederzureißen, und warnte seine Diener nochmals vor übergroßem Eifer. Mit lautem Krachen stürzte das Götzenbild zu Boden. Rings um das Gebäude hing massenhaft Purpurzeug, so morsch, dass es die Berührung nicht aushielt. Man sah, wie der Böse in Gestalt eines rabenschwarzen Tieres aus dem Innern des Gebäudes entwich und vor den Augen der Umstehenden plötzlich verschwand.

Die Burgbewohner erhielten Befehl, Stricke um das Götzenbild zu legen, um es so aus der Burg zu schaffen. Sie hatten Angst und forderten, die Gefangenen und Fremden, die in der Burg Handel trieben, sollten es tun. Sie meinten, es sei besser, dem Zorn des Götzen die Köpfe dieser niedrig geborenen Leute preiszugeben. Sie glaubten, dass er auf der Stelle an jenen, die ihn beschädigten, Rache nehmen werde. Dennoch waren die Empfindungen der Einheimischen bei diesen Vorgängen ziemlich unterschiedlich: Die einen begleiteten den Fall des Götzen mit Wehklagen, die anderen mit Gelächter. So wurde er schließlich in das christliche Lager geschleppt und war Anlass zu einem großen Zusammenlauf des schaulustigen Heeres. (...) Gegen Abend kamen die Köche mit Beilen, zerkleinerten das Götzenbild und legten die Stücke als Brennholz auf das Herdfeuer. Das war das sichtbare Ende der einstmals so gefeierten wendischen Gottheit« (Lehmann, 1990, S. 27f.).

Die vorläufig letzte Invasion

Bischof Absalon von Roskilde errichtete an der Stelle des Tempels eine Holzkirche, die später möglicherweise durch einen Steinbau ersetzt wurde. Die Burg aber verlor wohl auf Dauer alle wichtigen Funktionen und wurde verlassen. Tempelstelle und Kirche riss das Meer irgendwann an sich. Zurück blieb ein stark reduziertes Dreieck mit zwei befestigten Seiten, das immer noch Größe und Tragik ausstrahlt. Und die Vergänglichkeit aller Bemühungen, Geistiges unter irdischen Schutz zu stellen. Heute bestimmen – nicht ganz unpassend – zwei Leuchttürme das Bild der Landschaft.

Der Fall Arkonas und die Vernichtung der Tempelburg markierten den Untergang einer kurzlebigen Blüte slawischer Religionsesoterik und ihrer Institutionalisierung im Ostseeraum. Auf Rügen verdrängten oder überlagerten bald dänische und deutsche Siedler die slawische Kultur.

In Kap Arkona wurde es still. Erst 1868, als erste archäologische Untersuchungen des Geländes einsetzten, nahm die Öffentlichkeit wieder Notiz von der Nordspitze Rügens. Zu Zeiten der DDR stieg das allgemeine Interesse an der slawischen Vergangenheit, wenn auch die religiösen

Begleiterscheinungen der Wissenschaft vorbehalten blieben. Ein gleichzeitig einsetzender Urlauberboom verlieh dem Kap neues Leben. Dies führte aber auch, vor allem seit der Wende, zu neuen und geradezu beängstigenden Inselinvasionen. Heute ist Rügen das Flaggschiff des Tourismus im Norden Deutschlands, was das neu geschaffene Bundesland Mecklenburg-Vorpommern auf Rang eins der bundesdeutschen Urlauberparadiese katapultierte, noch vor dem katholischen Bayern. Und selbstverständlich vor Dänemark. Ob dies Svantevits späte Rache ist?

Sagen besitzen manchmal auch deswegen größeren Unterhaltungswert als nüchterne Historie, weil sie Visionen der Vergangenheit heraufbeschwören – oder zumindest auf solchen basieren:

Arkona soll in alten Zeiten, als noch die ganze Insel Rügen dem Heidentum anhing, eine große blühende See- und Handelsstadt gewesen sein, deren Schiffe durch alle Meere des Nordens fuhren. Als aber die Dänen ins Land kamen, zerstörten sie die reiche Stadt und mit ihr den Tempel des Svantevit, welcher die Stadt bis dahin beschützt hatte.

Nach einer anderen Erzählung verschlang eine große Flut die Stadt mit all ihrer Herrlichkeit, sodass nichts mehr von ihr übrig blieb. Noch andere wiederum meinen, ein Erdbeben habe die Stadt ins Meer gestürzt. Auch erzählt man von einem großen unterirdischen Gang, der von Arkona aus landeinwärts geführt haben soll. Zuweilen aber taucht die Stadt mit ihren prächtigen Häusern, breiten Straßen und hohen Türmen aus dem Meere empor und wird wie ein Nebelbild über der Oberfläche sichtbar. Das soll besonders kurz vor Sonnenaufgang geschehen. Die Stadt »wafelt«, sagen dann die Leute aus dieser Gegend. Übrigens soll diese Erscheinung regelmäßig alle sieben Jahre wiederkehren. Es wird auch erzählt, man könne regelmäßig an jedem Ostermorgen die Glocken der ehemaligen Stadt unter dem Wasser läuten hören.

Steckbrief: Kap Arkona

Lage:

Von Stralsund Bundesstraße 96 bis Bergen. Von dort über Sagard auf die Landstraße nach Altenkirchen mit Abzweig nach Putgarten/Kap Arkona. Oder in Bergen auf die Landstraße über Kluis, Trent zur Fähre bis zur Halbinsel Wittow. Weiter über Wiek und Altenkirchen mit Abzweigung nach Putgarten/Kap Arkona.

Besonderheiten:

Auf dem 46 Meter hohen Kreidekliff wachen zwei Leuchttürme. Der alte, klassizistische Leuchtturm (erbaut 1828-1929) steht unter Denkmalschutz, der neue von 1902 mit 36 Metern Höhe reicht mit seinem Leuchtfeuer 40 Kilometer weit. Früher stand hier eine hölzerne Feuerbake, die mit Kohlenfeuerung die Schiffe vor den gefährlichen Untiefen vor dem Kap warnte.
Südöstlich in einer Hochuferschlucht das völlig unter Denkmalschutz stehende Fischerdorf Vitt mit seinen tief geduckten rietgedeckten Häusern und der achteckigen Kapelle von 1806.

Geschichte:

Befestigung der Rügenslawen (Ranen) aus dem 9. Jahrhundert; die Jaromarsburg galt mit ihrem 13 Meter hohen Wall als uneinnehmbar; wohl schon immer zentrales Heiligtum, zentraler Handelsplatz und Standort des Hauptfestes aller Ranen; ab etwa 1066 Formierung einer Priesterherrschaft von Arkona mit einer Art Theokratie auf Rügen; sie endete mit der Eroberung durch den dänischen König Waldemar I. im Jahr 1168; nach den Ausgrabungen seit 1868 wird Arkona als bedeutendste slawische Befestigung in Deutschland angesehen.

Anfahrt mit der Bahn:

Über Stralsund bis Bergen auf Rügen oder Sagard. Von dort mit dem Bus nach Altenkirchen; dort umsteigen in die Buslinie 403 bis Putgarten.

Nächstes Tourismusbüro:

Kap Arkona Informationsamt,
D-18556 Putgarten/Rügen,
Tel. 0049 (0) 38391 4190;
Tourismusverband Rügen e.V.,
Am Markt 4,
D-18528 Bergen,
Tel. 0049 (0) 3838 807 70.

Wichtige kunsthistorische Ziele in der Umgebung:

- Pfarrkirche in Altenkirchen;
- Insel Hiddensee mit Klosterkirche; Schloss Ranzow; Schloss Spyker,
  Pfarrkirche in Sagard.

Nächstes Museum:

- Heimatmuseum Hiddensee in Kloster;
- Gerhart-Hauptmann-Gedenkstätte in Kloster.

Der besondere Tipp:

Herthasee oder Schwarzer See im Wald bei Lohme/Jasmund. Angebliches germanisches Zentralheiligtum des Nerthuskultbundes. Leider nur eine geschickte Täuschung gewiefter Anwohner, als zu Beginn des 19. Jahrhunderts der Fremdenverkehr aussichtsreiche Dimensionen annahm. Trotzdem ein düster-schöner Ort mit alter Wallanlage am See.
Von dort Fußweg zum Königsstuhl. Der Sage nach mussten die Königsanwärter auf Rügen diesen 117 Meter hohen und fast senkrechten Kreidefelsen von der Seeseite her erklettern. Dann erst durften sie sich auf den vorbereiteten Steinsitz auf dem Gipfel setzen und die Huldigungen entgegennehmen. Vielleicht kommt der Name aber auch nur daher, dass der schwedische König Karl XII. (Regierungszeit von 1697 bis 1718) von hier aus das Seegefecht zwischen Dänen und Schweden beobachtete. Sicher ist: Die Bewohner von Rügen haben es faustdick hinter den Ohren!

HARLUNGERBERG IN BRANDENBURG

Vom Sitz des dreiköpfigen Gottes Triglaw zur Basis des Wasserhochbehälters

Brandenburg, die alte Hauptstadt der slawischen Heveller und ihres Landes Stodor, gab der späteren Markgrafschaft und dem heutigen Bundesland ihre Namen. Sie gilt als älteste der durchgehend besetzten Siedlungsstätten der Mark. König Heinrich I. eroberte 928/929 die Brendan- oder Brennaburg. 948 erhob sie sein Sohn, Kaiser Otto I., zum Sitz einer Kathedrale. Der große Wendenaufstand von 983 vertrieb aber alle »Frühdeutschen« und zerstörte die Bischofskirche. An ihrer Stelle entstand ein neues slawisches Kultzentrum auf dem Harlungerberg zu Ehren des Gottes Triglaw – seit dieser Zeit der religiöse Mittelpunkt des kleinen, aber reichen und mächtigen Stoderanerländchens. Ob man dabei auf eine lokale Tradition zurückgriff, ist ungeklärt. Sagen deuten auf eine frühere germanisch-gotische Kultnutzung hin. Aber allen Grabungsversuchen nach einem Vorgängerheiligtum setzte der Bau eines Wasserhochbehälters 1960 ein Ende. Trotzdem hat sich der Berg mit seinem Gipfelwall und dem Märchenwald noch etwas vom besonderem Charme eines Kultbergs erhalten.

Wer aber war Gott Triglaw, und wie verehrte man ihn? Warum gründete der Landesfürst im 15. Jahrhundert auf diesem Berg den Schwanenritterorden, der noch heute besteht? Und was hat der Harlungerberg mit dem Gral zu tun?

Der letzte Fürst-König der Havel-Wenden (Heveller), Pribislaw, ein Christ, pflegte derart gute Beziehungen zum zuständigen Markgrafen Albrecht aus dem Hause der Askanier, dass er dessen Sohn Otto sogar Teile des Landes zum Patengeschenk machte. Nach dem Tode des Fürsten, der neben dem Dom zu Brandenburg in der Peterskapelle beigesetzt ist, bemächtigte sich Albrecht, genannt der Bär, mit Hilfe der Königinwitwe Petrissa 1150 der Brennaburg, ungeachtet der Proteste der Heveller. Drei Jahre später wurde er von einem Blutsverwandten des Pribislaw, Jaxa von Köpenik, vertrieben. Erst 1157 gelang es Albrecht, Brandenburg für sich und das Reich zurückzugewinnen, und zwar endgültig. Bei dieser Gelegenheit dürfte er die Tempelstätte auf dem Berg verwüstet haben. Damit endete die kurze Blüte eines einflussreichen slawischen Kultzentrums (983–1157). Leider gehen die zeitgenössischen Nachrichten kaum über eine Erwähnung hinaus.

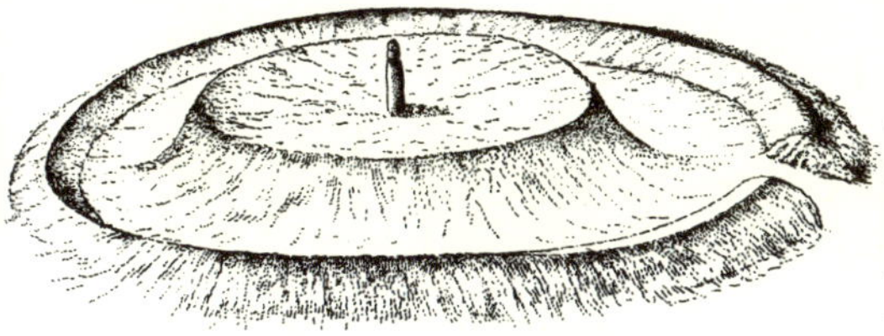

Stand inmitten des heute noch sichtbaren kreisrunden Walls auf dem höchsten Punkt des Berges nur eine Holzstatue?

Der Berg der Harlungen

Die möglicherweise nach den Harlungen, einem germanischen Brüderpaar, benannte Erhebung liegt nur 72 Meter über dem Meeresspiegel. Die Harlungen sind als Sagengestalten eine Spielart der ägyptischen Königsbrüder Osiris und Seth, von den römischen Dioskuren Castor und Pollux, vom biblischen Brüderpaar Kain und Abel wie von den skandinavischen Sagenfiguren Hamdir und Sorli. Hamdir und Sorli töteten den letzten großen Einheitskönig der Goten, Ermanerich (verstorben 375), bevor sich das Volk in Ost- und Westgoten aufspaltete und in Teilen unter die Herrschaft der Hunnen geriet. Eine jüngere Sage verlegte Ermanerich ins 6. Jahrhundert, sein Reich dehnte sich nach dieser Überlieferung von Oberitalien bis in die spätere Mark Brandenburg aus. Er verging sich an der Frau seines treuesten Vasallen, der daraufhin furchtbare Rache übte und das ganze Königshaus ausrottete, zuletzt die beiden Neffen Ermanerichs, eben die Harlunger.[27]

Die Harlungergeschichte gleicht vielen ähnlichen Mythen und symbolisiert die ersten »himmlischen Zwillinge«: Licht und Finsternis, männliches und weibliches Prinzip, Schöpfung und Wille zur Manifestation, welche die ursprüngliche Einheit von Gott auflösten. Diese ersten Gegensätze suchten eine neue Vervollkommnung im dritten Punkt und wurden damit zum Motor jeglicher Entwicklung.

Triglaw, der dreiköpfige Gott des Harlungerberges

Im Zuge der Völkerwanderung nach Westen schienen die ältesten Götter der Slawen an Bedeutung verloren zu haben. Stattdessen formierten sich neue lokale und stammesübergreifende Kulte, die sich mit Nebenaspekten ihrer ehemaligen Hauptgötter zufrieden gaben oder ihnen aktuelle Dienstleistungen zuwiesen. Als christliche Chronisten zwischen dem 10. und 12. Jahrhundert erste genauere Nachrichten von diesen Völkern lieferten, resignierten sie vor der bunten und unüberschaubaren Vielfalt an Lokalgöttern. Mit zwei Ausnahmen: Svantevit auf Rügen und Triglaw (= Dreikopf), den Hauptgott der Ostseeslawen.

27 Beschützer der Harlunger und ihres Schatzes ist der »Getreue Eckhard«, um den sich ein eigener Sagenstrang bildete. In der Geschichte von Tannhäuser gibt er diesem Kunde vom Wettstreit auf der Wartburg. Siehe Kapitel »Venushöhle im thüringischen Hörselberg«, Seite 190.

Noch deutlich ist der kreisrunde Wall am höchsten Punkt des Gipfels auszumachen.

Triglaw wurde vor allem in den Küstenstädten Vineta/Wolin, Jomsburg und Stettin verehrt. Von hier sind auch genauere Berichte überliefert, vor allem durch den Biografen des Slawenapostels Otto von Bamberg. Die Idole des Gottes sollen sorgfältig und prächtig ausgestaltete Gold- oder Silberfiguren gewesen sein, vermutlich jedoch nur vergoldete oder versilberte Holzstatuen. Goldene Bänder verschlossen dem Gott Augen und Mund – damit er weder die Sünden der Menschen sehen noch von ihnen künden konnte, meinte ein christlicher Interpret. Triglaws drei Köpfe richteten sich gegen Himmel, Erde und Unterwelt. Deshalb glaubte man, er sei nur eine slawische Variante oder Übernahme der christlichen Dreieinigkeit. Eine höchste Dreiheit unter einem absoluten obersten Prinzip – und als Folge der ersten Zweiheit Gott und Göttin – taucht allerdings in allen antiken Hochkulturen sowie bei den indoeuropäischen wie indogermanischen Völkern auf.[28] Das Christentum entlieh sich die Dreiheit aus der Spiritualität der Frühzeit.

An der Ostsee zierten reiche Schnitzereien und Malereien mit Motiven menschlicher und tierischer Ornamente die Wände der hölzernen Tempel Triglaws. In Stettin stand im Heiligtum neben der Gottesstatue ein heiliger und sehr verehrter Nussbaum. In Brandenburg wurde Triglaw möglicherweise nur mitten in einem heiligen Hain verehrt. Zu jedem Tempel oder Hain gehörte obligatorisch eine Priestergruppe, die den Kult leitete.

Besondere Zuständigkeiten des Gottes wurden nicht überliefert. Andere lokale Gottheiten der Slawen kümmerten sich um den Ausgang kriegerischer Handlungen und um landwirtschaftlich-ökonomische Belange. Fast zur Standardausrüstung eines Kulttempels gehörte ein gold- und silbergeschmücktes Pferd. Dem dort waltenden Gott geweiht, graste es in

28 So auch bei den Germanen mit Ziu, Thor und Wodan. Siehe Kapitel »›Stadtstelle‹ im Landkreis Märkisch Oderland«, Seite 98.

Die slawischen Götter Prove, Ziva und Radegast nach der Vorstellung des Illustrators von Helmholds Chronik der Slawen in der Bangert-Ausgabe von 1639.

der Nähe des Tempels und wurde von Priestern mit Argusaugen gehütet. Das Pferd war nämlich der wesentliche Bestandteil zur Orakelfindung. Mit der Art und Weise, wie es drei Mal (in Stettin neun Mal) über gekreuzte Lanzen schritt, tat der Gott seine Meinung kund. Pferde und Orakel gehörten sicherlich auch zur Kultausstattung in Brandenburg.

Prämonstratenserstift und Adelsschule

Zwischen 1157 und 1161 entstand auf dem Berg eine Marienkirche. Sie könnte schon unter Pribislaw-Heinrich errichtet worden sein, der damit als Zerstörer des Triglaw-Heiligtums ebenfalls in Frage käme. Zu Beginn des 13. Jahrhunderts wurde wohl ein Neubau erforderlich. Die neue Marienkirche, ein Zentralbau mit vier Türmen über einem griechischen Kreuz, machte sich schon bald als weithin berühmte Wallfahrtskirche einen Namen.

Das Aussterben der tatkräftigen askanischen Markgrafen hatte in der Mark Brandenburg ein gefährliches Machtvakuum geschaffen. Die neuen Verweser saßen nun in Bayern oder anderswo und kannten diese Landschaft im Norden vermutlich nur vom Hörensagen. Raubritter trieben ihr Unwesen, und es herrschten weder in politischen noch in religiösen Belangen geordnete Verhältnisse. Einzelne Städte und der Adel machten sich das Fehlen einer durchgreifenden Reichsordnung zu Nutze und zogen immer neue landesherrliche Rechte an sich.

Im Jahre 1411 ernannte König Sigmund den Nürnberger Burggrafen Friedrich VI. zum Verweser der Mark. Damit tauchten die Hohenzollern im Norden auf. Friedrich ging so engagiert an die Sache, dass er 1417 auf dem Konzil von Konstanz zum Kurfürsten und Markgrafen Friedrich I. gekürt wurde. In weitsichtiger Planung gründete er 1435 auf dem Harlun-

Die Marienkirche nach einem Kupferstich, vermutlich aus dem 18. Jahrhundert.

gerberg ein Prämonstratenserkloster und verhalf der Marienkirche durch Stiftungen wieder zu neuer Blüte. An gleicher Stelle schuf er eine ritterliche Ordensgemeinschaft, die »Gesellschaft unserer lieben Frauen«. Deren Mitglieder sollten Träger der neuen administrativen Zukunft Brandenburgs werden, Sinn für soziale Gerechtigkeit erlernen, der Trunksucht und Völlerei entsagen und sich wieder auf die eigentlichen Tugenden des Adels besinnen. Der Berg mauserte sich zu einem geistigen Zentrum der Mark.

Brandenburg: Zentrum der Schwanenritter

Sein Sohn und Nachfolger, Friedrich II., trat in die Fußstapfen seines Vaters. Am 29. September (am Michaelstag) 1440 gründete er in der Marienkirche die »Gesellschaft der Ritterschaft zu Brandenburg«, und zwar »zur Verehrung Mariens, zur Milderung der Sitten und zur Abwehr gegen Friedensbruch und Unbotmäßigkeit«. Das noch nicht gelöste Problem ständiger Adelswillkür erforderte eine langfristige Strategie. Zugleich sollte der Adel auf dem Hintergrund des Niedergangs mittelalterlicher Lehensstrukturen zu einer neuen ethischen und christlichen Grundhaltung verpflichtet und in ein neues Treueverhältnis zur Monarchie eingebunden werden. Der Orden mit dem Symbol des weißen Schwans, den weiß gekleideten Prämonstratensern nahe stehend, bot Männern wie Frauen aus dem Adel gleichermaßen Zugang. Sie alle mussten ihre Lebensführung einer strengen Regel unterwerfen. Dazu gehörten das ständige Gebet, das Tragen der Ordensinsignien und nicht zuletzt ein karitatives Engagement, vor allem zum weiteren Auf- und Ausbau der Mark Brandenburg.

1433 stiftete Friedrich II. für die Ritterschaft ein Statut mit 22 Artikeln, nach dem nun – damals revolutionär! – Bürger und Ritter als gleichwertig galten. Als Papst Nikolaus V. den Orden 1447 bestätigte, zählte dieser 69 Männer, 10 Gattinnen und 23 »selbständige Frauen«. Sie kamen aus Deutschland, Österreich und der Schweiz, die Mehrheit aus dem Süden. Das Ritteramt war übrigens erblich, was der Gemeinschaft einen Hauch von Familie verlieh.

Gott ist Loslösung

Erst an der Wende zum 16. Jahrhundert tauchte der Schwan zum ersten Mal offiziell im Namen dieser Gemeinschaft auf. Man titulierte sie jetzt als »Gesellschaft Unserer lieben Frauen zum Schwan«. Wenig später setzte sich die Bezeichnung Schwanenorden durch. Die obligatorische Ordenskette zeigte Maria im Strahlenkranz, darunter den Schwan. Im Stiftungsbrief von 1440 hieß es dazu: »Dass wir auch unser Ende, wenn wir von dieser Welt scheiden, gleich dem Schwan vorher bedenken wollen.«

Schon die nordische Mythologie erzählt von »Kämpen« aus alter Zeit, die, wenn sie besiegt und tödlich verwundet wurden, ihren Schwanengesang anstimmten. Das galt aber nicht nur für den äußeren Kampf. Wenn eine edle Seele den Kampf, den ihr das gesamte Leben bescherte, erfolgreich überstanden und damit ihr vordringlichstes Ziel auf Erden erreicht hatte, erklang ihr Schwanengesang, behauptet der Mythos. Damit machte sie sich bereit, ein neues und höheres Refugium zu betreten, und durfte das reine Schwanengewand tragen. Der Schwan repräsentiert so den Todesboten, den Führer der Seele auf ihrer großen Wanderung und das reine Gefährt (Vehikel) der Seele selbst. In Richard Wagners Oper »Lohengrin« zieht der Schwan das Boot des Ritters über die Wasser der Welt und über die Bewusstseinsebenen.

Der Schwan ist fähig, in verschiedenen Elementen zu leben. Er kann mit großer Schnelligkeit durch die Luft fliegen, gleitet majestätisch durchs Wasser und vermag mit seinem langen Hals in die Tiefen des Gewässers vorzudringen. So wurde er zum Symbol für Menschen, die sich – von irdischen Verlockungen losgelöst – in den verschiedenen Welten bewegen und dabei in höchste Bereiche aufzuschwingen vermögen. Und für solche, die sich in reiner Liebe herabbemühen.

Ende und Abbruch der christlichen Kultstätte

Während der Reformation säkularisierte Kurfürst Joachim II. 1539 das Stift, und die Gebäude verfielen. Die Schwanenritter lösten sich 1555 auf. Zwei Jahre später trug man die baufälligen Klostergebäude ab. Im Jahre 1722 genehmigte König Friedrich Wilhelm I. von Preußen den Abbruch der Kirchenruine.

Der Mystiker auf dem Preußenthron, König Friedrich Wilhelm IV., erinnerte sich an Symbolik und Aufgabenstellung einer Gralsritterschaft und statuierte am 24. Dezember 1843 den Orden neu, genau 400 Jahre nach dem eigentlichen Gründungsdatum. Als neues Zentrum wählte er aber nicht mehr Brandenburg, sondern Kleve am Niederrhein, eine Stadt, die schon länger als der Harlungerberg mit dem Schwan und der Geschichte Lohengrins verbunden war.

Die Friedenswarte mit dem Charme der Moderne. Doch auch sie scheint einen himmelsstürmenden Zugang zu anderen Ebenen zu bieten.

Der Harlungerberg wurde zur Naherholungsoase. Er erfreut sich heutzutage einer vielfältigen Nutzung. Liebespaare halten die lauschigen Plätze besetzt, Kinder nutzen die großen Freiflächen für Ballspiele. Ein Hubschrauberplatz für Rettungsflüge garantiert den schnellen Noteinsatz. Ein Krematorium und eine Heldengedenkstätte sorgen dafür, dass die ganze Bandbreite von Entstehen und Vergehen allen Lebens präsent bleibt. Ein »Triglaw-Weg« führt zur Volksbadeanstalt.

Der alte Dreikopf hätte sicher seine helle Freude daran: Fortschritt und Entwicklung in der Trinität und dem ehernen Gesetz von Schöpfung, Erhaltung und Zerstörung. Oder in dem Gesetz des Dreiecks, welches besagt, dass jeder Gegensatz im dritten Punkt eine neue und vollkommenere Manifestation anstrebt. Unser Bewusstsein (symbolisiert durch das Wasser) nutzt dieses Gesetz, um sich immer weiter auszudehnen. Allzu weit liegt übrigens der Dialektische Materialismus eines Karl Marx nicht von diesem Trinitätsgesetz entfernt.

Neue Dienerinnen am Heiligtum

Von 1832 bis 1850 stand auf dem Gipfel ein optischer Telegraf, eine Station der preußischen Telegrafenlinie, welche die Berliner Sternwarte mit Trier verband. An seine Stelle trat 1880 bis 1945 ein Kriegerdenkmal. Heute gehört die Bergkuppe zum städtischen Park, an dessen Südhang das 1900/1901 erbaute Marienkrankenhaus liegt. Als ich 1991 die Stadt das erste Mal besuchte, traf ich beim Krankenhaus eine Nonne, die eifrig die Außentreppe schrubbte.

»Wissen Sie, wo das ursprüngliche Heiligtum auf dem Berge lag«, fragte ich höflich. »Zu unserer Kapelle gehts durch den Hauptgang.« Sie ließ sich nicht von der Arbeit abhalten. »Ja, danke. Ich suche allerdings die Lage des alten Tempels auf dem Gipfel«, insistierte ich, »des Triglawtempels …«, und war mir der brisanten Situation durchaus bewusst. Sie richtete sich stirnrunzelnd auf. »Das ist wirklich eine alte Geschichte«, beeilte ich mich zu versichern. »Da oben ist nur der Wasserhochbehälter!«, sagte sie unwirsch. Womit sie nicht ganz Unrecht hatte.

Die Sage von der zerstörten Kirche auf dem Marienberg brachte die Göttin Holle (= Frigga oder Frigg, die Gattin Wodans) ins Gespräch, ein germanisches Relikt in dieser seit dem 7. Jahrhundert fast gänzlich slawisch besiedelten Region. Im Havelgebiet trat sie sonst als Frau Harke auf. Laut der Sage hatte sie etwas gegen christliche Kirchenbauten, die sie gerne mit Findlingen bewarf. So beschreiben solche Berichte die erste Zeit der Christianisierung, in der die alten Heiligtümer von Nichtchristen weiterhin für ihre Kulte genutzt wurden.

Auf dem Harlungerberg bei Brandenburg, der jetzt Marienberg heißt und mit einem stattlichen Kriegerdenkmal geschmückt ist, stand in grauer Vorzeit ein heidnischer Tempel. Mit dem Auftreten des Christentums verschwand er, und man errichtete an seiner Stelle das erste christliche Gotteshaus auf dem Berg, das zu einer Wallfahrtskapelle wurde. Die böse Frau Frick, eine garstige Hexe oder vielleicht gar des Teufels Großmutter, ärgerte sich gewaltig über den großen Andrang von Pilgerscharen und warf schwere Steine nach dem Kirchlein, sodass es nach und nach völlig zertrümmert wurde. Als aber später ein neues Gotteshaus auf dem Marienberg errichtet wurde, konnte ihm die Hexe Frick nichts mehr anhaben und ließ ab von ihrem bösen Zerstörungswerk.

Steckbrief: Harlungerberg in Brandenburg

Lage:

A 2 zwischen Magdeburg und Potsdam, Abzweigung Bundesstraße 102 nach Brandenburg. Eingang zum Volkspark Marienberg (Harlungerberg) von der Sprengelstraße im Westen oder Sängerstraße im Nordosten.

Besonderheiten:

Der nur 72 Meter hohe Berg ist heute Mittelpunkt des Volksparks »Marienberg«. Neben Krankenhaus und Wasserbehälter finden sich darin: Freilichtbühne, Friedhof, Krematorium und eine Kriegergedenkstätte. Auf der Höhe der Hubschrauberrettungsdienst mit Landeplatz und ein Aussichtsturm, Friedenswarte genannt.

Geschichte:

Von 983–1157 zentrale Kultstätte der Havelslawen, deren hier verehrter Gott Triglaw Ansehen weit über dieses Gebiet hinaus genoss; vielleicht war der Berg schon vorher ein Heiligtum der Germanen, die jedoch dieses Gebiet verließen; um 1160 Bau der Marienkirche auf dem Berg, ein bald überregional bekannter Wallfahrtsort; 1435 Gründung eines Prämonstratenserstiftes neben der Kirche mit Institutionalisierung des Schwanenritterordens, der – mit Unterbrechung – bis heute besteht; 1722 Abbruch der baufälligen Ruinen von Kloster und Kirche; seit dem unterschiedlichste profane Nutzung des gesamten Berges, heute Stadtpark.

Anfahrt mit der Bahn:

Brandenburg ist Haltepunkt im Interregio- und Eurocitynetz. Mehrere Straßenbahnlinien führen vom Bahnhof zum Marienberg.

Nächstes Tourismusbüro:

Brandenburg Information,
Hauptstraße 51,
D-14776 Brandenburg,
Tel. 0049 (0) 3381 194 33.

Wichtige kunsthistorische Ziele in der Umgebung:

Dominsel mit Peterskapelle und Dom (»Wiege der Mark«), Kirche St. Gotthard, Reste des Pauliklosters und der Stadtbefestigung und Wallanlagen in Brandenburg. Die wunderschöne Stadtkirche St. Katharinen führt als zweites Patrozinium die in Deutschland sonst unbekannte St. Amalaberga. Sie entstammt wie der Gotenherrscher Ermanerich dem heiligen Königsgeschlecht der Amaler.

Die Stadt plant in den nächsten Jahren einen »Slawenpfad« anzulegen, beginnend am Dom, dann um die Dominsel und vom Harlungerberg zu nahen Hügelgräbern und Wallburgen. Im Dorf Riewend soll ein slawisches Museumsdorf entstehen mit Verteidigungsanlagen, Wohn- und Wirtschaftsgebäuden sowie Schauvorführungen über Handwerk, Alltag, Markt- und Gerichtstage.

Nächste Museen:

- Museum im Freyhaus, Hauptstraße 96;
- Dommuseum Brandenburg;
- Industriemuseum in der ehemaligen 420 Meter langen Stahlwerkhalle, SWB-Industrie- und Gewerbepark.

Der besondere Tipp:

Etwa 20 Kilometer entfernt liegt die herrliche Anlage des Zisterzienserklosters Lehnin im gleichnamigen Ort. Eine Legende berichtet von seiner Gründung 1180, die sich mit dem Erlegen einer Hirschkuh an einer heiligen Eiche verbindet. Aus dem Stamm der von den heidnischen Slawen verehrten Eiche sollen die Altarstufen stammen.

VENUSHÖHLE IM THÜRINGISCHEN HÖRSELBERG

»Ich schulde Euch noch den Tannhäuser!«

Der »wilde« Hörselberg, ein Muschelkalkzug zwischen Eisenach und Mechterstädt, war schon immer eine Wetterscheide, die meteorologisch eigenartige Auswirkungen verursachte. Unvermutete und ungewöhnliche Gewittererscheinungen gaben dem Aberglauben genügend Nahrung. Schon im Altertum diente der Hörselberg vermutlich als Kultberg. Hier nahm der Sage nach die Wilde Jagd ihren Anfang, der dahinpreschende Zug Wodans mit seinem illustren Gefolge aus wilden Walküren, reißenden Gespensterfurien und rasenden Dämoninnen. Vor allem in den zwölf Raunächten, die auf die Wintersonnenwende folgen, geleitete dieser stürmische Zug unter ohrenbetäubendem Getöse und schauerlichem Geheul die Seelen zur Totenwelt.

Auf dem Hörselberg residierte auch Wodans Gattin Frigg, die »holde Frau«, aus der später Frau Holle und Frau Perchta wurde, Synonyme für die Totengöttin Hel. Ihre Herrschaft über die Toten schloss Strafe und Strafmaß mit ein. So stand der Hörselberg im Ruf, vor allem ein Ort für die verdammten, unerlösten Seelen zu sein. Das so genannte Hörselloch wandelte sich unter dem Einfluss christlicher Lehre zum Eingang ins Höllenreich. Manch schlichtes Gemüt glaubte dort das Wimmern der Beklagenswerten zu vernehmen. Im 19. Jahrhundert deutete man den Namen Hörselberg in »Hör-der-Seelen-Berg« um.

Welche Fügung versetzte nun eine mittelalterliche Ritter- und Minnesängersage mit ihrem Salzburger Hauptdarsteller »Tannhäuser« nach Thüringen und verband sie untrennbar mit dem Berg? Was bewegte die Romantiker, den Hörselberg zum Sitz der Göttin Venus und einem der mystischsten Berge Deutschlands zu erklären? Und wofür steht der Berg in unserem »Innergebirg«?

Etymologen bringen Hörsel mit »horsila« (Pferdchen, vergleiche das englische horse) in Verbindung. Sie denken dabei an die kultischen Pferdeopfer der Germanen für ihre höchsten Götter Tyr und Odin (Wodan). Eine Sage von am Hörselberg gefangenen Hasen, die sich, bevor sie in den Kochtopf wanderten, über Nacht in Pferdeköpfe verwandelt haben sollen, könnte auf solche archaischen Opfer an diesem Ort hindeuten. Das Pferd symbolisierte das Vehikel, mit dem man standesgemäß ins Walhall, in den Götterhimmel, einziehen konnte. Die kraftvolle Männlichkeit eines Hengstes verband das Pferd zudem mit ausgelassener Sexualität.

Neue Zeiten brauchen wohl neue Mythen. Im 19. Jahrhundert sorgten der Sagensammler Ludwig Bechstein und vor allem Richard Wagners gleichnamige Oper für eine unauflösbare Verbindung zwischen dem Ritter Tannhäuser, der Göttin Venus und dem Rotlichtmilieu am Hörselberg. Sowie für ein gesteigertes Interesse an der Bearbeitung des Sagenmotivs. Wer aber war dieser Tannhäuser?

Der historische Tannhäuser: Ein Ritter und Minnesänger geht baden

Tanhûsaere, Tanhûser oder Tannhäuser (1205–1270) entstammte wohl einem alten salzburgischen Adelsgeschlecht und zog wie Walther von der Vogelweide als Minnesänger und Ritter von Hof zu Hof. Im Kampf zwischen Kaiser Friedrich II. und dem Papst stand er treu auf Seiten der Staufer. 1228 beteiligte er sich am fünften Kreuzzug und erhielt später ein Lehensgut in Niederösterreich, nahe Wien. Als Hofdichter bei Friedrich dem Streitbaren, dem letzten österreichischen Herzog aus dem Geschlecht der Babenberger, erlebte er seine Glanzzeit. Nach dem Tod dieses Gönners übernahm Herzog Otto von Bayern die Förderung des Minnesängers. Als auch jener 1253 starb, »hatte alle Herrlichkeit ein Ende«.

Tannhäuser berichtete, er wäre »als sanguinisches Weltkind« den »schönen Weibern, dem guten Wein, allerlei Leckerbissen und Wohlleben« erlegen. Zu Letzterem rechnete er besonders das zweimalige Baden pro Woche, das in öffentlichen Häusern ohne Geschlechtertrennung und in dionysischer Zügellosigkeit seine ganz besonderen Reize bot. Kurz: Er war völlig abgebrannt und hatte sein Hab und Gut verjubelt. »Herr Unrat, Herr Schaffenicht und Seltenreich« würden beim Hausbau helfen, »Herr Mangel, Zweifel und Unbereit« bildeten sein »stetes Ingesinde«. Nun zog er zwangsweise von Burg zu Burg, von Land zu Land, und schließlich verlor sich seine Spur. Müde und elend starb er vermutlich irgendwo in der Fremde.

Die Tannhäusersage: glühende Verehrer der Göttin Venus

Aufgrund seiner 16 überlieferten Lieder und Spruchwerke kann man vermuten, dass Tannhäuser neben Deutschland, Frankreich und Italien auch den Norden bereist hatte. Ein längerer Aufenthalt am dänischen Königshof scheint gesichert. Tannhäuser muss gebildet gewesen sein, und die Literaturhistoriker bescheinigen ihm »einiges« Talent. Sie heben besonders seinen Realismus, seine Ironie und seinen satirisch-derben Übermut hervor, mit dem er die schmachtenden Troubadoure älteren Stils bedachte. Ihn selbst verlangte es mehr nach prallem Lebensgenuss als nach hehrer Minne. Mit derb-drallen »Bauerndirnen« lebte und liebte es sich seiner Meinung nach entschieden einfacher als mit adligen

Der Deutschordensritter Tannhäuser in der Manessischen Handschrift.

Fräulein. Bei Ersteren brauchte er einfach nur lustig den Fiedelbogen zu bearbeiten, resümierte er.

Die hohe Minne, die platonische Liebe ohne sinnliche Erfüllung, übergoss er mit Spott, um stattdessen die pure Sexualität zu preisen. »In der plastisch überdeutlichen Erotik seiner Lieder wurde eine ungebärdige dämonische Kraft frei, die ausreichte, ihn seiner eigenen Zeit gegenüber in eine Sonderstellung zu drängen und den kommenden Jahrhunderten zu einer Symbolgestalt werden zu lassen, die man in ihren Grundzügen sehr wohl verstand« (Csampai; Holland, 1986, S. 74).

Dieser Tannhäuser könnte sich aber gewandelt haben, als sein Stern am Sinken war. Schließlich ging gleichzeitig das staufische Zeitalter unter, dem er sich politisch und mit ganzem Herzen verbunden fühlte. So hat sich unter seinem Namen ein Bußlied erhalten, das einen inneren Wandel vom Saulus zum Paulus andeuten könnte.

Als sich die Sage der Figur des Tannhäusers bemächtigte, vermengten sich Realität und Phantasie, vorhandene Züge und Neues, Fremdes und Altbekanntes. Verschiedene Gruppierungen nutzten (oder missbrauchten)

Die Tannhäuserhöhle ist etwas geräumiger als das Hörselloch. War sie ein Ort archaischer Kulte?

das Grundthema, um ihre Ansichten und Lehren zu untermauern, ein warnendes Beispiel zu geben – oder zur Nachahmung aufzufordern.

Im Zauberberg von Frau Venus

Tannhäusers Geschichte las sich nun so: Ein machtvolles Wesen aus dem Bereich niederer Götter hielt den Ritter in seinem Reich, in einem Zauberberg, gefangen. Seine Macht lag im Reiz erotischer Sinneslust, verkörpert in der Göttin Venus. Doch auch der aufregendste Reiz stumpft irgendwann ab, und Tannhäuser verspürte ein immer drängenderes Heimweh. Die Göttin kämpfte um ihn, lockte und drohte. Seine innere Stärke gewann schließlich die Oberhand, der Held riss sich los. Dafür wurde er zu Leid und Tod verflucht. Tannhäuser suchte jetzt Rettung – ausgerechnet in Rom und bei Papst Urban IV. (der von 1261 bis 1264 regierte), dem fanatischen Stauferfeind. Der Papst verweigerte die erflehte Absolution, Tannhäuser kehrte in den Venusberg zurück und war für ewig verloren. Noch aber hatte dieser Zauberberg keinen festen Standort.

Dies scheint die früheste Form der Sage zu sein, womit Herkunft und Stoßrichtung auszumachen wären: Tannhäuser als Vertreter der verhassten Staufergesinnung, personifiziert in ihrer herausragenden Gestalt Kaiser Friedrichs II. Eine Gesinnung, die sich über das verflachte Christentum

Das Hörselloch oder Venushöhle. Die Natur öffnete einen Spalt in Form einer weiblichen Vulva, der nur etwa 5 Meter in den Berg hineinführt.

lustig machte, sich über jede enge Moralvorstellung hinwegsetzte und sich obendrein aufgeschlossen zeigte gegenüber islamischem und heidnischem Wissen. Ästhetisch verfeinerte Weltzugewandtheit gegen ignorante Selbstgenügsamkeit, staufischer Anspruch einer Wiedererneuerung des Sakralkönigtums gegen die päpstliche Anmaßung, neben religiöser Weltherrschaft auch die machtpolitische anzustreben.[29] Wer mit solcher Einstellung und Lebensführung bewusst der Sinneslust frönte und das Reich der Göttin Venus betrat, der zog unweigerlich die ganze Strafe des Himmels auf sich. So hofften gewisse Kreise jedenfalls, denn Gott war nach ihrer Lehre so unversöhnlich wie der Papst.

Zwischen Venusberg und Rom

Jene älteste Fassung hat sich nicht mit dem Namen Tannhäuser erhalten. Sie lässt sich aber aus ähnlichen Strängen rekonstruieren. Das älteste Volkslied der Sage, aus dem 15. Jahrhundert, hält ein recht überraschendes Ende bereit,

29 Siehe Kapitel »Kyffhäuserberg in Thüringen«, Seite 236.

Die griechische Göttin Hekate, Herrin des Wilden Heeres, besitzt viele Attribute von Frigg und Frau Holle. (Eva Maria Rubin: Hékate half, Feder und Tusche, 1979)

das mit Sicherheit als nachträglicher Bestandteil angesehen werden muss: Auf die Bitte um Absolution für seine Sünden habe der Papst dem reuigen Tannhäuser geantwortet, so wahr der Stecken in seiner Hand nie wieder grünen werde, so wahr sei Tannhäuser auf ewig verdammt. »Doch als drei Tage vergangen waren, da tat Gott der Herr ein Wunder und ließ an dem Stabe Blätter und Blüten hervorsprießen. Der Papst sandte Boten aus nach dem Sünder, ihn zu benachrichtigen. Aber zu spät: Tannhäuser weilte bereits wieder im Venusberg, und so muss nun auch der Papst, dessen Härte Gott selbst durch ein Wunder missbilligt, für alle Zeiten verloren sein« (Elster, 1908, S. 7f.). Diese Sagenvariante dürfte aus der weitaus weniger rigiden, ausgelassenen Renaissancezeit (15. Jahrhundert) stammen. Auch spielen offensichtlich erste antipäpstliche Tendenzen vorreformatorischer Kräfte mit hinein.

Das Symbol des ergrünenden Stabes begegnet uns zum ersten Male im Alten Testament (4. Buch Mose, Kapitel 17). Der Herr bezeichnete mit dem grünenden Stecken denjenigen, den er als seinen wahren Priester ansah. Sollte also Gott einem reuigen Sünder aus dem Palast der Venus eher verzeihen als seinem ungnädigen so genannten Stellvertreter auf Erden? Meinungsbeeinflussung und politisch-religiöse Propaganda fanden schon immer höchst subtile Formen.

Vom Hörselberg zum Sängerkrieg auf der Wartburg

Lange scheint dieses volkstümliche Tannhäuserlied, »ergreifend in seiner primitiven Einfalt, altertümlich in seiner formelhaften Darstellung und seinen schroffen Übergängen« von Südtirol über Österreich und die Schweiz bis nach Niederdeutschland gesungen worden zu sein. Literaturhistoriker mutmaßen und beklagen diverse Veränderungen und Verstümmelungen. Irgendwann vergaß man dann dieses Lied.

Erst die Romantiker entdeckten es neu. Ludwig Tieck, Clemens Brentano, Achim von Arnim, die Sagensammler Grimm und Bechstein

In der esoterischen Astrologie steht Mars für den Antrieb der sexuellen Vereinigung, Venus für die Kraft der Liebe.
Max Slevogt: Im Hörselberg, 1910, Ölbild (Museum der Stadt Nürnberg)

hoben den Schatz neu und bearbeiteten ihn. Wieso dabei Frau Venus, in älteren Tannhäuserüberlieferungen zumeist ins Land der heißblütigen Italienerinnen versetzt, im gewitterträchtig ungemütlichen Hörselberg heimisch wurde, bleibt ungeklärt. Ludwig Bechstein, bei dem diese Zuordnung 1837 zuerst auftauchte, gab an, ältere Quellen genutzt zu haben.

Als Bearbeiter folgte Heinrich Heine, der sich als Seelenverwandter des Tannhäuser verstand. In seiner Bearbeitung fehlen Bußfertigkeit und christliche Inhalte. Sein Held entflieht aus dem Venusberg, weil er dem Liebestaumel nicht mehr gewachsen ist. Und kehrt zurück, weil er ihm doch nicht vollends entsagen kann.

Dann aber nahm sich Richard Wagner dieses Stoffes an und schuf ein unsterbliches Bühnendrama. Er fügte die unabhängigen Sagen von Tannhäuser und vom Sängerkrieg auf der Wartburg zusammen. Der Aufenthalt bei Frau Venus wurde nun direkt in den Hörselberg versetzt. Auch Wagners Tannhäuser schmäht Venus nicht, er betrachtet sie allerdings eher als Ersatz, da sein höchstes Sehnen, Elisabeth, die Schwiegertochter des Landgrafen Hermann von Thüringen, unerreichbar ist. Erst als er zum Sängerwettstreit auf die Eisenacher Wartburg geladen wird, bekennt ihm Elisabeth ihre Liebe. Der Landgraf fordert nun die versammelten Minnesänger auf, ihre Kunst zu beweisen, und bestimmt das Thema: »Könnt ihr der Liebe Wesen mir ergründen?« Dabei kommt es zum heftigen Streit, als Tannhäuser gegen die hohen Ideale der Mitstreiter in ekstatischer Aggressivität die derbe Sinneslust verherrlicht und alle auffordert, in das niedere Reich der Venus einzukehren.

Elisabeth ist tief verletzt, die Männer greifen empört zu den Waffen. Mit letzter Kraft wirft sich Elisabeth zwischen die Kontrahenten und fleht um Tannhäusers Leben. Der Landgraf schlichtet, verweist aber den Provokateur des Landes und schickt ihn zu einer Wallfahrt nach Rom. Tannhäuser macht sich auf den Weg und belastet sich während der Pilgerschaft mit anstrengenden Bußübungen. Doch in Rom verweigert ihm der Papst den Sündenerlass. Der Ritter kehrt verzweifelt zurück und steuert den Hörselberg an.

Bevor er den Venusberg erreicht, berichten ihm Pilger vom Tod Elisabeths. Diese hatte Maria angefleht, ihr Leben als Opfer für Tannhäusers Schuld anzunehmen. Ergriffen von dieser lauteren, heiligen Liebe mit der verbundenen Gnade spürt auch der Ritter jetzt sein Ende nahen. Seine letzten Worte sind ein Gebet: »Heilige Elisabeth, bitte für mich!« In das schwindende Bewusstsein des Sterbenden dringen unsichtbare Stimmen, die das Wunder verkünden: Gott habe den Stab in der Hand des Papstes mit frischem Grün geschmückt.

Gott ist Liebe

Der Held Tannhäuser wird, wie wir alle, hin und her gerissen zwischen dem Urwunsch nach höchster Zielsetzung, der reinen, selbstlosen, edlen Liebe (hier: Elisabeth) und ihrem unbearbeiteten Urbild, dem besitzergreifenden Verlangen (hier: Venus). Die Göttin Venus, gelegentlich »unsere Wunschnatur« genannt und zugleich Quelle unseres kreativen Vorstellungsvermögens, hält uns wohl alle mehr oder minder in ihren verführerischen Schlingen gefangen. Ihr Urprinzip, die unergründliche Liebe, kennt viele Formen der Manifestation. Wir müssen unseren Wünschen und Vorstellungen Kanäle schaffen, um nicht ihrer Strudelkraft ausgeliefert zu sein. Jede Leidenschaft, jede Emotion kann zugleich als Bündnispartner für höhere Ziele gewonnen und genutzt werden.

Tannhäusers Bußfertigkeit äußert sich in Wagners Oper aber nicht in Zerknirschung, sondern im musikalischen Moment, das schon die Ouvertüre anklingen lässt: herausquellender Überschwang mit der Gewissheit auf Heil und Errettung. Rettungsgewissheit mit jeder »Bearbeitung am rauen Stein«, mit jedem Läuterungsbemühen und jeder Geburt neuer, höherer Anlagen. Als eine der höchsten Anlagen priesen schon die Weisen des Altertums die selbstlose, alles umfassende Liebe: die wahre und kreative Liebe, Venus in ihrem höchsten Aspekt. In diesem Sinne würde für jeden von uns der Stecken ergrünen.

Sollen wir unsere Höhle im Hörselberg verlassen?

Eines der berühmtesten Bilderbücher des Mittelalters, die Manessische Handschrift des ausgehenden 13. Jahrhunderts, zeigt in 137 ganzseitigen Bildern Ritter und Minnesänger, darunter auch Tannhäuser in seinem

Mantel des Deutschordens. Der Deutschorden, wie auch die anderen Kreuzritterorden, sah in Maria, der Gottesmutter, die höchste und reinste aufnehmende Form, in die der göttliche Geist seine Impulse und Ideen, aber auch seine Liebe ausgießen konnte.

Deshalb zollten die Ordensritter der heiligen Elisabeth von Thüringen, der Schwiegertochter des Landgrafen Hermann von Thüringen, höchste Verehrung. In radikaler Nachfolge des Franziskus von Assisi schenkte die Landgräfin nach dem Tod ihres Mannes all ihr Gut den Armen. Sie selbst verließ den Stammsitz der thüringischen Landgrafen, die Wartburg, und gründete in Marburg ein Hospital, wo sie bis zu ihrem frühzeitigen Tod kranke und alte Menschen pflegte. Selbst Kaiser Friedrich II. von Staufen begehrte die junge Witwe und ungarische Königstochter zur Frau, um mit ihrem weltlichen und persönlichen Adel den sakralen Anspruch seiner Macht zu festigen. Ihr Grab in der ebenfalls von ihr gegründeten Elisabethkirche in Marburg wurde bald zur viertwichtigsten Wallfahrtsstätte der mittelalterlich-christlichen Welt. In dieser Zeit stand der Deutsche Orden ganz unter dem Einfluss der Thüringer Landgrafen. Spielen all diese Stränge in den Sagenstoff des Tannhäusers hinein?

Und was ist mit dem Planet Venus, der für Harmonie steht, für die Ausgewogenheit der Kräfte? Venus sucht die Ergänzung im Gegensätzlichen und neigt dazu, sich mit diesem zu verbinden. Sie nimmt dabei Einfluss auf die Neigungen des Menschen, insbesondere auf die grundlegende Art seines Verlangens. Die Schutzherrin der Geburt, der Schönheit und der Liebe »strahlt durch den Spiegel der Liebe, in dem die Seelen sich erkennen oder in Selbstlosigkeit vergessen«.

Richard Wagner ahnte die Tiefgründigkeit des Themas hinter der Trägergestalt. Er wusste auch um die vielen noch offenen Fragen und Unschärfen seiner dramaturgischen Bearbeitung. Wie erlangen wir als »Ritter der Tat« und ewig Pilgernde unsere Erlösung? Indem wir aus dem Dunkel heraus die Ganzheit unserer Natur entfalten, die Ganzheit unserer Schöpfungskraft – von der ausgelassenen Sexualität bis hin zur selbstlosen Liebe?

Drei Wochen vor seinem Tod meinte Wagner resignierend: »Ich bin der Welt noch den Tannhäuser schuldig!«

Hinter der Sage »Wie der Hörselberg zu seinem Namen kam« vermutet man Ordensschwestern, die Bonifatius nach Thüringen rief, damit sie ihn bei der Missionierung unterstützen sollten.

Der Sage nach lebte im frühen Mittelalter in England eine Königin, die sehr fromm war. Ihr Name war Reinsweig, Reinswig oder Reinschweig. Nachdem ihr Gatte gestorben war, glaubte die fromme Königin, er sei verurteilt, im Fegefeuer große Pein zu leiden. Reinsweig verteilte deshalb reichlich Almosen und ließ unzählige Messen für seine Erlösung lesen. Eines Nachts hörte sie im Traum des Königs Stimme. Er sagte ihr, im Lande Thüringen, in der Nähe der Stadt Eisenach, sei ein Berg, in dem die armen Seelen schmachteten und auf ihre Erlösung warteten. Nur dort könne ihm wirklich geholfen werden.

Am anderen Morgen rief die fromme Königin ihr Gefolge zusammen und bereitete ohne zu zögern zur Fahrt übers Meer nach dem fernen Thüringen vor. Sie fand den ihr im Traum bezeichneten Berg und ließ hier eine kleine Kirche und ein Haus errichten, in dem sie ein klösterliches Leben führte. Oft hörte sie aus dem Berg menschenähnliche Laute, die wie Weinen, Stöhnen und Wehklagen klangen. Sie nannte den Berg deshalb »Hör Seel Berg«, woraus später Hörselberg wurde.

Das fromme Leben und das gütige Wesen der Königin zogen viele Jungfrauen an, die um Aufnahme baten und das klösterliche Leben mit ihr teilten.

Nicht selten aber wurde diese heilige Stätte vom Satan und seinen bösen Geistern heimgesucht, die den frommen Frauen den Aufenthalt verleiden wollten. Der Ort wurde deshalb Satansstätte genannt, woraus später, als man sich nicht mehr an die alten Zusammenhänge erinnerte, Sattelstädt, heute Sättelstädt, wurde.

Im hohen Alter wurde der frommen Reinsweig offenbart, die Seele ihres Mannes sei nun von den Qualen des Fegefeuers erlöst, sodass sie in der Gewissheit sterben konnte, bald mit ihm vereint zu werden.

Nach Reinsweigs Tod zogen die frommen Frauen, die mit ihr zusammen das klösterliche Leben geteilt hatten, zum neu gegründeten Nikolaikloster in Eisenach, dem sie die Schätze, die ihre Herrin hinterlassen hatte, übergaben. Die Frauen nahmen die Regel des heiligen Benedikt an und traten in das Kloster ein.

Auch an anderen Stätten, an denen sich Satan zu zeigen pflegte, soll Reinsweig Kapellen erbaut und damit den Grundstein für Orte wie Mechterstedt, Kälberfeld und Burla gelegt haben.

Steckbrief: Venushöhle im Hörselberg

Lage:

A 4 Eisenach–Erfurt, Ausfahrt Eisenach-Ost, Bundesstraße 7 über Wutha nach Schönau. Von dort über die Hörsel bis zu den ausgeschilderten Wanderwegen. Oder A 4, Ausfahrt Waltershausen nach Mechterstädt, Bundesstraße 7 über Sättelstädt nach Schönau. Von Schönau aus führt der gut ausgeschilderte Wanderweg unter der Autobahn hindurch hinauf zum Jesusbrünnlein. Von dort, nach etwa 1 Kilometer, geht es zur Tannhäuserhöhle. Das Hörselloch (vulvaartige Venushöhle) ist allerdings nur mit einer etwas gefährlichen Gratwanderung erreichbar.

Besonderheiten:

Der Große Hörselberg (484 Meter) liegt mit seinem ganzen Massiv inmitten eines Naturschutzgebietes mit seltener Flora. Von der Höhe des Berges reicht der Blick auf den Thüringer Wald mit Schneekopf und Inselberg, nach Osten weit ins Thüringer Becken.

Geschichte:

Vermutlich schon seit ältester Zeit Kultberg mit Höhlen; Sitz der germanischen Göttin Frigg (häufig bewusst oder irrtümlich mit Freia gleichgesetzt, Göttin der Liebe und Ehe) und der Totengöttin Hel; eine der bekanntesten Lokalitäten für den Ort des Totenreichs; mutmaßlicher Eingang in die Hölle durch eine der Höhlen; Ausgangspunkt der Wilden Jagd Wodans.
Spätestens die Romantiker zogen eine Verbindung zwischen dem Berg und der Rittersage des Tannhäusers; als Venusberg wurde der Hörselzug nun zu einem der mythischsten Berge Deutschlands.

Anfahrt mit der Bahn:

Regionalverkehr Gotha–Eisenach, Bahnhof Schönau.
Von dort führen Wanderwege auf den Hörselbergzug.

Nächstes Tourismusbüro:

Fremdenverkehrsamt,
Bahnhofstraße 3–5,
D-99817 Eisenach,
Tel. 0049 (0) 3691 792 30;
Werbegemeinschaft Westlicher Thüringer Wald,
Löfflerhaus,
Margaretenstraße 2–4,
D-99867 Gotha,
Tel. 0049 (0) 3621 36 31 11.

Wichtige kunsthistorische Ziele in der Umgebung:

- Eisenach mit Wartburg, Bachhaus, Lutherhaus, Stadtschloss.
- Georgenkirche, Predigerkirche;
- Schloss und Kirche Farnroda;
- Dorfkirche Schönau.

Nächste Museen:

- Hörselbergmuseum, An der Kirche, Schönau. Anmeldung telefonisch unter 0049 (0) 36521/27852 oder 715122.
- Wartburg, Eisenach. Stadtschloss, Am Markt 24, Eisenach.

Der besondere Tipp:

Das hessische Gegenstück zum Hörselberg ist der Hohe Meißner. Von Eisenach in Richtung Allendorf–Bad Soden, Ausfahrt Velmeden. Viele Sagen bezeugen, dass der berühmte Berg der Göttin Frigg, Fricka, Holda heilig war. Aus der Gattin Wodans wurde die Frau Holle unserer Märchen. Das Heiligtum befand sich vermutlich auf halber Höhe am Bergsee, der aus einer Quelle gespeist wird. In nebligen Nächten segnet Frau Holle die Felder, und vielerorts kommen die Säuglinge aus einem Frau-Holle-Teich.

TEMPLERKIRCHE IN WETTIN-MÜCHELN

Das Heiligtum in der Scheune

Im schmucken Saalestädtchen Wettin stoßen wir auf einen der mysteriösesten Orden und Bruderschaften des Mittelalters: die Templer. Noch heute lässt dieser Name bei vielen den Erregungspegel ansteigen. Im Ortsteil Mücheln errichteten sie eines ihrer Heiligtümer, das schon rasch nach der offiziellen Auflösung des Ordens zur Wallfahrtsstätte wurde, bevor es fast gänzlich in Vergessenheit geriet. Erst nach der Wende entdeckten Fachleute dieses Kleinod wieder. Wie kaum eine der kostbaren architektonischen Hinterlassenschaften der Templer in West- und Mitteleuropa hat der frühgotische Bau seinen Ursprungscharakter fast unverändert in die heutige Zeit gerettet. Inmitten einer reichlich verwahrlosten Gutshofanlage wirkt diese Kapelle völlig deplaziert, wie aus einer anderen Welt. Und in der Tat stammt sie auch aus einer anderen Welt!

Für die Besucher, die heute aus aller Welt anreisen, bleiben die Fragen aktuell: Waren die Templer der geheime Orden des Grals? Planten sie ein neues Europa spiritueller Prägung unter ihrer Führung, und zwar gegen die römische Kirche und den frühen islamischen Fundamentalismus? Hüteten sie die Mysteriengeheimnisse des Abendlandes? Existiert der Orden – obwohl die Kirche und der französische König ihn im 14. Jahrhundert zerschlagen wollten – bis heute im Geheimen weiter?

Die Muchunlevaburg, der heutige Ortsteil Mücheln des Saalekreisstädtchens Wettin, entstand vermutlich auf einer slawischen Burganlage und taucht erstmals 1240 in den Urkunden auf. Graf Dietrich I. von Brehna-Wettin schenkte sie damals seinem Sohn Dietrich II., einem Tempelritter. Dietrich brachte das Gut seinem Orden ein, der hier eine so genannte Kommende (Verwaltungsniederlassung) einrichtete. Zwischen 1270 und 1290 fiel der Ausbau der Kapelle Unserer lieben Frauen auf dem Gutshof, die 1295 vollendet und geweiht gewesen sein muss. Bis um 1750 wurden in dem kleinen Gotteshaus zu Mücheln möglicherweise noch Gottesdienste abgehalten. Das Altarbild befindet sich heute in der Kirche St. Laurentius in Halle.

Die Kapelle, zwar mit bescheidenem Materialaufwand gebaut, zeichnet sich durch eine hohe handwerkliche Meisterschaft der Steinmetzarbeiten aus. Die Konsolen und Gewölbeschlusssteine aus Sandstein gehören zu den schönsten frühgotischen Arbeiten, die in Mitteldeutschland entstanden sind. Da die Templerkapelle im Wesentlichen in ihrer ursprünglichen Substanz erhalten geblieben ist, zählt sie zu den raren Kostbarkeiten, die der mystische Orden in Deutschland hinterließ.

Deus vult! Wollte Gott es tatsächlich?

Im Jahre 1095 rief Papst Urban II. in Clermont zur Befreiung Jerusalems auf. Die Muselmanen hatten in Jerusalem die heiligen Stätten besetzt und hinderten christliche Pilger am Besuch, hieß es. Heute streiten sich die Historiker, ob daran irgendetwas der Wahrheit entspricht. Tatsache bleibt, dass der byzantinische Kaiser damals sowohl den Papst als auch den deutschen Kaiser um Hilfe rief, da er sich bedroht sah. Von wem auch immer die möglicherweise völlig überzeichneten Nachrichten stammten, einigen kamen sie gewiss sehr gelegen.

Ein Aufschrei ging durch das christliche Abendland. Bunte Heere frommer und weniger frommer Zeitgenossen wälzten sich samt illustrem Anhang gen Osten, und zwar in völliger Unkenntnis von Entfernung, klimatischen und politischen Verhältnissen sowie von militärischen Kräfte-

Der wahre Wert dieser frühgotisch-sakralen Architektur wurde erst nach der Wende entdeckt.

konstellationen im Morgenland. Die vom Papst ausgegebene Losung lautete: »Gott will es!« (deus vult). Trotz chaotischer Führung und blutigem Kompetenzgerangel gelang es den christlichen Aufgeboten, 1099 Jerusalem zu erobern. Darauf folgten im Namen des Christentums begangene Gräuel von unbeschreiblicher Grausamkeit. Doch das Ziel war erreicht: Der Strom der Pilger konnte wieder ungehindert fließen. Zu ihrem Schutz und ihrer gesundheitlichen Versorgung wurden Hospitaliterorden gegründet, unter anderem eben auch die Templer.

Unbezwingbare Streiter Christi in weißem Mantel

Keine andere Organisation hat jemals die Gemüter so nachhaltig bewegt und zu diversen Spekulationen Anlass geboten wie der 1118 von drei französischen Kreuzrittern in Jerusalem gegründete Orden der Ritterschaft vom Tempel zu Jerusalem oder kurz Tempelherren. Diese »unbezwingbaren Streiter Christi« in weißem Mantel mit rotem Tatzenkreuz hatten sich nach dem Tempel Salomons getauft, weil sie dort auch residierten (heutige El-Aqsa-Moschee). Ihr erklärtes Ziel war es, das Heilige Grab in Jerusalem zu verteidigen, den Strom der Pilger zu schützen, Kranke aus deren Reihen zu pflegen und – das wird oft vergessen – alle heiligen Orte und Heiligtümer gleich welcher religiös-spirituellen Prägung zu schützen.

Die Tempelritter waren nicht der älteste Hospitaliterorden, aber der Erste, der priesterliche und soziale Funktionen mit den Tätigkeiten eines kämpferischen Rittertums verknüpfte. Offensichtlich verband sich hiermit zum ersten Male die Idee, eine mönchische Lebensform mit dem Kampf gegen »Heiden« zu verbinden und damit ein neues ritterliches Ideal zu verwirklichen. Die Templer, wie sie später genannt wurden, unterschieden sich noch in anderen Dingen von den übrigen während der Kreuzzüge gegründeten Orden. Sie legten ihre Mitgliederzahl vorerst auf zwölf fest und gingen lange offensichtlich keiner ihrer gestellten Aufgaben nach. Zehn Jahre später kehrten die Ritter nach Frankreich zurück und konnten bald den größten und einflussreichsten Propagandastrategen des Abendlandes für sich gewinnen, den heiligen Bernhard von Clairvaux. Dieser pries die neuen Mönchsritter in höchsten Tönen und erhob sie über das rein weltliche Rittertum. Ihre zweifache große Aufgabe sah er darin, gegen die bösen Geister des himmlischen Bereiches zu Felde zu ziehen, womit er schon ein bis heute undurchsichtiges Geheimnis der Bruderschaft andeutete, und gegen die Feinde »in Fleisch und Blut«. Darunter verstand der Abt nicht nur den heiligen Krieg gegen Heiden, sondern ebenso den heiligen inneren Kampf der »Selbst- und Sündenüberwindung«.

Bernhard entwarf die Ordensregel, führte der neuen Gemeinschaft über seine charismatischen Predigten zahllose Ritter, Güter und Vermächtnisse zu und reihte seine Zisterzienser als geistigen Arm unter die Templer ein. Das alles gehörte mit zu einer sakralideologischen Reformbewegung, die von dem zisterziensischen Mutterhaus Cluny ausging und eine universale Verchristlichung verlangte.

Die weltliche Aufgabe der Tempelherren lag unter anderem in der Aufstellung einer militärischen Elitetruppe. Mit dieser gelang es dem Orden relativ rasch, aus einem disziplinlosen Haufen adeliger Haudegen Vertreter solch ritterlicher Tugenden zu schmieden, dass die gesamte Ritterschaft des Abendlandes deren Ideale übernahm. Sie gelten in Teilen noch heute.

Gott ist Fülle

Im 12. und 13. Jahrhundert hatten sich die Mönchsritter zur mächtigsten und einflussreichsten Organisation in Europa gemausert. Etwa 12 000 Ritter mit ihren 40 000 streitbaren Knappen standen ihr zur Verfügung. In ihren zahllosen und gut bewachten Niederlassungen stellten sie reisenden Kaufleuten für deren Barschaften Wechsel aus, die an jedem Templerstützpunkt wieder eingetauscht werden konnten und die ein ungefährlicheres Handelsgeschäft ermöglichten. Die Zinsen dafür waren allerdings unchristlich hoch.

Die Geschäfte florierten, der Orden häufte ungeheuren Reichtum an und hatte bald fast alle Geldgeschäfte monopolisiert. Ein Netz von 9000 Komtureien, Balleien und Templerhöfen überzog Europa und angeblich sogar erste Kolonien in Übersee. Diese Anhäufung von Kapital darf aber nicht grundsätzlich als Verweltlichung angesehen werden. Sie gehörte mit zu den von Bernhard fixierten und vom Papst ausdrücklich zugestandenen Ordenszielen. Was aber sollte mit diesen Überschüssen passieren? Wurde damit ein Großteil der gotischen Kathedralen finanziert, die in jener Zeit selbst in kleineren Städten entstanden? Oft munkelte man von einem Geheimziel des Ordens: vom Mittelpunkt Paris aus ein christliches Europa

Wegen des desolaten Zustands der Gutshofgebäude kann man sich kaum mehr vorstellen, dass hier früher eine Art Mustergut geführt wurde. Das Gut war so reich, dass es sich die Besitzer leisten konnten, eine stattliche gotische Kapelle im Areal zu errichten.

unter seiner Hoheit zu schaffen – vielleicht sogar unabhängig von Rom? Eine frühe Europäische Union, aber mit funktionierender Zentralbank unter weltlicher wie geistiger Führung einer elitären Bruderschaft?

Ende oder Transformation

Die Gegner und Neider schliefen aber nicht. Obwohl der Orden zwischenzeitlich ganz zum verlängerten Arm der Kirche geworden war, kam es zu scharfen Kontroversen mit einigen Bischöfen und Kardinälen, vor allem im Languedoc. Im Zuge dieser Auseinandersetzungen besann sich die Spitze der Bruderschaft wieder auf ihre ursprünglichen Intentionen. Beim letzten Kreuzzug kämpften die Ritter unter der Losung: »Im Namen Gottes und für den religiösen Frieden.« Nach dem Ende dieser unseligen Kriege setzten sie die Friedensarbeit unter das Motto »Feldzug zur Förderung des politischen, sozialen und religiösen Fortschritts der Menschheit«. Das roch natürlich nach subversiver Tätigkeit und sozialer Revolution.

Unter dem Vorwurf des Staatsverrats löste König Philipp der Schöne von Frankreich 1312 den Orden in einer Nacht-und-Nebel-Aktion auf und zog dessen Besitztümer ein. Dazu zog er den widerstrebenden Papst Clemens V. mehr oder minder gewaltsam auf seine Seite. Viele französische Mitglieder der Templer wanderten ins Gefängnis. Staatsverrat konnte zwar nie nachgewiesen werden, dafür aber Ketzerei – dank falscher Zeugen und Folter. Der letzte Großmeister, Jacques de Molay, wurde mit zwei hochrangigen Gefährten auf dem Scheiterhaufen verbrannt.

Am 2. Mai 1312 erließ der Papst die Bulle »Ad providem«, in der er den Orden der Tempelherren nominell aufhob. Entgegen der Mehrheit der Kurie klagte er die Templer jedoch nicht an und ignorierte damit die von König Philipp vorgelegten »Untaten« der Kriegermönche. Außerhalb Frankreichs folgten die Landeshoheiten dem Aufhebungsgesetz aber nur widerwillig oder gar nicht. In Deutschland gingen die meisten Besitztümer und Mitglieder in den Johanniterorden über, seltener in den Deutschen

Über die künftige Nutzung herrscht Streit: Die einen wollen ein rein museales Objekt, die anderen nur eine Kirche, der Orden der neuen Templer zusätzlich einen Standort für seine eigene »Verehrung«.

Orden. In Spanien und Portugal firmierten die Templer einfach als Christusorden, und im Norden Europas blieb zunächst einmal alles beim Alten.

Bis heute erregt dieses beschämende Ende des Tempelordens viele Gemüter. Kaum zu glauben, dass eine Elitetruppe von mehreren tausend Rittern nebst Knappen und Bediensteten sich so wehrlos dem Schicksal ergab und blind in die Falle des bei ihnen hoch verschuldeten Königs Philipp stolperte. Sollte der reiche und mächtige Orden mit Hauptsitz auf Zypern außerhalb Frankreichs wirklich so sang- und klanglos untergegangen sein? Waren seine Strukturen so marode geworden? Immer wieder studierten ganze Historikergenerationen die Akten der Prozesse, stießen auf viele Ungereimtheiten und ständig neue Fragen. Sicher ist nur, dass der Orden seit dem 14. Jahrhundert offiziell als nicht mehr existent gilt.

Mücheln: Kohlen und Heu unter reinster Gotik

Nach der Auflösung des Ordens befahl Erzbischof Burchard III. von Magdeburg in seinem Amtsbezirk, wozu auch Wettin gehörte, die vorübergehende Verhaftung der Ordensmitglieder und die Beschlagnahmung ihrer Güter. Er plante sogar eine rasche Aburteilung, wofür ihn aber sein Rivale, Bischof Albrecht von Halberstadt, umgehend exkommunizierte. Wie überall streckten sich rasch begehrliche Hände nach den musterhaften Gütern aus. Der Orden hatte seine Geschäfte verstanden. Wie reich die Kommende an der Saale war, beweist der auf deutschem Boden seltene Bau einer stattlichen Kapelle.

1317 ging der Besitz von Gut Mücheln in die Hände der Johanniter über, später an den Augustinerorden »der heiligen Märtyrer von der Buße« mit Stammsitz in Krakau. Fortan verwalteten jeweils ein Prior und ein Ordensbruder zusammen mit mehreren Knechten und Hörigen »in vortrefflicher und besitzmehrender Weise« das Gut, wie man vernimmt. Die Kapelle diente sogar als Wallfahrtsziel.

Lange hielt die treffliche Verwaltung aber nicht an. 1490 wurde ein Mönch von seinem Knecht erschlagen. Der überlebende und einsame Prior Peter Strumendorf verkaufte Mücheln 1502 an das Augustinerstift zu St. Moritz in Halle. Etwa dreißig Jahre später geriet es in private Hand. Nun wechselten die Besitzer häufig. In der Zeit des Dreißigjährigen Krieges wurden vermutlich die Wirtschaftsgebäude erweitert und im Templerheiligtum eine Zwischendecke mit zwei Heuböden eingezogen, die spitzbogigen Fenster zugemauert. Als die Stadt Wettin 1945 in den Besitz der Anlage kam, schien ihr dieses turmlose, frühgotische, einschiffige und reich ausgemalte Etwas höchstens geeignet als Kohlenkeller, Stall oder Strohlager. Diese Zweckentfremdung hielt sich fast bis zur Wende. Kenner machten dann auf dieses Kleinod aufmerksam. Und die Fachwelt staunte ob dieser architektonischen Reinheit, die sogar noch interpretationsbedürftige Wandmalerei mit einschloss – trotz jahrhundertelanger Fremdnutzung.

Die DDR als Hüter templerischer Mysteriensymbolik

Jede templerische Kommende besaß einen rituellen Versammlungsraum mit Bibliothek, in dem von vielen Wortspielen geprägten Sprachgebrauch des Ordens gelegentlich Scheune genannt. An diesem Ort der Lagerung existenzieller Futtermittel sollen die Templer auch ihre geheimen Beratungen und Initiationsrituale durchgeführt haben, die nicht allen Mitgliedern offen standen. Die eisern gehandhabte Praxis strengster Geheimhaltung ihrer Pläne und Vorhaben, vor allem in den letzten Jahrzehnten ihres Bestehens als Orden, ließen gefährliche Verdächtigungen ins Kraut schießen. Genährt wurden diese Verdächtigungen dadurch, dass die Templer wohl auf höchster Ebene Austausch mit dem muselmanischen Feind pflegten und – nicht zuletzt wohl durch arabische, hebräische, vor allem aber ägyptische Weisheitsschulen angeregt – eine reiche spirituelle Symbolik entwickelten, die kaum jemand auszuloten vermochte. Weisheit galt gewissen Kreisen schon immer als verdächtig und führte oft übergangslos zum Vorwurf der

Kaum jemand weiß, dass sich die alten Templer den Schutz aller Heiligtümer, gleich welcher Religion, auf die Fahnen geschrieben hatten. So gesehen standen auch alle in diesem Buch aufgeführten Heiligtümer unter ihrem Schutz.

Ketzerei und Häresie. Bis heute bieten die Templer deshalb eine Fundgrube für wildeste und gewagteste Mutmaßungen.

Die auf den ersten Blick für manchen empörende Tradition, eine Kapelle dieser hehren Bruderschaft weißer Ritter als Heuschober, als Scheune, zu nutzen, hätte also unter diesem Blickwinkel der hintersinnigen Pflege eines altehrwürdigen Erbes gedient: 45 Jahre (5 × 9) real existierender Sozialismus als Hüter templerischer Mysteriensymbolik?

Die Templer kehren nach Mücheln zurück

7. September 1996. Etwa 20 Männer im weißen Chormantel mit rotem Kreuz feiern in der Kapelle zu Mücheln eine Morgenandacht, zum ersten Male wieder nach 688 Jahren. Sie nennen sich Souveräner Orden der Templer von Jerusalem und behaupten, in der direkten und nie unterbrochenen Tradition der alten Templer zu stehen. Das behaupten übrigens einige Organisationen. Im Unterschied zu allen solchen Konkurrenten kann dieser Orden auf eine rechtliche Anerkennung des Vatikans verweisen und auf eine Segnung seiner Delegation durch Papst Johannes Paul II. vom 27 April 1994. Ob das aber als Nachfolgelegitimation ausreicht?

Der »Souveräne Orden der Templer« versteht sich als ökumenische Laienorganisation und setzt sich für die Einheit aller Christen ein. Seine Mitglieder fühlen sich einem christlichen Lebenswandel verpflichtet. Der Orden steht Männern, Frauen und Würdenträgern aller christlichen Kirchen offen, sofern sie aktiv mitarbeiten wollen. Sie kämpfen für eine Nutzung der Müchelner Kapelle, die dem Gottesdienst aller christlichen Konfessionen offen stehen sollte – und natürlich ihrem eigenen Kult.

Haben die Templer mittlerweile Kreide geschluckt? Oder sind sie nur besser getarnt? Nach außen geben sie sich brav karitativ. Doch an welche Tradition wollen sie in Mücheln, ihrer ersten und einzigen Niederlassung in den neuen Bundesländern, im Osten, anknüpfen? Die äußere Geschichte dieses Ortes scheint doch sehr unspektakulär, wenn die Templer hier auch offensichtlich einer »wilderen Jagd« ausgesetzt waren als anderswo außerhalb Frankreichs.

Vom Gralen und den Templeisen

Zu den diversen Gralssagen, die in jener Zeit des Mittelalters auftauchten, gehört die vom asiatischen Prinz Perille, der sich im Besitz des Grals befand, sich in Gallien niederließ und dort einen wunderschönen Tempel nach dem Vorbild des Tempels Salomon errichten ließ. Darin stellte er die heilige Schale auf. Eine kriegerische Miliz wurde für die Bewachung, Verteidigung und zu Ehren des Grals geschaffen, mit dem Auftrag, alle Feinde zu vertreiben, die sich als unwürdig erwiesen, dem Heiligtum zu nähern.

Die Mitglieder dieser Truppe nannten sich Templisten (oder Templeisen), ihr Führer König des Grals. Parzival, der Gralskönig, hielt die Gebiete des Okzidents für unwürdig und brachte an der Spitze seiner Tempelritter den Kelch in den Osten.[30]

Die mit diesem Thema verbundenen Epen gehörten bald zur beliebtesten Unterhaltung auf den Burgen. Da das Mittelalter Kultur, Völlerei, Spiritualität und Sinnlichkeit in einer unschuldig prallen Mischung genießen konnte, müssen mitunter die Teilnehmer so heftig und deftig »gegralt« haben, dass sich diese Form mystischer Ergötzung bis in unsere Zeit als »grölen« hinübergerettet hat.

Die Sage vom »wilden Jäger«

Wodan als wilder Jäger wurde selbst in christlicher Zeit noch oft im Raum Halle - Wettin gesichtet, so will es die Überlieferung, vor allem zur Fastenzeit und nach Martini: die »wilde Jagd« als Ausdruck gefahrvoll drohender geistiger Unwetter in unserer Psyche, hervorgerufen durch kosmische Konstellationen. Schon von weitem ist das Gebell der Hunde zu hören. Dann erscheint er selbst, der wilde Jäger, auf schwarzem Pferd, den Kopf unter dem Arm tragend, umgeben von einer ganzen Meute von Jagdhunden, großen und kleinen, Windhunden, Dachshunden und Bluthunden. Vom Lärm der Hunde werden die auf den Weiden sitzenden schlafenden Raben aufgeschreckt und fliegen vor Wodan her.

Einst fragte ein Hirte, ob er nicht mit ihnen jagen dürfe. »Nur zu!«, rief der wilde Jäger, und der Hirte schloss sich dem Jagdzug an. Als die Jagd zu Ende war, bekam er als Anteil an der Beute eine Pferdekeule, die er essen sollte. Der Hirte verschmähte die Pferdekeule, worauf diese drei Nächte hintereinander auf der Schafweide herumtanzte, bis die Tiere völlig verstört waren. Der Hirte wandte sich in seiner Not an den Pfarrer, der dem wilden Jäger gebot, die Keule zurückzunehmen. Dieser aber antwortete, das sei alter Brauch bei ihm und seinen Jägersleuten: Wer mit ihnen jage, der müsse auch mit ihnen essen. Daher komme das alte Sprichwort:

»Hast du geholfen jagen, musst du auch helfen nagen.« So musste sich der Hirt wohl oder übel überwinden und ein kleines Stück von der Keule essen, welche hierauf verschwand.

30 Siehe Kapitel »Kloster Ettal in Oberbayern«, Seite 213.

Steckbrief: Templerkapelle in Wettin-Mücheln

Lage:

Bundesstraße 6 Halle–Bernburg, Abzweigung nach Wettin an der Saale.

Besonderheiten:

Der Porphyrfelsen des Burgbergs von Wettin soll schon ein heiliger Ort der germanischen Hermanduren gewesen sein. Die Slawen verehrten hier vielleicht ihren Gott Vit, nach dem die Stadt ihren Namen tragen soll. Die Burg selbst ist das Stammschloss der Wettiner. Dieses Geschlecht regierte fast 900 Jahre lang und stellte die Kurfürsten und späteren Könige von Sachsen. Um Wettin erstreckt sich das Landschaftsschutzgebiet »Unteres Saaletal«.

Geschichte:

In einer slawischen Burganlage »Muchunlevaburg« entstand eine deutsche Befestigung, die samt Besitz dem Orden der Templer übertragen wurde. Sie errichteten zwischen 1270 und 1290 hier eine gotische Kapelle, die einzige auf deutschem Boden, die den Untergang des Ordens fast unverändert überstand. Im 14. Jahrhundert im Besitz der Johanniter, dann des Moritzklosters in Halle; Wallfahrtsort bis ins 16. Jahrhundert; Wiederentdeckung der völlig in Vergessenheit geratenen Anlage nach der Wende als historisch-architektonisches Kleinod; derzeit noch in der Phase der Restaurierung. Zukünftig voraussichtlich kultischer Mittelpunkt eines modernen Souveränen Ritterordens der Templer von Jerusalem, der im Raume Wettin recht aktiv ist.

Anfahrt mit der Bahn:

Intercity bis Halle, von dort regelmäßiger Busverkehr nach Wettin, über Mücheln.
Von Wettin ist Mücheln aber auch gut zu Fuß zu erreichen.

Nächstes Tourismusbüro:

Wettin-Information,
Burgstraße 4,
D-06198 Wettin,
Tel. 0049 (0) 34607 20543.

Wichtige kunsthistorische Ziele in der Umgebung:

- Altstadt von Wettin mit Burg, Rathaus und Nikolaikirche;
- Schloss und Park Dieskau;
- Schloss und Park Ostrau;
- Wasserburg Krosigk;
- Burgstetten und historischer Rundlingsdorfkern in Niemberg.

Nächste Museen:

- Museum Petersberg, Halleschestraße 28, D-06193 Petersberg;
- Heimatmuseum Wettin, Burg (Anmeldung in der Wettin-Information).

Der besondere Tipp:

Petersberg, der heilige Berg Sachsens. In der slawischen Fluchtburg mit Heiligtum wurde 1124 eine Stiftskirche errichtet, die zum Grabplatz der Wettiner wurde. Reste der Klostergebäude, Mausoleum und Museum der Wettiner, der sächsischen Kurfürsten und Könige.

KLOSTER ETTAL IN OBERBAYERN

Reichsgralszentrum und Templerstift

Im Lande der Erlösung, im Wald der Erlösung,
liegt ein einsamer Berg mit Namen Heilsberg,
den König Titurel mit einer Mauer umgab
und auf dem er eine kostbare Burg errichtete,
die als Gralstempel dienen sollte;
dies, weil der Gral zu dieser Zeit keinen festen Platz hatte,
sondern unsichtbar in der Luft schwebte.
(Albrecht von Scharfenberg: »Der jüngere Titurel«, ca. zweite Hälfte des 13. Jahrhunderts)

Dem barocken Kloster und »bayerischen Nationalheiligtum« in Ettal sieht man die sechshundertsiebzigjährige Geschichte kaum an. Doch der Platz ist gut gewählt. Rund um die alles beherrschende Anlage im Tal erheben sich die bewaldeten Gipfel der Ammergauer Alpen. Hier, »auf dem halben Weg nach Italien«, wurde zu Beginn des 14. Jahrhunderts der wohl umfassendste Versuch auf dem Boden des Heiligen Römischen Reiches unternommen, dem Symbol des Grals eine würdige Heimstatt zu verschaffen, und zwar mit einer deutschen Gralsburg, zugleich Ritterstift, Kloster und besonderes Heiligtum für Maria, die Mutter Jesu.

Was aber ist der Gral? Und was haben die Muttergottes Maria und der Orden der Tempelritter mit dem Gral zu tun? Wer war der Erbauer dieser Gralsburg, und warum galt diese Gründung als »ketzerische Provokation« gegen den Papst?

Benediktinische Mönchskultur brachte es oft fertig, die Ideale ihres Gründervaters von Armut, Keuschheit und Gehorsam geschickt um einiges erträglicher zu machen. Das in einem engen Gebirgstal der bayerischen Voralpen gelegene Wallfahrtskloster Ettal gleicht, wie viele andere barockisierte Klöster in Süddeutschland, mit seinen weiträumigen Wirtschaftsgebäuden in Größe und Pracht eher einem Schloss. Der Name Ettal lässt sich auf das mittelalterliche E-Tal (E = Ehe, Gelöbnis, Bund) zurückführen.

In diesem Tal schloss der deutsche Kaiser Ludwig IV., genannt der Baier (1287–1347), einen einzigartigen Bund mit Gott und vor allem der Gottesmutter Maria. Ludwig aus dem Hause Wittelsbach, Herzog zu Bayern und München und seit 1314 deutscher König, hatte einen lebenslangen machtpolitischen Kampf mit Gegenkönigen und der römischen Kurie um seine Anerkennung auszufechten. Im Jahre 1327 zog »der Baier« (so sein Schimpfname aus dem Vatikan), mittlerweile exkommuniziert und im Kirchenbann, mit einem Heer über die Alpen, um sich in Rom von zwei ebenfalls vom Papst gebannten Bischöfen zum Kaiser krönen zu lassen. Als Johannes XXII., der im französischen Avignon residierte, die Krönung für null und nichtig erklärte, enthob ihn Ludwig kurzerhand seines Amtes und veranlasste die Wahl eines Gegenpapstes.

Vom abgesetzten Papst als der »leibhaftige Antichrist« tituliert, machte sich der Kaiser auf die Heimreise. Dabei wurde er ständig von den mächtigen italienischen Stadtstaaten bedrängt und bedroht, die auf Seiten der Papstpartei standen, umgeben von schlecht oder noch gar nicht bezahlten Hilfstruppen und beunruhigt von Nachrichten aus der Heimat über Aufstände und Widerstand gegen seine Politik. Überdies hatte sich Ludwig wegen der immensen Kosten des Italienzuges samt pompös ausgestatteter Krönungszeremonie tief verschuldet.

Ein grün gewandeter Engel erscheint ...

In dieser angespannten Lage soll Ludwig in Rom ein geheimnisvoller, grün gewandeter und engelsgleicher Mönch erschienen sein. Er versprach dem Kaiser sofortige Hilfe, wenn er zu Ehren Gottes und der Gottesmutter »auf dem Ampferang« ein Kloster errichten würde. Der Kaiser versprach das umgehend – was blieb ihm auch anderes übrig –, obwohl er noch nie von einer Gegend gleichen Namens gehört hatte. Darauf händigte ihm der Mönch eine liebliche Marienfigur aus, das spätere Gnadenbild von Ettal. Da Engel zwar häufig mit vielen Machtbefugnissen ausgestattet sind, doch nur selten mit Bargeld, tauchte plötzlich noch ein »Welscher« auf, der dem Kaiser freundlicherweise 50 000 Gulden aushändigte. Überlegungen, von welcher Seite ein »Welscher« (Schimpfname vor allem für Franzosen), falls

Ettal im Jahre 1638.

Ettal = Etal, das Tal des Gelöbnisses, der Ehe, des neuen Bundes.

es denn überhaupt einer war, den Anstoß erhielt, den Kaiser so reichlich auszustatten, führen in die verzwickte Konfliktsituation eines zwischen Kaiser und Papst hin und her taktierenden Oberitaliens des 13. Jahrhunderts unter der Führung von Mailand.

Folgen wir lieber der Sage: Der Kaiser befahl Idee und Werk dem Schutz dieser Madonnenfigur und machte, kaum zu Hause angekommen, sein Versprechen wahr. Er fand mit Hilfe Ortskundiger tatsächlich den »Ampferang« und gründete dort am Vitalitag, am 28. April 1330, eine Benediktinerabtei und ein Ritterstift.

Der Gral hat sich vom Westen zurückgezogen

Zu Beginn des 14. Jahrhunderts, in einer Zeit, die durch Pest, Hunger, Krieg und ein überall aufbrechendes mystisches Fieber gekennzeichnet war, erreichte die Kunde vom heiligen Gral das Abendland. Mehrere französische Epen bahnten den Weg für ein tiefes Erlösungsgeheimnis. Von bayerischem Boden aus sorgte Wolfram von Eschenbach mit seinem Parzival für eine starke Verbreitung dieses Mythos im deutschen Sprachraum. Kaiser Ludwig wuchs in besonderem Maße mit dieser Ideenwelt auf, weil ein weiterer bayerischer Gralsautor, Albrecht von Scharfenberg, am väterlichen Hofe wirkte. Hier entstand vielleicht sogar Albrechts »Jüngerer Titurel«, der Ludwigs Vater, dem Herzog Ludwig II., gewidmet war.

In diesem Werk beklagte der Autor die zunehmende Verderbtheit der Länder des Westens, die es dem heiligen Gral unmöglich machten, hier noch länger zu verweilen. Der Gral musste sich vor den Menschen zurückziehen, die seiner nicht würdig waren, und drohte in seine ursprüngliche Heimat zurückzukehren, also nach Osten. Ludwig, sicher von Jugend auf mit Metaphern des Epos – den »Templeisen« (Templern), den Gralshütern, der weiblichen Hüterin, einer jungfräulichen Maid – vertraut, erfasste damit das Symbol selbst: die irdische und geistige Nahrung als unmittelbare Offenbarung des Göttlichen in der physischen Welt. In seiner großen Bedeutungsvielfalt stand der Gral auch für die Möglichkeit der individuellen mystischen Erfahrung, die weder einer priesterlichen noch überhaupt einer institutionellen Mittlerschaft für die Gottesbeziehung bedarf. Genau dies rückte die Mystik immer auch in die Nähe der Ketzerei. Es liegt somit nahe, in der Gralsdichtung auch eine Klage gegen die Sachwalter des Reichs und vor allem gegen die römische Kirche zu sehen.

»Ein Kloster von neuer und unerhörter Art«

Die Gründungsurkunde von Ettal (»unserer frawen êtal«) ging leider verloren, nicht aber die Ordnung des Ritterstifts vom 17. August 1332, die das Münchner Hauptstaatsarchiv aufbewahrt. Das Kloster sollte 20 Benediktinermönche aufnehmen, 12 (ausgediente) Ritter mit deren Frauen und 6 Witwen. An der Spitze der Mönche stand ein Abt, die Ritter wurden von einem Hochmeister angeführt, dem 13. Ritter, der auch das Siegel trug. Als Ehrengarde des Heiligtums trugen die Ritter einen Ring (des Bundes) und goldene Sporen, dazu wie ihre Frauen Mäntel im »marianischen« Blau.

Unerhört war auch die Idee, Frauen und Männer in einem Kloster zusammenzuführen. Es gab zwar Klöster, die fernab vom Männer- einen Frauentrakt besaßen, doch weltliche Paare im gemeinsamen Gottesdienst versammelt mit Mönchen, die das Gelübde abgelegt haben, lässt an die Verehrung des Grals denken. Auch dort vereinten sich beide Stände, Zölibat und Ehe, im »hohen Dienst«. Als allein ausschlaggebendes Kriterium der Würdigkeit einer Person nannte die Gralsdichtung einzig die innere Nähe zu Gott. Damit verbunden ist die Minne, die höchste Form der Liebe und als solche als Einzige in der Lage, die mit Gott verbundenen höheren Bewusstseinsebenen zu erreichen. Liebe bedeutet hier Anteilnahme, Selbstlosigkeit, Respekt, Toleranz, Güte, aber auch Reinheit und Ritterlichkeit.

Im 13. Jahrhundert verband sich solche Liebe mit dem wahren Rittertum in der Minne- und Troubadourdichtung. Die von Kaiser Ludwig

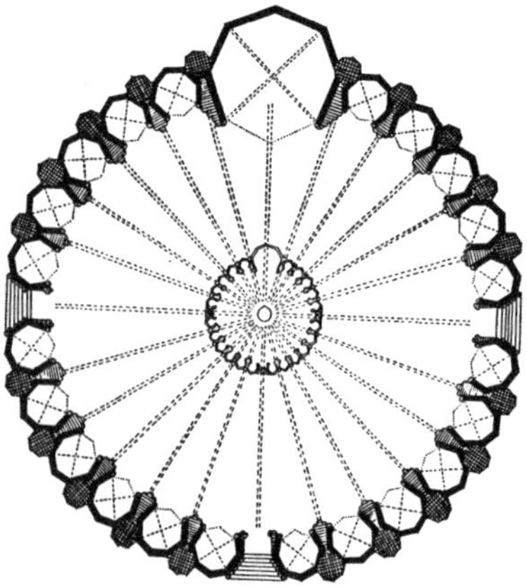

Schematische Grundrisszeichnung des Gralstempels (nach Lars-Ivar Ringbohm: Graltempel und Paradies. Beziehungen zwischen Iran und Paradies im Mittelalter, Stockholm, 1951).

geschaffene Ordnung für Ettal/Ehetal beschäftigte sich eingehend mit der Ehe, die, als Zölibat mit Gott oder in der Partnerschaft, von Mönchen und Rittern rein und »in voller Zucht« gehalten werden sollte. Stifter wollte Ludwig nicht sein. Maria sei die alleinige Stifterin Ettals, und als Tag für ihr Patronatsfest wählte er den 15. August, Maria Himmelfahrt.

Die Gralsburg

Wer heute nach Ettal reist, braucht schon ein geschultes Auge, um unter der barocken Überformung des 17. Jahrhunderts den eigentlichen architektonischen Plan noch zu erkennen. Die Bauhütte, vermutlich aus Regensburg, schuf einen quadratisch ummauerten Hof von 100 × 100 Metern im Geviert mit drei Toren im Norden, Süden und Westen – ganz nach der Beschreibung der Gralsburg im »Jüngeren Titurel«. Im Osten stand die alles beherrschende Kirche, ein zwölfeckiger Zentralbau. Zentralbauten dienten der besonderen Sammlung und Konzentration auf den Mittelpunkt des Raumes. Im Mittelpunkt zu Ettal stand damals das Gnadenbild, das der Kaiser auf wundersame Weise geschenkt erhalten hatte und die seit jener Zeit die Patronin ganz Bayerns wurde.

In Ettal wurde die Mitte noch durch ein zusätzliches Element betont: Eine zentrale Säule trug das sternförmige Rippengewölbe des Daches, das in einer lichten Kuppel endete. Wir stoßen hier auf das uralte Sinnbild der

An der Stelle, wo Kaiser Ludwigs Pferd nach der Legende dreimal vor einer Tanne in die Knie ging, errichtete man die Mittelsäule des späteren Zentralbaus und rodete den Wald ringsherum.

Weltenachse und des Lebensbaumes, des symbolischen Verbindungskanals zwischen den göttlichen Schöpferkräften und der Erde, der zugleich den Aufstieg des Menschen in höhere Bewusstseinsformen ermöglicht.

Damit war die geometrische und kultische Mitte der Gemeinschaft definiert. An dieser Säule stand der Hochaltar mit dem Gnadenbild bis zum Jahre 1752, als ein Brand die Kirche verwüstete. Als Grundmaß einer vollkommenen Weltordnung gilt die Zahl zwölf (zwölf Propheten im Alten Testament; zwölf Apostel, die die neue Botschaft von Liebe, Freude und Erlösung in zwölf Heilsstufen bringen, aber auch mit dem Tierkreis in Beziehung stehen, dem Sinnbild der schöpferischen Grundqualitäten). In Ettal stützen zwölf vorgelagerte Strebepfeiler die Außenwände des Heiligtums, die im Innern durch einen zweigeschossigen Umgang miteinander verbunden sind. Zwölf hohe Spitzbogenfenster durchbrechen den Baukorpus, der immer mit einem Kristall verglichen wird. Wie die Fenster sich auf dem Grundriß erheben, so ruht das neue Testament (der neue Bund) auf den Propheten, verdeutlicht durch die Standbilder der Apostel unter den Fenstern. Die zwölfeckige Form des Zentralbaus wird in den vierundzwanzig Winkeln geschickt durch Pilasterkompositionen abgerundet, um einen Rundbau zu vorzutäuschen. Dieser Kunstgriff vereint zwei gegensätzliche Prinzipien: Runde Formen kennzeichnen den Geist und das Leben, Kantigkeit entspricht mehr den materialisierten Kräften der Schöpfung. Weiter im Osten öffnet sich der Innenraum zum Chor der Mönche. Ein schlankes Pyramidendach, das in der Spitze in einem goldenen Knauf zusammenlief, krönte damals die Kirche.

Ettal, verwegene Utopie oder Gipfel der Ketzerei

Albrecht von Scharfenberg bezeichnet in seinem Werk den Gral selbst als einzig wahren Architekten seines Tempels. Der Gral inspirierte Titurel, den Gralskönig, verlieh ihm die Idee, den Ort und die Architektur. Titurels fiktiver oder geistiger Tempel war ein Rundbau mit vierundzwanzig Chören, durch drei Geschosse gegliedert und von einer goldenen Kuppel gekrönt. Im Innern herrschte eine unvorstellbare Pracht. Der Gewölbehimmel der Kuppel bestand aus kostbaren Saphiren, Edelsteine leuchteten wie Sterne. Eine unsichtbare mechanische Vorrichtung ließ eine goldene Sonne und einen silbernen Mond über das Firmament gleiten. Die Zahlen- und Maßverhältnisse offenbarten astrologische Bezüge und boten ein Abbild der Schöpfung. Im Mittelpunkt stand ein nach Osten gerichtetes »Sanctum«, das den gesamten Bau im Kleinformat nachahmte. Darin schwebte der Gral.

Der Tempel war dem heiligen Geist geweiht, dem Jünger Johannes und der Jungfrau Maria. Mönche, Ritter samt Gefolge und Jungfrauen versahen dort ihren Dienst. Ihre Burg befand sich außerhalb des Tempels, aber in unmittelbarer Nachbarschaft.

Dieser Versuch, in Ettal mit architektonischen Mitteln eine solche Gralsstätte zu verwirklichen, als eine Mischung zwischen »lebendigem Tempel« und Marienheiligtum, Mönchskloster und Ritterstift, war vermutlich mehr als ein Traum eines frommen Herrschers. Hier sollte möglicherweise ein neues spirituelles Zentrum geschaffen werden, eine Mysterienstätte des esoterischen Christentums – ein Reichsgralszentrum im Zeitalter der Zerrissenheit und auf dem halben Weg nach Italien, dicht an der alten Reichsstraße von Augsburg in die Lombardei.

Das Ritterstift löste sich aber schon bald nach dem Tode Ludwigs auf. Der geächtete Kaiser und Antichrist, der sich nicht dem Herrschaftsanspruch des Papstes gebeugt hatte, unterstellte sich freiwillig und demütig der Gottesmutter als seiner obersten Lehnsherrin. Die römische Kurie ließ sich übrigens erst im Jahre 1625 dazu herab, dem 1347 verstorbenen Ludwig die Absolution zu erteilen. Er wird sie vermutlich nicht mehr benötigt haben ...

Maria, jungfräuliche Mutter und Gralskönigin

Die Verehrung Marias begann im Vorderen Orient, konnte sich aber im Abendland lange nicht durchsetzen. Erst die Kreuzfahrer brachten die Verehrung des Weiblichen in den Kultus der römischen Kirche zurück. Das Weibliche steht einerseits für die Gefühlswelt und mithin auch für die Liebe, andererseits offenbaren sich durch die weiblichen, Form gebenden Prinzipien die schöpferischen Kräfte des Göttlichen. Durch das Weibliche nimmt Gott also Gestalt an, und höchster Ausdruck des zu Gestaltenden ist Maria, die »Gottesgebärerin« und »Himmelskönigin«.

Die Mutter Jesu wird zum Gefäß für Christus, zu einem Symbol für den Menschen, der das Königreich Gottes in sich trägt. Dieses Königreich in sich muss der Mensch erkennen und nähren, um es hier auf Erden »zu gebären«, zu manifestieren. In den Litaneien beten die Gläubigen zu Maria: »Du Gefäß des Geistes, Du güldenes Haus, Bundeslade und Du vortreffliches Gefäß der Andacht.« Wer dem Gral dient, dient dem innewohnenden Göttlichen und damit der gesamten Menschheit. Ihn speist der Gral dafür mit irdischer und geistiger Nahrung, mit Licht, Leben und Liebe – und er verhilft ihm zur »Himmelfahrt«.

Gott ist Ausstrahlung

Die »patrona bavariae«, das Gnadenbild Ettals aus der lombardischen Werkstatt der Künstlerfamilie Pisani, gilt nicht nur als Blüteprodukt italienischer Plastik. Es markiert so etwas wie eine Wende in der kunstgeschichtlichen Darstellung der Marienbilder des 14. Jahrhunderts. Aus der strengen und höchstens huldvollen Madonna wird hier die liebenswürdige »mater amabilis«. Geradezu zärtlich blicken Mutter und Sohn einander in die

Augen, ein intimer Charme voller Zuneigung verbindet die beiden. Damals wie heute löst dieses Marienbild beim Betrachter andächtige Empfindungen aus. So wundert es nicht, dass es auch wundertätig gewesen sein soll. Die Bedeutung, die seit seiner Gründung von Ettal ausging, lässt sich auch daraus ersehen, dass der Gegenkönig und Nachfolger Ludwig des Bayern, Karl IV., Ettal in der Karlshofer Kirche in Prag nachahmte und symbolisch in der Burg Karlstein zur Vollendung gebracht haben soll. Sowohl Kaiser Karl V., der im Jahre 1551 an einer Fronleichnamsprozession in Ettal teilnahm, wie auch Richard Wagner ließen sich hier inspirieren und anregen.

Laut den Gralslegenden scheiterten alle Versuche der zwölf Ritter aus der Artusrunde, den geheimnisvollen Gral zurückzuholen, der sich in unsichtbare Sphären zurückgezogen hatte. Kaiser Ludwig startete in Ettal einen neuen Versuch, und er holte das Heilige in die Realität zurück: mit und durch Maria, die Gralskönigin. Ist Oberbayern also (eine) Heimat des Grals?

Kaiser Ludwig (Sandsteinrelief aus dem Mainzer Kurfürstenzyklus um 1320).

Im Tal des Neuen Bundes

Schon Kaiser Ludwigs ältere Söhne entzogen dem Kloster ihre Gunst und schmälerten seine Güter drastisch. Das Rittergut musste sich deshalb auflösen, das Kloster um seine materielle Existenz ringen. Bei einer Führung im letzten Jahr erklärte ein Mönch, letztlich sei von Ludwigs konfusem Ideenkonzept nur die klassische Klostergründung zum Tragen gekommen. Und die Benediktiner hielten diese mönchische Tradition aufrecht. Nur leider ohne Gral. Dafür mit einer bis heute florierenden Likörfabrik ...

Ettals Stiftung

Aus Roma kehrt der Kaiser
Zurück ins Bayernland,
Geschmückt mit goldner Krone,
Das Szepter in der Hand.

Er ziehet durch die Wälder,
Er reitet durch die Au'n
Und grüßet deutschen Boden
Mit frommem Gottvertraun.

»Du gabst, o Herr, die Krone
Und kaiserliche Macht;
Verleih mir auch den Segen
Zu meines Reiches Wacht.«

Und da er also betet
In gläubig frommem Sinn,
Da fällt sein Rösslein dreimal
Vor einer Tanne hin.

Er schauet im Gesichte
Ein Kloster dort erstehn,
In dem der Mönche Scharen
Für seine Wohlfahrt flehn;

Ein Engel hält in Händen
Das Bild der Jungfrau hold,
Die unsern Herrn geboren,
Weil Gott es so gewollt.

»So will ich denn erbauen,
Wie mir's erschienen ist,
Ein Kloster, weit und prächtig
Hier, wo der Bergstrom fließt.
Es sollen zu den Mönchen
Zu Frommen und Erbaun
Zwölf Ritter sich gesellen
Mit ihren lieben Fraun.
Sie sollen täglich beten,
Wenn Glockenklang erschallt,
Sie dürfen fröhlich jagen
Im grünen Tannenwald.«

Und wie er es gelobet,
So hat er's auch vollbracht:
Gezimmert und gemauert
Ward emsig Tag und Nacht.

Und als der Bau vollendet,
Schmückt bald den Hochaltar
Der Mutter Gottes Bildnis,
Wie es erschienen war.

Nun ruht im Grab der Kaiser
Nach mancher Müh' und Not,
Die Ritter und die Frauen,
Die Mönche – sie sind tot.

Die Kunde aber lebet
Von Ludwigs Frömmigkeit,
Erzählt, was er gestiftet
In längst vergangner Zeit.

(F.G. von Pocci)

Eine spätere Sage von der Entstehung des Kloster Ettal hat aus dem ursprünglich »grün gewandeten Engel« gleich einen Benediktinermönch gemacht. Die politische Verschleierung überlässt ihren Platz der religiösen Bearbeitung ...

Als Kaiser Ludwig der Bayer zur Krönung in Rom weilte und sich eines Tages betrübt über deren Verzögerung und sonstiges Ungemach in seinem Zimmer befand, trat durch die verschlossene Tür ein Mann in Gestalt eines Benediktinermönchs zu ihm und verkündete ihm tröstend einen glücklichen Ausgang seines Anliegens. Er übergab ihm ein wunderschönes Muttergottesbild aus weißem Stein und befahl ihm, bei seiner Heimkehr nahe dem Ort Ampferang oder Ammergau ein Kloster unter Sankt Benedikts Regel und rund um das Bildnis zu bauen.

Als der Kaiser im Jahre 1330 heimzog, ließ er sich von seinem Oberjäger nach Ammergau führen und entdeckte eine geeignete Stelle zur Gründung eines Gotteshauses. Dieses wurde aus Holz erbaut und mit dem wunderbaren Bildnis geschmückt. Bald erstand statt der hölzernen Kirche eine schöne steinerne mit einem Kloster. Der Name dieses Klosters »Ettal« stammt wahrscheinlich von seiner Lage im »öden Tal« ab oder von »Ettichotal«. Es wurde erst nach des Kaisers Tod vollständig fertig gestellt.

Steckbrief: Kloster Ettal

Lage:

A 95 von München nach Garmisch-Partenkirchen, Ausfahrt Bundesstraße 2 nach Oberau. Von dort Bundesstraße 23 nach Ettal. Oder A 95 über Augsburg, Bundesstraße 17 über Schongau, Abzweigung bei Peiting auf die Bundesstraße 23 bis Ettal.

Besonderheiten:

Die kleine Gemeinde Ettal liegt im größten zusammenhängenden Naturschutzgebiet Deutschlands, dem Naturschutzgebiet Ammergauer Berge. Herrliche Wanderwege führen durchs Tal. Hier finden sich noch Quellaufbrüche, unregulierte Flussläufe und sogar die äußerst rare Kreuzung zweier Gebirgsbäche. Seltene Tiere wie Adler, Auerhahn, Steinbock, Gemsen und Murmeltiere bevorzugen die höheren Lagen. »Menschliche« Bergfreunde haben 12 Gipfel zur Auswahl, zwischen 1600 und 2000 Meter hoch.

Geschichte:

Im Jahre 1330 von Kaiser Ludwig gegründet; zu Beginn Ritterstift mit starkem Bezug zum Templerorden und deutsche Gralsburg; stark beeinflusst vom Gralsdichter Albrecht von Scharfenberg, dessen Visionen in die Architektur des Zentralbaus einflossen; gleichzeitig Benediktinerkloster, das bis heute besteht. Das Gnadenbild, aus der Zeit Ludwigs und von ihm eingebracht, gilt heute als Patronin Bayerns. Heute Kloster mit Internat, Schule und obligatorischer Brauerei.

Anfahrt mit der Bahn:

Bahnhof Oberau an der Strecke München (Starnberger Bahnhof)–Garmisch-Partenkirchen oder Bahnhof Oberammergau. Von beiden Städten fahren Busse nach Ettal.

Nächstes Tourismusbüro:

Verkehrsamt
D-82488 Ettal,
Tel. 0049 (0) 8822 3534.

Wichtige kunsthistorische Ziele in der Umgebung:

- Kirche und Bärenhöhle am Laberjoch in Oberammergau. Seit 1633 finden in Oberammergau alle zehn Jahre die weltbekannten Passionsspiele statt.
- Schloss Elmau bei Klais.

Nächstes Museum:

- Schloss Linderhof in Ettal-Linderhof.

Der besondere Tipp:

Das Märchenschloss Linderhof des König Ludwigs II. von Bayern mit Park im Ortsteil Ettal-Linderhof. Der König versuchte hier in diesem 1874 erbauten Schloss, Richard Wagners Opernwelt in ihren mythischen und esoterischen Bezügen Leben zu verleihen. Was für manchen der Gipfel an Kitsch bedeutet, ist für andere das moderne Gegenstück zu Ettal: das neue Gralsschloss.

ENGELBERG IM ODENWALD

Vom germanischen Gott Wodan zum Erzengel Michael

Der Rules- oder Reulesberg bei Großheubach im bayerischen Odenwald – der Name soll sich als Wortverstümmelung von Ruch- oder Gerichtsberg herleiten – muss als Richtstätte und zugleich als Kultort für Wodan gedient haben. In alter Zeit suchte man für Rechtssprechung die unmittelbare Nähe zu den Göttern. Ein gewaltiger Felsblock etwa 3 Kilometer vom Kloster Engelberg entfernt, auf einer Höhe von 427 Metern und mit einer schüsselartigen Vertiefung, genannt Hünenstein oder Heunenschüssel, könnte das alte Hauptheiligtum des Berges gewesen sein. Doch mit geschärftem Blick lässt sich unschwer erkennen, dass die Berge beiderseits des Mains Teil eines größeren kultischen Bezirks waren, der vielleicht den Odenwald insgesamt umfasste.

Etwa um 1300 errichtete man auf dem Südwestzipfel des Rulesberges eine einfache Holzkirche und weihte sie dem Erzengel Michael, dem Kämpfer gegen die heidnischen Götter. Stand an dieser Stelle mit dem herrlichen Mainpanorama ebenfalls ein vorchristliches Heiligtum? Der Hauptaltar aus Naturfels in der Kirche könnte auf einen archaischen Kult hinweisen. Eine Sage berichtet, Engel hätten eingegriffen, um den neuen Weiheort in möglichst weiter Entfernung von dem Heidentempel zu halten. Aus Rulesberg wurde Engelsberg (mons angelorum). Warum wurde Wodan in aller Regel durch Michael ersetzt? Was haben die beiden miteinander zu tun?

Der weiträumige Odenwald war der heilige Wald des germanischen Gottes Odin oder Wodan. Behaupten zumindest die einen. Die anderen mutmaßen, der Name lasse sich vom althochdeutschen »adowalt« ableiten, was nichts anderes bedeutet als öder Wald. Tatsächlich wurde der Wald nur an seinen Rändern besiedelt, so wie hier am Mainufer. Wallburgen aus der Latenè- und Hallstattzeit belegen eine frühkeltische Besiedlung.

Mit den Römern gelangte die erste Kunde vom Christentum ins Maintal. Die Missionierung erfolgte von Kloster Amorbach aus, das der heilige Pirmin im Jahre 714 gegründet hatte. Wie überall in dieser Gegend sollte die Verehrung der alten Götter ersetzt werden. Doch nicht immer reichten dafür Kompetenz und Zuständigkeit von Heiligen aus, trotz geschickter oder auch nur bemühter Legendenbildung. Oft musste man »weiter oben« ansetzen.

Opferhöhlungen auf der obersten Plattform des Hünensteins. Es gibt einige düstere Berichte über Menschenopfer zu Ehren des »Asenführers« (Asen = germanisches Göttergeschlecht).

Der Herr des Odenwaldes und des Rulesberges

Majestätisch blickt Odin von seinem Hochsitz Hlidskjalf auf Burg Gladsheim in Asgard jeden Morgen aus einem Fenster im Osten herab auf die Welt. Sein Haupt ist geschmückt von einem strahlenden prächtigen Goldhelm, geschmückt mit ausgebreiteten Adlerflügeln. Der silberne Bart bedeckt die mit blitzendem Panzerhemd umgürtete Brust. Odins königliche Gestalt umwallt ein weiter blauer Mantel. Seine rechte Hand umfasst den Speer Gungnir, an seinem Arm prangt der wunderbare Ring Draupnir (= der Tröpfler), beides von Zwergen eigens für Odin geschmiedete Kleinode. Wenn Odin Gungnir schleudert, sehen die Menschen einen Blitz, und nach Gebrauch fliegt der Speer jedes Mal in die Hand des Gottes zurück. Schleudert er ihn über ein Kriegsheer, so fallen alle, über deren Haupt er dahinsaust. Zu Odins Füßen kauern zwei Wölfe, Freki (= der Gefräßige) und Geri (= der Gierige). Das achtbeinige weiß-graue Ross Sleipnir (der schnelle Läufer, der Springer) trägt den »Schimmelreiter« windschnell durch Luft und Wasser. In den Kampf gegen die Sterblichen wird Odin von seinen Raben und Wölfen begleitet. Die Helden, die von seinem Speer tödlich getroffen werden, lässt er von Walküren in die Götterhalle Walhall führen, wo er sie mit köstlichem Met bewirtet.

Der über das Land eilende Sturmwind, der mit Wodan verglichen wird, stempelt den Gott zum ewigen Wanderer, zum Schützer der Reisenden und des Verkehrs. Dies verleiht ihm ähnliche Funktionen wie dem keltisch-römischen Merkur, mit dem ihn die Römer verglichen. Wodan begibt sich gern unerkannt auf die Erde: ein uralter Mann mit Silberbart, weitem Mantel und einem Schlapphut, der sein blindes Auge verdeckt. Auf dem Rücken trägt er einen Sack und sucht unter fremdem Namen Obdach. Die spätere Volkssage lässt Wodan im Berge schlummern, wo er auf seine Zeit wartet. Die verkünden ihm die Raben, die um den Berg fliegen. Der Gott kann seine Attribute aber durchaus auch anderen Personen verleihen.[31]

31 Siehe Kapitel »Kyffhäuserberg in Thüringen«, Seite 236.

Auf der Höhe des Rulesbergs liegt der Hunnen- oder Hünenstein. Eine Verordnung Karls des Großen verbot den Kult Odins auf Anhöhen samt den damit verbundenen Opfern. Auch sollten ihm keine Wochentage (Mittwoch, englisch Wednesday = Wodansday) mehr geweiht werden.

Blutige Opfer und Hinrichtungen auf dem Berg?

Erst wenn man über die Holzsprossen den mutmaßlichen Hauptkultfelsen des Rulesberges, den quaderförmigen Stein auf dem höchsten Punkt, erklettert hat, sieht man die Opferrinnen und -austiefungen auf seiner Plattform. Der römische Historiker Tacitus berichtete, »sie halten es für recht, ihm (Merkur/Wodan) an bestimmten Tagen auch Menschenopfer darzubringen«. Ein christlicher Chronist wusste von grausigen Hängeopfern beim alljährlichen Hauptfest im schwedischen Upsala zu berichten. Diese sollten angeblich an Wodans Hängeopfer erinnern.

Ich weiß, dass ich hing am windigen Baum
neun Nächte lang,
mit dem Ger verwundet, geweiht dem Odin,
ich selbst mir selber,
an jenem Baum, da jedem fremd,
aus welcher Wurzel er wächst.
(Edda: Odins Runengedicht)

Dieser Mythos ist kaum dem Christentum entlehnt, denn er begegnet uns bei einigen Völkern aus viel früherer Zeit. Seit alters her berichteten Weise vom Geist, der im physischen Körper eingekerkert ist, oder – wie der Grieche Platon – von der Weltseele, die an das Kreuz oder den Baum der Welt gefesselt oder angenagelt sei. Von dort kann sie sich aber durch Auferstehung, also ständige Wiedergeburt im physischen Leib, befreien. Die Zahl Neun symbolisiert die Erfüllung. Odin hing neun Tage und Nächte am Weltenbaum, um in dieser Zeit die Geheimnisse der Weisheit für die Menschheit zu erkennen. Nur durch den Niedergang einer Kultur können solche Perlen an zeitloser Weisheit und Wahrheit in blutrünstige Kulte umgewandelt und damit entweiht werden. Wollte man deshalb das christliche Heiligtum weit genug entfernt errichten?

Man muss eine steile Holzleiter erklimmen, um die Plattform des quaderförmigen Hauptsteines zu erreichen.

Gott ist lebendiger Atem

Umstritten ist, woher der Name Wuotan oder Wodan stammt. Steht er mit Wut und Raserei in Verbindung? Liegt das indogermanische »ve« (= wehen, bewegte Luft) zu Grunde? Oder das germanische »wadan« (= das alles Durchdringende)? Im späteren Sprachgebrauch kursierte bei einigen Stämmen der Begriff »wode« für eine bewegte oder sich bewegende Schar. So wurde Wodan beziehungsweise Odin Führer und Geist des Toten- und Seelenheeres.

Noch ist auch der Streit nicht entschieden, ob sich die Göttermythologie aus einem primitiven Zustand zu einer höheren Theologie entwickelt hat oder umgekehrt von einer hohen Spiritualistik in die Profanität herabgesunken ist. Vermutlich gab es beides – und zwar immer gleichzeitig.

Man spürt geradezu den Versuch, in diesem Gott Wodan das kaum erfassbare Prinzip zu verehren, das sich im »Gott unserer Seele, unseres Herzens« ausdrückt. Dieses Prinzip ist »uralt« und sorgt über Transformation und Wiedererscheinen im neuen Gewand für stete Entwicklung

Die alten Eichen vor dem Kloster wecken den Verdacht, dass hier früher ein Heiligtum und ein heiliger Vorgängerbaum standen.

und Entfaltung. Loki, Wodans Begleiter, ein koboldartiger Feuergeist, ungeliebt und geächtet, muss immer dann eingreifen, wenn die Götter in Not geraten sind oder wenn eine neue Idee, eine drastische Änderung der Situation und eine neue Perspektive gefordert sind. Der schwarze Loki inszeniert dieses Neue mit frecher List und schamlosem Treiben. Das Neue und Unbekannte bleibt ohne Veredlung durch die menschlichen Götter dunkel und schwarz, der Nacht zugehörig, beängstigend und bedrohlich. Wie alles, was uns fremd anmutet und als Neuerung auf uns zukommt.

Dieser dunkle Bereich, der alles umfasst, das nicht offenbart wurde, aber auch alle Wiedergeburtskräfte, liegt im Norden, dort, wo die Sonne niemals scheint. In diesem Reich herrscht Wodan, als großer Beweger, »der Spender von Atem und Leben«. Er leitet die jungen Seelen in die empfängnisbereiten Embryonen der Mütter. »Und Gott hauchte ihnen den Atem des Lebens ein«, heißt es in der Bibel, »und sie wurden (erst dann) eine lebendige Seele.« Dieses Prinzip unterstand in den alten Mythen dem Nordwind. Er war zugleich Symbol für den alles durchdringenden Geist, der rastlos Neues schafft, inspiriert und die Verbindung zwischen dem Ungeoffenbarten und der Manifestation aufrechterhält, zwischen Tod und Transformation. Und der zugleich das Neue selbst ist, obwohl aus unvorstellbarer Zeit stammend.

Dieser Wind, diese Kraft, dieses Prinzip führt die Seelen der Verstorbenen ihrer neuen Bestimmung zu: zum Ort der großen Wandlung. Die männlichen Germanen malten sich diesen Aufenthalt recht zünftig aus. In Walhall, einem riesigen Himmelspalast mit 540 Toren, schien das Erdenleben mit Kämpfen, Gesängen und Gelagen einfach weiterzugehen. Odin persönlich bewirtete die gefallenen Helden. Selbst die amazonenhaften Walküren bedienten und reichten den Gästen den Göttertrank.

Kloster Engelberg liegt auf dem südwestlichsten Zipfel des Rulesberges, nach Süden erstrecken sich die Weinberge. Wie nahezu alle Michaelsheiligtümer deutet dieser Ort auf besondere Qualitäten, die ihn in vorchristlicher Zeit zu einem Götterberg gestempelt haben oder zu einem »Ort der Kraft«, wie wir heute gerne sagen.

Kloster Engelberg

Schon um 1300 muss an der Stelle der heutigen Klosterkirche Engelberg eine Verehrungsstätte für den Erzengel Michael bestanden haben. Einige alte Baumriesen, heute in die Architektur integriert, lassen noch etwas von dem ursprünglichen Ambiente hoch über dem Fluss erahnen. Die bauliche Erweiterung vom einfachen Bildstock über eine hölzerne, später dann auf vier Säulen ruhende steinerne Kapelle zum ersten Kirchlein zeugt von einer steten und steigenden Nutzung. Im Jahre 1310 hatte jemand eine Marienstatue aufgestellt, die wohl schnell den Ruf der Wundertätigkeit erlangte. Sie wird noch heute als Gnadenbild in der Marienkapelle verehrt. Eine Wallfahrt zu Michael und Maria setzte schon im 14. Jahrhundert ein und hat sich bis heute erhalten, vor allem um Pfingsten und bis Allerheiligen.

Im Laufe der Jahre musste die Gnadenstätte ständig vergrößert werden. Zugleich baute man weitere Kapellen an. Als die Zahl der Wallfahrer stetig zunahm, berief im Jahre 1630 der Mainzer Erzbischof und Kurfürst Kapuziner auf den Berg, denen er ein Kloster erbaute. Kloster und Kirche füllen heute diesen südwestlichen Zipfel des alten Rulesberges aus. Auf Anordnung König Ludwigs I. von Bayern übernahmen ab 1828 Kapuziner die Wallfahrerseelsorge. 1899 erhielt die Kirche ihre jetzige Gestalt.

Michael, neuer Herr des Engelberges

Der Name des wohl bekanntesten und beliebtesten Engels, des Erzengels Michael, bedeutet »Wer ist wie Gott«. Aber er ist nicht Gott. Zumindest nicht ganz. Nur zusammen mit den drei anderen Erzengeln, Gabriel, Raphael und Uriel, zuständig für die vier Himmelsrichtungen und Elemente, repräsentiert er die Ganzheit des unaussprechlichen Namen Gottes, JHVH. Der »Fürst des Lichts«, Michael, vertritt dabei die alles durchdringende, belebende und regierende Energie des Lichts in ihrer vollsten Kraft als Mittagssonne

612 Stufen (Engelsstaffeln) führen von Großheubach zum Gnadenbild

des Südens. Michael soll es auch gewesen sein, der Moses im brennenden Dornbusch erschien. Und damit gewissermaßen Wodan vertrat.

Mit dem blanken Schwert (Symbol der Herrschaft, aber auch der Kunst der Unterscheidung und des aktiven Willens) hütet Michael die letzte Schwelle und befiehlt allen Sternen-Engeln. Als Engel des Jüngsten Gerichtes bestimmt er das Gewicht der Seelen und geleitet sie seit dem Mittelalter auch in ihre Grabhügel und Wartehallen, die man sich seit alters her in bestimmten Bergen dachte. Solche und andere »heilige« Berge wurden als Brennpunkte tellurischer (erdmagnetischer) Kräfte gesehen, Drachenkräfte genannt. Die Kontrolle dieser unberechenbaren, sich unaufhaltsam Bahn schaffenden und daher höchst bedrohlich wirkenden Energien stand unter Michaels Führung. Mit dem Speer, Symbol der lebenspendenden Kraft, tötete er den Drachen. Michael sorgt also dafür, dass die Kräfte des Universums in der richtigen Weise und Dosierung, am rechten Ort und zur rechten Zeit wirken können. Vor allem in unserem Innern – womit seine Vollbeschäftigung auf Dauer garantiert ist. Denn gerade in unserem Inneren gehört der Drachenkampf zu den notwendigen Voraussetzungen, unsere Schattenkräfte in

Form jener alten mythischen Riesen, Titanen und grotesken Tiere im siegreichen Kampf als Verbündete zu gewinnen.[32]

Sind diese Drachenkräfte aber nur ein Attribut heidnischer Götter, die Michael in frommen Bildern eifrig besiegt? Oder besiegt der Erzengel eher unsere eigenen vielfältigen Widerstände und Blockaden, wenn er die ständig aktiven und nach Entfaltung strebenden Emanationen (Ausströmungen) aus dem symbolischen Norden in ihrer reifsten Manifestation im Süden widerspiegelt? Ersetzt er wirklich Wodan – oder verdeckt er ihn nur?

Michael gilt als Prinzip, das uns die vielfältigen Prüfungen des Lebens bereitet. Ohne diese Erfahrungen, ohne diese Abstimmung auf einen höheren Willen, auf das Walten unseres »inneren Selbst«, lässt er uns nicht wieder ins Paradies. Mit dem flammenden Schwert bewacht er dessen Eingang. In der spirituellen Metaphorik steht Michael auch für das symbolische Königtum, die lebendige Einheit zwischen äußerer und innerer Persönlichkeit. Erst recht für die höchste spirituelle Macht in der Symbolik des Kaisers. Deswegen wählten die mittelalterlichen Kaiser den Erzengel zum Schutzpatron des Reiches. Bis heute ist er, zusammen mit Mauritius, Schutzpatron der Deutschen geblieben. Im Namen Michaels wurden bisher auch noch keine Kriege geführt. Im Gegensatz zu Wodan, Gott oder Allah.

Der Engelberg, die Pforte zum Himmel?

Von Großheubach führen 612 Stufen, die »Engelsstaffeln«, zum Gotteshaus und zum Erzengel, dessen drei Meter hohe Statue in einer Muschelnische an der Giebelseite der Kirche die Schirmherrschaft über den Berg signalisiert. Ungefähr in der Mitte münden zwei weitere Kreuz- und Wallfahrtswege über die Höhen des Berges, sodass alle Pilger den Gipfel nur unter Mühen erreichen – wie jeder symbolische Aufstieg von uns so manche Mühe abverlangt.

Über dem Kirchenportal steht die Inschrift: »Hic est Domus Dei et porta coeli – Hier ist das Haus Gottes und die Pforte des Himmels!« Man betritt die Kirche durch die Marienkapelle von 1699 mit dem Gnadenbild aus dem Anfang des 14. Jahrhunderts. Das eigentliche Langhaus überzeugt durch seine architektonische Klarheit und dosierten Barock. Die Wand- und Deckengemälde von 1909 greifen durchgehend das Thema Engel auf. Im zentralen Deckenfresko stürzt Michael den abtrünnigen Luzifer in die Tiefe.

1845 bauten die Fürsten von Löwenstein aus Kleinheubach eine eigene Kapelle als Familiengruft. Sie formulierten etwas vorsichtiger: »Dies möge die Pforte zum Himmel sein!« Unter den hier Bestatteten ruht der

32 Zu den Schattenkräften siehe Kapitel »Giebichenstein in Halle an der Saale«, Seite 108.

portugiesische Exkönig Don Miguel I. von Braganza (1802–66), der die Prinzessin Ada von Löwenstein geehelicht hatte und deshalb auf dem Berg der Engel seine zeitweilige letzte Ruhe fand. Dank Wodans oder Michaels Wirken spürten die Portugiesen nachträgliche Reue und führten die Gebeine ihres vertriebenen Königs am 4. April 1967, fast genau zu seinem hundertsten Todestag, nach Lissabon heim.

Die Sage, wie der Engelberg zu seinem Namen kam, gehört zu den naiv-christlichen, aber wohl auch volkstümlichen Versuchen, scheinbare Widersprüche aufzulösen. Dahinter steckt auch eine uralte Überlieferung, nach der es für die Suche nach geeigneten Standorten von Tempeln und Kirchen oft geistigen Beistand gibt.

Dort, wo heute noch Reste heidnischer Kultstätten, die Heunesteine oder der Ospisfelsen, zu sehen sind, wollten die Urväter zu Beginn der Christianisierung eine Kapelle errichten. Die Missionare aber und auch die damaligen Herren in Franken wollten nicht, dass die Kapelle an einem durch heidnischen Kult vorbelasteten Ort gebaut werden sollte. Die Bewohner der Gegend aber dachten anders und brachten das Bauholz für die Kapelle einfach zum Rulesberg. Doch am nächsten Morgen lag alles Baumaterial dort, wo heute Kirche und Kloster stehen. Da man keine Erklärung fand, wie das ganze Holz in einer einzigen Nacht so weit transportiert werden konnte, überlegte man, ob da nicht der Teufel seine Hand im Spiel habe. Doch wieso sollte der Teufel den Mönchen behilflich sein?

Die Mönche behaupteten deshalb, es seien Engel gewesen. Da man aber ganz sicher gehen wollte, probierten die Bewohner es noch zwei Mal und schleppten mühsam das Holz wieder zum alten Kultplatz hinauf. Und zwei Mal lag am anderen Morgen alles wieder am Platz der heutigen Wallfahrtskirche.

So gab man sich denn zufrieden und – dem offensichtlichen Wunsch der Engel entsprechend – errichtete die Kapelle am heutigen Platz. Sie wurde dem streitbaren heiligen Michael geweiht. Der Berg aber hieß von nun an »Engelberg«.

Steckbrief: Engelberg im Odenwald

Lage:

Der Engelberg kann von Aschaffenburg aus rechtsmainisch über Obernau, Sulzbach, Erlenbach, Großheubach erreicht werden. Von dort Auffahrt auf den Berg zum Kloster. Oder über Miltenberg (Bundesstraße 496) am Main, dort über die Brücke nach Großheubach.

Besonderheiten:

Von Großheubach führen 612 Stufen zur Klosterkirche. Neben der Kirche laden die Klosterstuben ein mit einem Laden, dessen Angebot von Brot, Klosterbier, Dosenwurst, Büchern, Reiseandenken bis hin zu Devotionalien reicht. Vom Kloster gehen herrliche Wanderwege ab über die Höhen der Mainuferberge, zur Stefanshöhle und zu romantischen Felsenklippen mit herrlichen Panoramablicken.

Geschichte:

Mutmaßlicher Wodansberg, vielleicht eingebettet in einen größeren Kultbezirk, zumindest mit einer offensichtlich bedeutenden Opferstätte »bei den Heunensteinen«, rund 3 Kilometer vom Kloster entfernt auf dem Rulesberg; umgewandelt in eine Verehrungsstätte für den Erzengel Michael und später zusätzlich für die Gottesmutter Maria; Klosterbau und beliebte Wallfahrtsstätte, die bis heute Scharen von Pilgern anzieht.

Anfahrt mit der Bahn:

Anfahrt bis Miltenberg auf der Strecke Frankfurt–Aschaffenburg–Ulm. Vom Bahnhof Miltenberg führt ein Wander- und Wallfahrtsweg auf den Engelberg, den man in rund einer Stunde erreicht: durch die Bahnhofsunterführung, quer durch das Gymnasium in die Benzstraße, nach 50 Metern in die Engelbergstraße, die dann in den hervorragend ausgeschilderten Pilgerweg übergeht, mit drei Höhenalternativen.

Nächstes Tourismusbüro:

- Tourist-Information, Abendanzsches Haus, Kirchstraße 6, D-63920 Großheubach, Tel. 0049 (0) 9371 40 99 43;
- Touristinformation, Engelplatz 69, D-63897 Miltenberg am Main, Tel. 0049 (0) 9371 404 119.

Wichtige kunsthistorische Ziele in der Umgebung:

- In Miltenberg die Mildenburg (Mainpanorama), Fürstenherberge, Stadtpfarrkirche St. Jakobus, Franziskanerklosterkirche, alte Stadtbefestigung und Altstadt; Barockschloss der Fürsten von Löwenstein in Kleinheubach.

Nächstes Museum:

Museum der Stadt Miltenberg am Marktplatz.

Der besondere Tipp:

Bei der Tourismusinformation in Miltenberg erhält man die Wanderkarte für einen »Römerweg«. Er führt hinauf auf die Wallanlagen des Greinberges, in dem die Römer einen Merkurtempel errichteten; zum Limes, der unmittelbar an Miltenberg vorbeizog, und zu den Resten von zwei Römerlagern, jeweils an den beiden Enden der ehemaligen Straßensiedlung Miltenberg.

KYFFHÄUSERBERG IN THÜRINGEN

»Fliegen die Raben noch um den Berg?«

Der Kyffhäuser, vielleicht der bekannteste mythische Berg Deutschlands, verdankt seine Popularität der größten und sagenumwobensten Burganlage des Mittelalters. Dreiteilig überzieht sie fast seine gesamte 608 Meter lange Kuppe. Zahlreiche Kaiser nahmen im Mittelalter auf dieser Burg und der nahe gelegenen Pfalz Tilleda Aufenthalt. Mit einem dieser Kaiser, dem Staufer Friedrich I., genannt Barbarossa (er regierte 1152–1190), verschmolz bereits im 16. Jahrhundert eine viel beachtete Sage. Barbarossa schlafe im Berg und warte darauf, endlich erwachen und mit seinen Getreuen den Endkampf antreten zu können – die »letzte Schlacht auf Erden« für eine Welt des endgültigen Friedens.

Friedrich I., für manchen auch einer der Urväter deutscher Großmachtgelüste, sitzt heute als romantisiert ausgestaltetes Felsrelief auf dem Berg, als Teil eines riesenhaften Denkmals für Wilhelm I. (Regierungszeit 1871–1888), erster Kaiser des Zweiten Deutschen Reiches. Erhaben beherrscht es abseits aller Ideologien Berg und Landschaft, zusammen mit dem Turmstumpf der Oberburg, dem mutmaßlichen Eingang zur Märchenwelt des Kyffhäuser.

Was hat es nun mit der Sage vom »schlafenden Kaiser« auf sich? Was bedeutet »die letzte Schlacht«? Es gibt diverse Varianten dieser Sage, mit wechselnden Kaisern und Bergen. Warum wurde aber der Kyffhäuser zum »wahren« Ort der Sage für Deutschland? Und warum zum symbolträchtigsten Berg der deutschen Nation?

Wir schreiben das Jahr 1546: Einige Schäfer, die ihren Tieren in den unübersichtlichen Ruinen der Burg Kyffhäuser nachstiegen, erblickten plötzlich einen alten Mann mit einem langen, roten Bart. Einem Gespenst gleich, trat er überraschend aus dem Gemäuer und war plötzlich – ebenso geheimnisvoll – wieder verschwunden. In den folgenden Monaten wollten einige sogar mit ihm gesprochen haben. Als dies bekannt wurde, begann eine Wallfahrt nach dem ohnehin legendenumwobenen Berg. Der Alte hatte sich nämlich als Kaiser Barbarossa ausgegeben und angekündigt, er werde in Kürze zum Auszug aus dem Berg rüsten. Er erwarte nur noch Briefe aus Bayern und anderen Ländern.

Die Landesherren der Umgebung konnten sich nicht auf einen Umgang mit dieser höchst seltsamen Geschichte einigen. Luther, den man

Der Windgott über dem Massiv.

in dieser Affäre befragte, wusste ebenfalls nicht, was er davon halten sollte. Er vermutete eine Hinterlist des Teufels. Schließlich nahm der Graf von Schwarzburg, Besitzer des Kyffhäusergebietes, den »Untoten« vorsichtshalber einmal in Gewahrsam und ließ ihn einem strengen Verhör unterziehen. Barbarossa entpuppte sich dabei bald als der leicht verrückte Schneider Johannes Leupold aus Langensalza ...

Der Berg der Heiligtümer

Bereits in der Jungsteinzeit (5500–2300 v. Chr.) suchten Menschen die Höhen des Kyffhäuser auf, wie Funde beweisen. Die zahlreichen Schatzsagen beweisen eine hohe Wertschätzung des ganzen Massivs in mehrfacher Hinsicht. Die Seelen von Verstorbenen würden im Berg ihren Aufenthaltsort nehmen, glaubte man. Einige seiner Höhlen dienten Trauer- und Todesritualen. Ob die Verbindung des Berges mit den Seelen der Toten zu diesem Kult führte oder ob die Höhlennutzung solche Vorstellungen beeinflusste, bleibt das Geheimnis des Kyffhäuser. Auch der Sturmgott Wodan zog sich bisweilen in dieses Massiv zurück. Bei Windstille hieß es, er halte mit seinen Getreuen, den ihn begleitenden Seelen, zünftige Gelage im Berg ab. Als »wilder Jäger« verließ er dann jeweils den Berg, vor allem während der Raunächte zwischen Weihnachten und Dreikönigstag.

Die jahrtausendelange Nutzung des gesamten Massivs brachte es vermutlich mit sich, dass mehrere Heiligtümer im und auf dem Berg entstanden. Vielleicht wurde der Kyffhäuser aber auch immer als gesamtes Heiligtum verehrt und als Einheit in die Kulte einbezogen.

Der Berg der Höhlen: Treffpunkt für kannibalistische Kulte

Die unterirdische Verkarstung des Kyffhäusergebietes hat besonders eindrucksvolle Höhlen geschaffen, von denen etwa 40 bekannt sind. Touristisch erschlossen ist die Barbarossahöhle, die man 1865 beim Bau eines Suchstollens für die Wiederaufnahme des Kupferbergbaus entdeckte. Hier lässt man Besucher heute die Sagenwelt des Berges nacherleben.

Interessanter sind aber die nicht zugänglichen »Schuchards oder Kannibalen-Höhlen«. Ihr Zugang erforderte auch vor Jahrtausenden Schwindelfreiheit und größeren Aufwand. DDR-Archäologen fanden in ihnen in den Fünfzigerjahren neben zahlreichen Fundstücken aus der Bronze- und Eisenzeit eine unterirdische, vorgeschichtliche Kultanlage, ein Labyrinth, das etwa 20 Höhlen und Felsspalten umfasste. Sie waren zwar nicht alle miteinander verbunden, schienen aber in einen kultischen Zusammenhang einbezogen. Dieses Höhlensystem erinnerte ein wenig an das weiträumige Labyrinth des Minotaurus auf Kreta.

Für eine Sensation sorgten Knochen von über 130 Menschen, die gemäß Untersuchungen an gewaltsam beigebrachten Verletzungen gestorben waren. Aufgebrochene Röhren- und Schädelknochen deuten auf die Entnahme von Gehirn- und Knochenmark, also auf kultischen Kannibalismus, der bis ins erste Jahrtausend v.Chr. gepflegt worden sein dürfte!

Ob dabei das Fleisch der Toten ebenfalls verzehrt wurde, bleibt ungeklärt. In einer Zeit, zu der der Mensch noch nicht sesshaft war und nur vorübergehend an bestimmten Rastplätzen siedelte, könnten bei Totenriten an beliebigen Stellen Schädel und bestimmte Knochen entfernt worden sein, um sie an besonderen Orten (Höhlen) dann noch einmal mit einem aufwändigeren Ritual zu bestatten. Die Funde beweisen, dass die Höhlen über einen längeren Zeitraum (rund 2300–750 v.Chr.) kontinuierlich dafür genutzt wurden. Vermutlich handelte es sich beim Kyffhäuserlabyrinth um einen bedeutenden und überregionalen Trauer- und Bestattungsplatz, wo man zugleich mit dem Geist der Toten und Ahnen in Verbindung treten konnte – und mit den Göttern der Unterwelt. An einem vergleichbaren Kultplatz in Oberdorla bei Weimar scheint man einer Art »Göttin Erde« geopfert zu haben.

Der Berg der Burgen

Das nach drei Seiten steil abfallende Massiv bot eine natürliche Verteidigungs- und Aussichtslage. Noch heute reicht die ungehinderte Sicht von der Höhe weit nach Nord- und Ostthüringen hinein. Spuren erster befestigter Anlagen führen ebenfalls bis in die Jungsteinzeit zurück. Im Mittelalter begann man mit dem Bau einer mächtigen Anlage zur Sicherung königlicher und kaiserlicher Eigengüter in Thüringen. Der Ursprung dieser Befestigung liegt noch weitgehend im Dunkeln. In ihrer Blütezeit erstreckte sich diese wohl größte mittelalterliche Burg im Reich auf 608 Meter Länge, im Bereich der Unterburg auf einer Breite von 60 Metern. Als ältester Teil gilt die Oberburg, die zum Ende des 19. Jahrhunderts das monumentale Denkmal aufnehmen musste. Die Mittelburg fiel so gut wie gänzlich einem seit dem 15. Jahrhundert rücksichtslos betriebenen Steinbruch zum

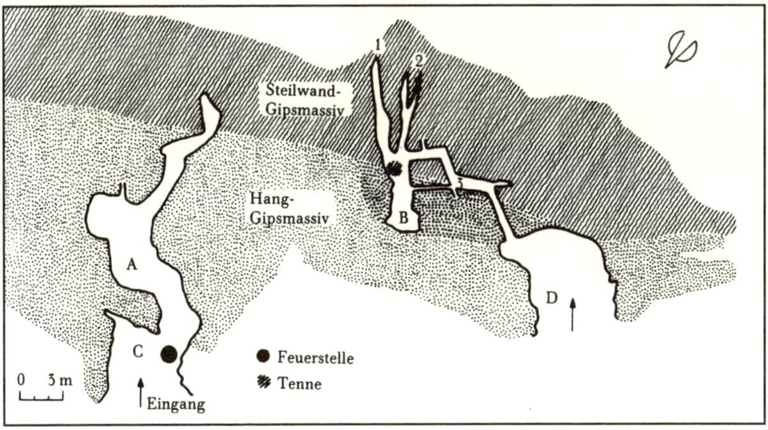

Das System der »Schuchards-« oder »Kannibalenhöhlen«.

Opfer. Die anmutigen und romantischen Anlagen der Unterburg beherbergen die Reste der 1433 als Wallfahrtsort geweihten Burgkapelle »Zum heiligen Kreuz«.

Nicht lange nach dem Bau der mittelalterlichen Anlage muss sie zerstört worden sein. Vor allem während der Regierungszeit Kaiser Barbarossas wurden gewaltige Wiederauf- und Ausbauarbeiten getätigt. Die Blütezeit der Anlage dauerte allerdings nicht lange. Schon zu Beginn des 15. Jahrhunderts wurden die Burgen als unbewohnbar bezeichnet.

Der noch heute beeindruckende Turmstumpf der Oberburg heißt im Volksmund Barbarossaturm. Er gilt als Haupteingang zu seinem unterirdischen Aufenthaltsort im Berg, allerdings von einem unsichtbaren Schleier vor neugierigen Blicken verborgen. Nur in bestimmten Nächten mag es vorkommen, dass Zwerge einen nichts ahnenden Besucher in die geheimen Kammern, Gewölbe und Hallen unterhalb der Burg führen. Die Frage drängt sich auf, wie es zu dieser Sage kommen konnte.

Er lebt und er lebt nicht

Dem Geschlecht der Staufer gelang es in seiner Blütezeit, das Heilige Römische Reich auf seine größten Grenzen auszudehnen und dem abendländischen Kaisertitel den höchsten Glanz zu verleihen. Der Zenit dieser Epoche, gleichzeitig die Blütezeit des Rittertums, fiel in die Regierungsjahre Barbarossas. Man hätte von einem goldenen Zeitalter sprechen können, hätte sich nicht gleichzeitig der Machtkonflikt zwischen Kaisertum und Papst immens verschärft. Letzterer gab sich immer weniger mit der Rolle des religiös-geistigen Oberhaupts zufrieden. Mit Barbarossa begann dagegen eine Phase, in der die Stauferkaiser eine sakrale Anbindung ihres Amtes

Kaiser Friedrich I. sitzt nicht allein in seinem Berg. Manche, die bei ihm waren, wussten von einem ganzen Hofstaat zu erzählen, andere von Rittern und Knappen, Edelfrauen und schönen Prinzessinnen. Oder wenigstens von dienstbaren Zwergen.

an das frühe germanische Priesterkönigtum einleiteten und damit die eigentliche Domäne des Papstes bedrohten. Die Auseinandersetzung gipfelte in einer hasserfüllten Propagandaschlacht und schließlich im offenen Krieg zwischen Barbarossas Enkel, Friedrich II., und Papst Innozenz IV.

Als im Jahre 1250 Kaiser Friedrich II. verstarb, sorgten Papst und Verbündete dafür, dass das ihnen verhasste Staufergeschlecht bis auf den letzten Abkömmling ausgerottet wurde. Denn die Staufer standen außerdem für Freiheit des Geistes und damit auch für Freiheit der Religion und für die Ablehnung aller päpstlichen Machtansprüche in weltlichen Fragen. Mit dem Ende der Staufer folgten aber rasch Chaos, Friedlosigkeit und Faustrecht im Reich. Das so genannte Interregnum (1254–1273), die kaiserlose Zeit, verband sich unlösbar mit weltlichem und geistigem Unfrieden, mit dem drohenden Untergang des Reiches.

Im Wissen um dieses einsetzende Chaos hatte die kaiserliche Verwaltung Friedrichs Tod für einige Zeit erfolgreich geheim gehalten. Lang anhaltende Verwirrung durch unterschiedliche Verlautbarungen und Zweifel an seinem Tod mischten sich im Volk bald mit Sehnsüchten nach geordneten Verhältnissen. Gab es da nicht die prophetisch zeitlosen Worte der Sybille aus einem antiken Orakelzentrum, die jetzt überall kursierten? »In einem verborgenen Tod wird er (der wahre Kaiser) die Augen schließen und weiterleben; tönen wird es unter den Völkern: Er lebt und er lebt nicht.« So verbanden sich diese Sehnsüchte untrennbar mit einer offensichtlich sehr alten Überlieferung von der Wiederkehr des »wahren Kaisers«.

Der schlafende Kaiser

Das Paradoxe war geschehen: Mit dem Tod des Kaisers wurden die Staufer unsterblich. Man vermutete Friedrich II. anfangs im Vulkan Ätna, dann kamen andere Berge in Italien, Österreich und Deutschland ins Gespräch. Alle Gerüchte endeten damit, dass der Kaiser nur im Zauberschlaf verharre und auf den Tag warte, wo er im alten Glanz wieder erscheinen könne. Den Tag, an dem er das Reich samt der Kirche erneuern und endgültig Frieden schaffen werde, am Ende aller Tage.

Sagen ändern sich. Neue politische und gesellschaftliche Verhältnisse deuten und formen sie zweckmäßig um. Man hatte den Staufern immer den Vorwurf gemacht, sich zu sehr nach Süden zu orientieren. Diese Politik änderte sich mit den sehr viel schwächeren Herrschern nach dem Interregnum. Man besann sich nun wieder mehr auf die Gebiete nördlich der Alpen. Das geografische Herz dieses deutschen Reiches war Thüringen. Wann »der schlafende Kaiser« dorthin verlegt wurde, ist nicht bekannt. Aber bereits 1421 wusste Johann Rothe, Stadtschreiber und deutlich Stellung beziehender Mönch in Eisenach, in der »Düringischen Chronik« Folgendes mitzuteilen (frei übertragen):

»Von diesem Kaiser Friedrich, dem Ketzer, wurde eine neue Ketzerei berichtet, die im Geheimen von den Christen geglaubt wird. Sie glauben, dass Kaiser Friedrich noch lebt und lebendig bleiben wird bis an den jüngsten Tag und dass kein rechter Kaiser nach ihm gekommen sei noch in Zukunft kommen werde. Er soll herumwandern zu Kyffhausen in Thüringen auf dem wüsten Schlosse und auch auf anderen wüsten Burgen, die zu dem Reich gehören, und er redet mit den Leuten und lässt sich von Zeit zu Zeit sehen.«

Als sich die Verhältnisse im Reich besserten, erhoffte die Sage von Friedrich II. nur mehr eine geistig-religiöse Reform. Mit der Reformation ließ auch dieser Wunsch nach, zumindest, was seine Zuständigkeit dabei betraf. Hatte Friedrich II., vom Erzketzer zum Reformator aufgestiegen, etwa aus dem Hintergrund die Geschicke seiner Völker in die richtigen Bahnen gelenkt? Und damit einen großen Teil der Erwartungen erfüllt? Die Sage konzentrierte sich von nun an mehr auf seinen Großvater Barbarossa – vielleicht in Erwartung einer neuen Blütezeit des Reiches, auf jeden Fall in Erwartung der »letzten Schlacht auf Erden«.

Wodan vor der Walpurgishalle in Thale/Harz. Nur sein rechtes Sonnenauge, das Auge des Tages, bleibt wahrnehmbar. Sein Auge der Nacht ist für uns verborgen, wie alles, was symbolisch im Bereich zwischen Tod und Wiedergeburt geschieht.

Barbarossa, der Herr des Kyffhäuser

Die Sagen um Kaiser Friedrich I., genannt Barbarossa (= Rotbart), im Kyffhäuser oder anderen Bergen entwickelten ein eigenes Sujet. Mitten in einer großen Halle, deren Wände bedeckt sind mit den Schilden und Waffen der Getreuen, steht ein schwerer, runder Steintisch. An ihm sitzt der alte Kaiser, den Kopf in die Hand gestützt. Sein langer roter Bart wallt herab und ist schon zweimal um den Tisch gewachsen. Gelegentlich wacht er irritiert auf oder wird durch Besucher im Schlaf gestört, die seine Diener, die Zwerge, zu ihm geführt haben. Dann öffnet er die müden Lider unter den mächtigen Brauen und fragt den irdischen Gast mit dumpfer Stimme:

»Sag, fliegen die Raben noch um den Berg?«
Sie fliegen noch. Und jedes Mal seufzt der Alte kummervoll:
»So muss ich noch weitere hundert Jahre schlafen.«

Doch eines Tages wird es so weit sein. Der Bart wird zum dritten Male um den Tisch gewachsen sein, die Raben werden nicht mehr um den Berg fliegen. Dann wird sich der Kaiser erheben und die Getreuen um sich sammeln. Der Berg wird sich öffnen und das Heer lärmend herausquellen, um die Feinde des göttlichen Friedens für immer aus dem Land zu verjagen. Nach der Schlacht wird der Kaiser seinen Schild an einen dürren Baum hängen, der darob zu grünen beginnt. Dies das Zeichen, dass eine neue, bessere Zeit anbricht, der ewige Frieden.

Gott ist Erlösung

Trägt Barbarossa auch viele Züge des Gottes Wodan und erinnert seine Halle, zumindest was die Wandbekleidung betrifft, an den Götterhimmel Walhall, so haben sich wohl noch ältere Muster in die Sage geschlichen. Die Könige der Antike repräsentierten neben anderen übergeordneten Werten die Lebenskraft ihres Volkes. Diese Lebenskraft verlief wie jede Entwicklung vom Stadium des Keimlings zu höchster Blüte und Potenz, um dann unaufhaltsam dahinzuwelken. Schwand nun die Macht und Kraft eines Volkes oder Gemeinwesens, begann man dieser Periode nachzutrauern und sie zu verklären. Und mit ihr den König, dessen Regierung sich daran koppelte. Der König personifizierte den Mythos dieser Zeit. Dieses Muster zeigt auch die Barbarossasage.

Über Kunst lässt sich bekanntlich streiten. Und doch finden Berg, Landschaft und monumentales Denkmal zu einer harmonischen Einheit.

Turmstumpf der Oberburg. Raben sieht man hier weniger.

Nach mystischem Verständnis schlummert und wartet in den Tiefen unseres Unbewussten der individuelle Teil der universellen Lebenskraft, ein »alter König«. Diese Lebensgrundkraft sucht immer neue und komplexere Strukturen zu erzeugen, um sich selbst zum Ausdruck zu bringen. Der höchste Ausdruck ist erreicht, wenn Körper, Seele und Geist mit ihren ganzen Entsprechungen in vollkommener Harmonie miteinander arbeiten. Man könnte auch von der Dreiheit Oberbewusstsein, Unterbewusstsein und so genanntes kosmisches Bewusstsein sprechen. Die Alchimie spricht von den drei Königreichen, die im großen Werk zu einer Einheit zusammenwachsen. Ihr Herrscher ist nun der Kaiser, der die »dreifache Krone der Erleuchtung« trägt und damit endlich »erwacht« ist: die Krone der Allwissenheit, Allmacht und Freude der ewigen göttlichen Liebe. Auf diesem Weg treten wir irgendwann nicht nur symbolisch zu jener letzten Schlacht im Leben an, die uns vom endgültigen Frieden trennt: von der Ganzheit in unserem höchsten Selbst-Gewahrsein, von der Einheit mit dem höchsten Bewusstsein, mit Gott. Wir führen diese Schlacht gegen das letzte, aber gnadenlose Aufgebot unserer inneren Widerstände.

Ein Denkmal für den Kaiser

Das zweite deutsche Kaiserreich wurde 1871 im Spiegelsaal des Versailler Schlosses proklamiert, in der Hauptstadt des besiegten Frankreichs. 25 Einzelstaaten erkannten dabei die Führungsrolle Preußens an. Damit waren die Deutschen fast die Letzten in Europa, die sich zu einer Nation vereinten.

Barbarossa trägt viele Züge des germanischen Gottes Wodan.

Im Prozess der Selbstfindung gewannen nun symbolbeladene Begriffe wie Deutsches Reich, Kaiserreich und Kyffhäusersage immer mehr an Bedeutung. In der Mitte des 19. Jahrhunderts noch mit demokratischen, sozialen und fortschrittlich-freiheitlichen Inhalten verbunden, geriet der Einheitsgedanke von Nation und Reich aber immer mehr ins Fahrwasser militaristischer Gruppierungen. Diese versuchten nun, den legendären Kyffhäusergeist zur politischen Legitimation des Kaiserreiches auszubauen.

Zum Tode des ersten deutschen Kaisers Wilhelm I. entstand bei den »Kriegervereinigungen« die Idee, dem Hohenzollern auf dem Kyffhäuser ein Denkmal zu errichten (1896 vollendet), in Anlehnung an Kaiser Barbarossa und die Sage vom schlafenden Kaiser im Berg. Der Architekt des Denkmals, Professor Schmitz, fasste die Inhalte zusammen: »Ein Erinnerungs- und Siegesmal der Nation, die Bestätigung des Dankes für den Gründer der Deutschen Einheit – der Ausdruck der Wehrhaftigkeit und Größe des deutschen Kaiserreichs.« Man kann heute den enthusiastischen Geist, der damals weite Teile der Bevölkerung beherrschte, kaum noch verstehen, geschweige denn objektiv betrachten. Fand Kaiser Barbarossa nicht in Wilhelm den Vollstrecker? Das Reich war geeint, der industrielle Boom setzte ein, die Kultur blühte, über vier Jahrzehnte Frieden begannen – wann hatte es das auf deutschem Boden seit den Staufern gegeben? Allerdings plusterte sich dieses Zweite Kaiserreich schnell zur Weltmacht auf. Und die zunehmende politische und wirtschaftliche Konkurrenz unter den Weltmächten ließen immer mehr um diesen Frieden zittern.

Wir wissen, was dann geschah. Zwei Weltkriege brachten in bislang ungeahntem Maße Leid über die Menschen. Die viel beschworene Reichseinheit und Einheit der Nation blieben ebenfalls auf der Strecke. Aber war es denn der Kampf um das wahre Reich, um die wahre Einheit, mit dem wahren Kaiser?

Ungerührt reitet Wilhelm I. weiterhin auf seinem Kyffhäuserdenkmal, das damals wie heute – jenseits aller Ideologien und zeitgebundenen Interpretationen – den Berg und die Landschaft mit seinem ureigensten Charme beherrscht. Unter ihm aber, im zerklüfteten »Barbarossahof«, wartet der wahre Kaiser auf seine Entzauberung. Denn noch wächst sein Bart, noch fliegen die Raben um den Berg, noch ist die wirkliche Einheit nicht überall gefunden. Wofür sich doch eine allerletzte Schlacht zweifellos lohnt.

Wie kaum ein anderes Gedicht belebte Rückerts »Alter Barbarossa« den Sagenstoff um den Kyffhäuser:

Kaiser Friedrich Barbarossa

*Der alte Barbarosse,
Der Kaiser Friederich,
Im unterirdischen Schlosse
Hält er verzaubert sich.*

*Er ist niemals gestorben,
Er lebt darin noch jetzt;
Er hat im Schloss verborgen
Zum Schlaf sich hingesetzt.*

*Er hat hinabgenommen
Des Reiches Herrlichkeit,
Und wird einst wiederkommen,
Mit ihr, zu seiner Zeit.*

*Der Stuhl ist elfenbeinern,
Darauf der Kaiser sitzt:
Der Tisch ist marmorsteinern,
Worauf sein Haupt er stützt.*

*Sein Bart ist nicht von Flachse,
Er ist von Feuersglut,
Ist durch den Tisch gewachsen,
Worauf sein Kinn ausruht.*

*Er nickt als wie im Traume,
Sein Aug' halb offen zwinkt;
Und je nach langem Raume
Er einem Knabe winkt.*

*Er spricht im Schlaf zum Knaben:
Geh hin vors Schloss, o Zwerg,
Und sieh, ob noch die Raben
Herfliegen um den Berg.*

*Und wann die alten Raben
Noch fliegen immerdar,
So muss ich auch noch schlafen,
Verzaubert hundert Jahr.*

(Friedrich Rückert, 1817)

Vor dem Königsboten lichtete sich der Wald, und nach Westen hin öffnete sich ein Durchblick auf den Höhenzug, an dem der Weg entlang führte. Der Bote zügelte sein Pferd. Trotz seines Hungers und der verlockenden Aussicht auf das reichhaltige Abendessen in einem Kloster, das nur noch wenige Meilen vor ihm lag, stieg er ab und trat an den Rand der Lichtung. Er beugte das Knie und murmelte ein Gebet für Donar, denn vor ihm lag der Berg, der Sitz der alten Götter. Als kleines Kind hatte ihn sein Großvater an diese Stelle geführt und ihm von Wodan erzählt, dem mächtigen Götterfürsten der Germanen. Von ihm kannte er den Namen des Berges, Wodans Hut, denn oft verhüllten Wolken den Sitz der Götter vor den Sterblichen. Von seinem Großvater wusste der Bote auch, dass auf dem Gipfel dieses Berges eine heilige Stätte gewesen war, den alten Göttern geweiht. Dann, als die Zeiten immer wirrer wurden, hatte man den heiligen Ort mit einem Wall umgeben, und die Bauern flüchteten sich dorthin, wenn wieder einmal Beutezüge der Sachsen und Ostvölker das Land verheerten.

Der Bote stand wieder auf und bekreuzigte sich. Er empfand keinen Widerspruch zwischen dem christlichen Glauben, zu dem er im Kloster erzogen worden war, und der Reverenz, die er den alten Göttern erwies. Beides war Teil der Tradition seines Stammes geworden, seit langem schon. Er ergriff die Zügel seines Pferdes, legte sie auf den Nacken des Tieres und verharrte so einen Augenblick ...

(Aus: Diana Maria Friz: Wo Barbarossa schläft – der Kyffhäuser. Der Traum vom Deutschen Reich, Weinheim 1991, Seite 19f.)

Steckbrief: Kyffhäuserberg in Thüringen

Lage:

Das Gebirge kann über die Bundesstraße 80 zwischen Halle und Nordhausen erreicht werden. In Berge Ausfahrt, dann auf der Bundesstraße 85 bis Kelbra, von dort ist der Weg gut ausgeschildert. Oder die Bundesstraße 85 von Weimar aus über Bad Frankenhausen zum Kyffhäuser. Vor dem Denkmal warten riesige Parkplätze (gebührenpflichtig).

Besonderheiten:

Am Nordrand Thüringens erhebt sich wie eine Insel das landschaftlich höchst reizvolle Kyffhäusermassiv über eine ansonsten eher flache Umgebung. Das etwa 60 Quadratkilometer große Pultschollengebirge des Erdaltertums vereint eine große Vielfalt an Fauna und Flora mit einer Reihe kulturgeschichtlicher Denkmäler. Schon deshalb wurde es 1941 zum Landschaftsschutzgebiet erklärt. Der Name Kyffhäuser (früher Kufhuse) wird als »Haus auf der Bergkuppe« gedeutet, »Kriegshaus« von Kiff (kriegerischer Streit) oder als verwandt mit dem althochdeutschen »cuppha« (= Kopfbedeckung). Der Berg würde also »Wolkenhutträger« heißen.

Geschichte:

Schon in der Jungsteinzeit (5500–2300 v. Chr.) besiedelt und befestigt. Ort zahlreicher und vielleicht überregionaler Heiligtümer, beispielsweise der »Kannibalen Höhlen«, eines großes labyrinthartigen Totenkultzentrums, das noch bis 1000 v. Chr. genutzt wurde. Etwa im 10. Jahrhundert n. Chr. Bau einer ersten Burg. Zur Zeit der Staufer Ausbau zur größten Burganlage des mittelalterlichen Reiches. Seit dem 16. Jahrhundert wüst, erfährt der Berg durch die Sage vom darin schlafenden Kaiser Barbarossa im ganzen Reich Beachtung. Zur Zeit der Romantik im 18. Jahrhundert viel besucht. Selbst Goethe wanderte mit seinem Fürsten, dem Herzog von Weimar, inkognito auf den Berg. Zur Erinnerung an die Reichsgründung von 1871 und zu Ehren Kaiser Wilhelms I. errichteten die »Kriegervereinigungen« in der Oberburg 1896 ein Denkmal. Es verband die Idee nationaler Einheit mit der Sage und überstand alle politischen Systeme auf deutschem Boden – bis heute.

Anfahrt mit der Bahn:

Regionalzug Halle in Richtung Nordhausen, Bahnhof Berga-Kelbra. Von dort fahren Busse bis Kelbra. Oder Regionalzug von Halle nach Sonderhausen, Bahnhof Bad Frankenhausen.

Nächstes Tourismusbüro:

- Stadtinformation,
  Lange Straße 8–10,
  D-06537 Kelbra,
  Tel. 0049 (0) 34651/65 28;
- Kyffhäuserinformation,
  Anger 14,
  D-06567 Bad Frankenhausen,
  Tel. 0049 (0) 34671/717 16
  und 717 17.

Wichtige kunsthistorische Ziele in der Umgebung:

- Burg, St.-Martini-Kirche und Kirche St. Georgi mit Klosterresten in Kelbra;
- Ruine Rothenburg, Schloss Rathsfeld, Ruine Falkenberg im Kyffhäusermassiv;
- Pfalz in Tilleda;
- Altstädter Kirche, Schloss und Altstadt von Bad Frankenhausen.

Nächstes Museum:

- Freilichtmuseum Königspfalz in 06537 Tilleda;
- Kreisheimatmuseum im Schloss Bad Frankenhausen;
- Panoramamuseum, Am Schlachtberg 9, Bad Frankenhausen;
- Kyffhäuser-Museum am Kyffhäuser-Denkmal.

Der besondere Tipp:

Da die Kannibalen-Höhlen nicht begehbar sind und der Zugang dorthin eine durchaus gefährliche Kletterpartie erfordert, bietet sich eine andere Höhle an: die Barbarossahöhle, Mühlen 6, 06567 Rotgelben. Sie gilt als eine der schönsten Anhydrit-Gips-Höhlen Europas. Mit etwa 25 000 Quadratmetern Grundfläche, interessanten Hohlräumen, bizarren Deckenlappen, die bis zu einem Meter herunterhängen und an Häute erinnern, die zum Trocknen aufgehängt wurden, sowie ihren gewaltigen Hallen bietet sie unserer Phantasie reichlich Nahrung, was der Sagenberg in seinem Innern alles bergen könnte.

EHEMALIGER REICHSTAG UND SITZ DES DEUTSCHEN BUNDESTAGES IN BERLIN

Ist die Fahne noch aufgezogen?

Im Jahre 1991 beschloss die Mehrheit der deutschen Bundestagsabgeordneten in Bonn, Berlin solle künftig Hauptstadt und Sitz des Parlamentes sein. Damit rückte ein Gebäude wieder ins Rampenlicht der Öffentlichkeit, das lange regierungsabstinent gewesen war.

Die neue Hauptstadt liegt im Osten, der alte Reichstag und neue Sitz des Bundestages an der Spree, unweit der Museumsinsel. Auf dieser Insel, so behauptet die Sage, hatten die slawischen Spreewanen ihr zentrales Heiligtum für den dreiköpfigen Triglaw, den wir in Brandenburg schon kennen lernten. Wenn nun der Geist des Ortes vom alten Heiligtum nur ein kurzes Stück »übers Wasser gegangen« wäre? Wenn sich hinter der biederen deutschen Abgeordnetenversammlung – und überhaupt hinter den jeweiligen Regierungen aller Länder – ein eigener Genius verbergen würde, der bestimmte Vorstellungen für seine jeweilige Nation hegt, aber in größeren Zusammenhängen denkt? Der ewig daran festhält und sich mit jedem Umzug nur neu orientiert? Dem sich der Geist des Ortes als schwächere Kraft willig unterordnet, dabei aber durchaus seine Spuren zu hinterlassen weiß?

Nachdem der Berliner Reichstag am 5. Dezember 1894 im Beisein Kaiser Wilhelms II. nach zehnjähriger Bauzeit eingeweiht worden war, dominierten Hochadel und Militär in seinen Räumlichkeiten. Die Widmung des französischstämmigen Architekten Wallot »Dem deutschen Volke« fand denn auch erst 22 Jahre später ihren Platz über dem Portal. In diesem Gebäude stimmte die Mehrheit der Abgeordneten für den Ersten Weltkrieg. Von hier aus rief der SPD-Abgeordnete Scheidemann die erste deutsche Republik aus. Hier kamen und gingen im flotten Wechsel die Regierungen der so genannten Weimarer Zeit. Hier loderte das Feuer des Reichstagsbrandes vom 27. Februar 1933, angeblich vom holländischen Anarchisten van der Lubbe gelegt – sehr viel wahrscheinlicher aber von der nationalsozialistischen SA selbst. Jedenfalls war der Brand ein willkommener Anlass für Hitler, den Reichstag noch im gleichen Jahr aufzulösen. Das ruinöse Gebäude führte von nun an ein Schattendasein. Im Bombenhagel auf Berlin zerstört, barg es in den letzten Kriegstagen eine Außenstelle des Charité-Krankenhauses. Und bis zum Einzug der Bonner Politiker eine ständige Ausstellung: »Fragen an die deutsche Geschichte«.

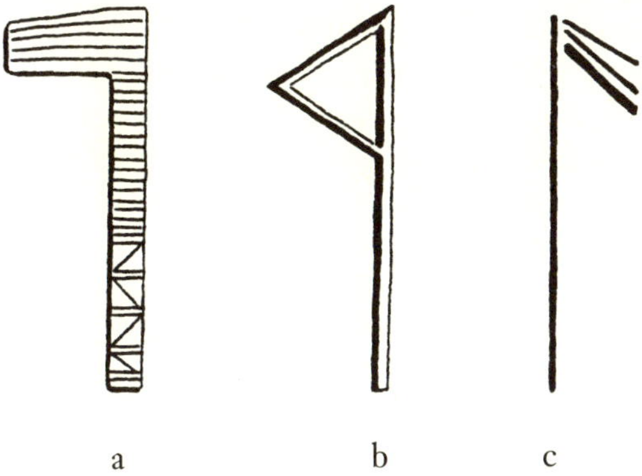

Die ägyptische Gotteshieroglyphe »Umwickelter Stab«: Variante a, b und c (aus: Hornung: Der eine und die vielen).

Schwarz, weiß, rot

Die Ägyptologen stellten fest, das älteste Wort für Gott, »ntr«, habe man »im Land der roten Erde« mit einem Hieroglyphenzeichen geschrieben, das in seiner gewöhnlichen Form aussah wie in Abbildung a. Eine ältere Form (Abbildung b) zeigt eine spitz zulaufende Variante, oft als Axt gedeutet. Die allerältesten Formen aber, Typ c, bestehen aus einem Stab mit zwei bis vier Bändern. Erst die Pyramidenzeit symbolisierte Gott in einem mit Tuch umwickelten Stab. Ob man damit auf das Verborgene und Verdeckte seines Prinzips hinweisen wollte?

Wichtiger ist die Erkenntnis, dass aus jenen ältesten Formen ägyptischer Gottesdarstellung, den Knüppeln mit Bändern, die Kultfahne entstand, ein Stab mit Tuch. Solche Kultfahnen flatterten vor den Pyramiden und auf den Pylonen.

Wir kennen diesen Brauch aus ganz Ostasien. In Tibet und Indien kennzeichnen wehende Fähnchen ein Heiligtum, die Anwesenheit Gottes. Manche adeligen oder unadeligen Herrschaften signalisieren noch heute ihre eigene Anwesenheit mit einer aufgezogenen Fahne. Führt von diesen Kultfahnen nun ein direkter Weg zu unseren Nationalflaggen? Ägyptologen halten dies für wahrscheinlich (Hornung, 1971, S. 23/26).

In den farbigen Darstellungen des ägyptischen Neuen Reiches werden zumeist nur weiße und rote Wimpel überliefert. Gelegentlich kommen grüne hinzu, später schwarze. Was die Farben damals bedeuteten, wissen wir nicht. In der mystischen Symbolik verkörpern sie heute die unterschiedlichen Schöpfungskräfte des Lichts.

Schwarz: Norden, Wasser, Winter, Tod, Zerstörung, Trauer, das Böse, die Zeit. Diese zum Teil negativen Deutungen sind aber nur ein Aspekt des noch nicht Manifestierten, des anfänglichen Chaos, des noch nicht gleich einzuordnenden Neuen, des undurchsichtigen Transformationsprozesses allen Werdens.

Weiß: Osten (in China: Westen), Herbst, Luft, Reinheit, Heiligkeit, Sonne, Erleuchtung, Friede, Erlösung und geistliche Autorität.

Rot: Süden, Sommer, Feuer, das männlich-aktive Prinzip, Gewalt, Leidenschaft, Kraft, Lebensenergie, Kreativität, Sexualität, Liebe und priesterliche Autorität.

Grün: Frühling, Wald, Jugend, Hoffnung, Freude, Vertrauen, Gedeihen, Unsterblichkeit, aber auch Unreife, Torheit. Da sich Grün aus den Farben Blau und Gelb zusammensetzt, verbindet es Vernunft mit aktivem Geist, kalten Intellekt mit emotionaler Wärme.

... und Schwarz-Rot-Gold

Nach der Auflösung des Heiligen Römischen Reiches durch Napoleon sorgten sich reformerische Kräfte wegen der Zersplitterung der zahllosen Klein- und Kleinststaaten. Man sehnte sich nach der Einheit des Nationalstaates. Am 18. Oktober 1817 versammelten sich die studentischen Burschenschaften zur ersten öffentlichen Großkundgebung auf der Wartburg. Sie verlangten die Einheit Deutschlands auf parlamentarischer Grundlage. 15 Jahre später, auf dem Hambacher Fest, waren schon 30 000 Menschen aus allen Teilen Deutschlands zusammengeströmt – für die damalige Zeit eine ungeheure Menge. Sie protestierten gegen die »kleinkarierte« Politik des losen Deutschen Bundes, gegen Pressezensur, Einschränkung von Lehrfreiheit und gegen Unterdrückung reformerisch-oppositioneller Kräfte. Schwarz-rot-goldene Fahnen mit der Inschrift »Deutschlands Wiedergeburt« bestimmten das Bild. Diese Farben vertraten von nun an den Kampf für Freiheit, Einheit und sozialen Wohlstand.

Die Obrigkeit »zeigte ebenfalls Flagge«, ließ viele Redner verhaften und Schwarz-Rot-Gold in der Öffentlichkeit verbieten. Es half wenig und nur vorübergehend. Mit der Revolution von 1848 und der Nationalversammlung in der Frankfurter Paulskirche wurde die Farbkombination zu den Bundesfarben erklärt. Schwarz-Rot-Gold sollte die noch unerfüllten Forderungen nach der Einheit in Freiheit unterstreichen.

Die von der Nationalversammlung als erster deutschen Volksvertretung am 27./28. März 1849 verabschiedete Verfassung trat aber nicht in Kraft. Mit Österreich konnte keine »großdeutsche« Lösung erreicht werden, der preußische König Friedrich Wilhelm IV. lehnte die ihm angebotene Krone für die »kleindeutsche« Lösung ab. Ohne eine starke Führungsmacht schien jede Einheit wie ein totgeborenes Kind.

So formierte sich 1867 zunächst der Norddeutsche Bund aus den Einzelstaaten nördlich der Mainlinie mit den freien Hansestädten Hamburg, Bremen und Lübeck. Sie übernahmen die Farben Schwarz, Weiß, Rot – eine Zusammenstellung der Farben Schwarz und Weiß des durch Preußen dominierten Norddeutschen Bundes mit den Farben der Hansestädte, Weiß und Rot. 1871 beanspruchte das im Spiegelsaal von Versailles entstandene Deutsche Kaiserreich die Farben des Norddeutschen Bundes, weil es sich als dessen Nachfolgerin sah.

Als die Siegermächte Deutschland nach dem Zweiten Weltkrieg aufteilten, griff die 1949 entstandene Bundesrepublik Deutschland wieder auf die Farben der studentischen Frühreformer und der Nationalversammlung in Frankfurt zurück – und auf die damit verbundenen Symbole von Schwarz-Rot-Gold.

In der 1. Verfassung der studentischen Verbindung der Jenaer Urburschenschaft hieß es damals, man sei inspiriert von den Uniformen des gegen Napoleon kämpfenden Lützowschen Freikorps. Und »eingedenk, dass bey den jugendlichen Freuden auch stets der Ernst des Lebens zu bedenken sey, bestimmte sie (...) Roth und Schwarz zu den Farben ihres Paniers. Zu ihrem Festkleide (erwählte sie) einen schwarzen Waffenrock mit Aufschlägen von rothem Sammet, die mit Eichelblättern von Gold verziert seyn können.« Gehen also die bundesdeutschen Farben auf die der Burschenschaften zurück? Oder sind sie älter?

Die Farben Schwarz, Weiß und Rot werden schon seit Jahrtausenden bis heute in den Mysterienkulten und -schulen genutzt, wobei man in dieser Reihenfolge symbolisch aus der Dunkelheit zum Licht aufstieg. Für den griechischen Philosophen Plato war Gold die eigentliche Essenz der Sonne und die Vernunft, in untrennbarer Verbindung mit einem analytischen Verstand. Sonnenkraft als höchste Form der Liebe und des Bewusstseins zusammen mit Vernunft sind unabdingbare Voraussetzungen, soll die Aufgabe des Menschen gelöst werden: das »Herunterholen« göttlicher Ordnung in die irdische Welt. Dies betonen viele Überlieferungen.

Die Manifestation höchster gesellschaftlicher Werte verbindet sich in einer langen Tradition mit den symbolischen Begriffen der Schaffung eines mystischen oder Sakralkönigtums und der Theokratie (Gottesherrschaft).[33] Schlagworte für die Herrschaft des allumfassenden Bewusstseins auf Erden, den Gleichklang zwischen unserem inneren und äußeren Bewusstsein, die Herrschaft von Vernunft und Liebe über unsere Emotionen und ungebändigten Leidenschaften.

Verkörpert also Schwarz-Rot-Gold nur die Farben einer kleinen föderalen Republik, deren Haushalt nicht aus den roten Zahlen kommt? Und die so gerne wieder schwarze schriebe, damit goldene Zeiten anbrechen? Oder repräsentiert im Deutschen Bundestag die Fahne links neben

33 Siehe dazu die Kapitel »Klause bei Kastel im Saarland«, Seite 88, und »Kap Arkona auf Rügen«, Seite 169.

Das Innere des Deutschen Bundestages mit der aufgezogenen Nationalfahne. Repräsentiert sie noch immer die Anwesenheit Gottes? (Foto: Deutscher Bundestag, Referat Öffentlichkeitsarbeit)

dem Adler die Anwesenheit Gottes? In Form seiner höchsten Prinzipien? Verkleidet und verborgen hinter »Stab mit Tuch«?

Im Anblick des schwarzen Adlers

Der amerikanische Anthropologe und Bestsellerautor Carlos Castaneda lässt seinen Lehrer Don Juan sagen, die Welt der Gegenstände sei nur eine Vorgaukelung unseres Bewusstseins. In Wirklichkeit seien »dort draußen nur die Emanationen des Adlers« – fließend, stets in Bewegung, doch unwandelbar und ewig. Auf die Frage nach dem Zweck und Grund unserer Existenz »... sahen die alten Seher die unbeschreibliche Kraft, die der Ursprung aller empfindenden Wesen ist. Sie nannten sie den Adler, denn mit dem flüchtigen Blick, den sie überhaupt nur ertragen konnten, sahen sie etwas, das einem schwarz-weißen Adler von unendlicher Größe glich. Sie sahen, dass es der Adler ist, der Bewusstsein verleiht. Der Adler schafft alle lebenden Wesen, auf dass sie leben und ihr Bewusstsein bereichern, das er ihnen zusammen mit dem Leben schenkt. Sie sahen auch, dass es der Adler ist, der eben dieses bereicherte Bewusstsein verschlingt, da er die Lebewesen zwingt, es im Augenblick ihres Todes aufzugeben« (Castaneda, 1985, S. 47f.).

Bei vielen Völkern scheint der Adler als fehlendes Bindeglied zwischen der Allmacht, dem höchsten Bewusstsein, und den lebenden Wesen ihr Schicksal zu regieren und gleichzeitig widerzuspiegeln, dunkel, Respekt heischend und unergründlich. Mit durchdringendem starrem Auge erfasst er Anfang und Ende der Zeit, taub für alle Gebete und Bitten, für unsere Ängste und Fragen.

Bei den indoarischen Völkern nutzten Herrscherfamilien und -sippen den Adler als Legitimationszeichen göttlicher Herrschaft auf Erden. Flog er doch am höchsten, kam der Sonne am nächsten und konnte angeblich,

»Sie (die alten Seher) sahen, dass das Bewusstsein der lebenden Wesen im Augenblick des Todes davonschwebt und wie ein leuchtender Wattebausch direkt in den Schnabel des Adlers fliegt, um verschlungen zu werden. Für die alten Seher war es der Beweis dafür, dass die lebenden Wesen nur leben, um dieses Bewusstsein zu bereichern, das die Nahrung des Adlers ist« (Don Juan bei Carlos Castaneda). Glasmalerei des 14. Jahrhunderts, Königsfelden.

ohne Schaden zu nehmen – oder zumindest ohne zu blinzeln –, direkt in ihr gleißendes Licht schauen.

Bei den Römern beanspruchte der Legionsadler die Weltherrschaft und legitimierte jeden imperialistischen Schachzug der Militärs. Dies brachte bei den germanischen Völkern Adler zeitweise in Verruf. So bevorzugte man für den Symbolgebrauch die gotische Variante, der man Einflüsse aus China und dem Iran nachsagt. Trotzdem trat diese Form bald ihren Siegeszug an.

Das jetzige Symbol der Bundesrepublik ist der Reichsadler, den Kaiser Friedrich II. 1219/20 in Palermo entwerfen ließ und dem Deutschen Orden verlieh. Ob damit nur der Orden und sein Land unter die Fittiche des Reiches gestellt werden sollten oder ob sich mehr damit verband, ist nicht überliefert. Ab 1226 durfte der Hochmeister des Ordens diesen Adler in seinem Schild führen. Der Kreuzritterorden schickte sich gerade an, im Gebiet der heidnischen Pruzzen eine Theokratie zu errichten. Doch die Ursprungsidee nutzte sich rasch ab, und die Pruzzen wollten einfach nicht akzeptieren, unter dieser »Gottesherrschaft« in Sklaverei zu leben. So wurden sie in Gottes Namen nahezu ausgerottet. Diese Art von Gottesstaat überlebte Gott sei Dank nicht. Die Pruzzen hingegen schon, nämlich im Namen Preußen, und dieser Name wiederum im preußischen Adler.

Als der Deutsche Orden unter seinem letzten Großmeister, Albrecht von Hohenzollern, auf den Rat Luthers 1525 aufgelöst und das Gebiet in ein weltliches Herzogtum umgewandelt wurde, übernahm dieses den Adler und die Ordensfarben Schwarz und Weiß. Mit der Verschmelzung von Preußen und Brandenburg im Königreich Preußen (seit 1701) unter dem ersten König Friedrich I. repräsentierten die alten Symbole auch den neu gegründeten Staat. Bei der Bismarckschen Reichsgründung von 1871 kam neben dem Adler und den Farben Preußens – und damit des alten Ordensstaates – für das Deutsche Reich noch etwas Rot hinzu.

Gott ist Transparenz und Klarheit: der Bundestag als Lichtfänger

Der Reichsadler schmückte als Bundesadler die junge deutsche Republik in Bonn. Im Sommer 1991 sprach sich das Deutsche Abgeordnetenhaus für den Umzug nach Berlin und für den Reichstag als Sitz des neuen Bundestages aus. Schließlich stehe dieses Gebäude wie kein anderes für die politische und parlamentarische Entwicklung Deutschlands. Hitler habe nie im Reichstag gesprochen.

Nach einem Architektenwettbewerb erhielt der Brite Sir Norman Foster den Auftrag, den Reichstag unter drei Prinzipien neu zu gestalten. Die alten Teile sollten restauriert werden, deutlich sichtbar sein und sich mit einer modernen, funktionsgerechten Nutzung vertragen. Die Energieversorgung musste unter ökologischen Gesichtspunkten erfolgen.

Foster schuf einen Bau, dem man von außen kaum eine Veränderung anmerkt, mit Ausnahme der Kuppel. Die historische Kuppel hatte ursprünglich nur als Schmuck gedient. Jetzt ist sie aus Glas und bietet quasi den Kelch für eine natürliche Lichtquelle. 360 Spiegel holen das Tageslicht in den Plenarsaal. Gebäude und begehbare Kuppel zählen mittlerweile zur touristischen Hauptattraktion in Berlin.

Einigkeit und Recht und Freiheit ...

Als Architekt Foster den Bundesadler neu platzieren sollte, wollte er ihn völlig verändern, denn der Adler war ihm schlicht zu fett! Damit löste er unter den Abgeordneten aber Empörung aus. Jede Änderung wurde kategorisch abgelehnt. Außerdem stand das Symbol natürlich unter markenrechtlichem Schutz. Trotzdem vermochte sich Foster schließlich mit einer minimalen Verschlankung des Vogels durchzusetzen. Außerdem durfte er die dem Plenarsaal abgewandte Seite »etwas« gestalten. So lächelt der Adler auf der Rückseite, »von außen« gesehen blickt er ernst.

Die Angelegenheit ist ebenfalls ernst. Denn solche grundsätzlichen Wünsche und Forderungen wie die nach Einigkeit, Recht und Freiheit sind natürlich in ihrer Absolutheit erst verwirklicht, wenn alle daran teilhaben. Solange noch Völker in Armut leben, solange es Regierungen gibt, die ihre ureigensten Interessen mit Waffengewalt durchsetzen wollen, solange noch nicht alle Menschen ein hohes Maß an Verantwortung für die Allgemein-

Der Reichstag als ein Symbol der Reichseinheit, der Suche nach Einheit im und mit dem Reich Gottes?

heit erworben haben, so lange bleiben Wünsche nach »brüderlich in Herz und Hand« höchstens Flickwerk.

Ist es dann realistisch, daran zu glauben? Kann es wirklich einmal ein »heiliges Reich der Einheit«, eine Theokratie geben, in der alle Menschen mit ihrer bewussten Hingabe und aktiven Teilhabe nach den bestmöglichsten Spielregeln leben und die Gesetze einer höheren kosmischen Ordnung in die Reiche der Natur tragen und aufrichten? Fragen wir umgekehrt: Wo wären wir ohne Utopien? Geben wir nur unserem Kleinmut nach, stabilisieren wir nur Unvollkommenheiten. Solange wir aber an Utopien arbeiten, das jeweils Machbare mit Vernunft und Herz erproben, stecken wir mitten in der Arbeit an der »Gottesherrschaft«. Und wir werden immer Menschen brauchen, die sich nicht von der Scheinrealität bremsen lassen.

Hat das dem astrologischen Sternzeichen Widder zugeordnete Deutschland nicht gerade wieder die alte Widderstadt Berlin zur neuen Hauptstadt erwählt? Will sein Genius noch einmal starke und mächtige Neuimpulse setzen? Lächelt der Bundesadler heimlich darüber, weil er die Bemühungen um eine vernünftige Politik für ein rührend unnützes Unterfangen hält? Oder lächelt der Adler, weil er gar nicht an religiös-spirituelle Konzepte glaubt, sondern nur an Realpolitik? Doch auch diese verspricht ja immer wieder, »blühende Gärten« zu schaffen.

Unbesät werden Äcker tragen;
Böses wird besser: Balder kehrt heim;
Hödur und Balder[34] *hausen im Sieghof,*
froh, die Walgötter –
wisst ihr noch mehr?
(Aus: Völuspa, Spruchdichtung der Edda: Der Seherin Gesicht)

34 Hödur und Balder sind germanische Verkörperungen von Dunkelheit und Licht.

Die Sage von der Gründung Berlins berichtet von einem Heiligtum am Standort der ehemaligen Petrikirche am Petriplatz. Ein Sandhügel soll sich dort erhoben haben, mit einem wendischen Tempel darauf, dem dreiköpfigen Gott Triglaw geweiht. Drumherum, auf der von zwei Spreearmen gebildeten Insel, ein paar armselige Fischerhütten – die Wiege der Hauptstadt.

Markgraf Albrecht der Bär, der unerschrockene Askanier, hatte sich auf der Jagd im Sumpfland der Spree verirrt. Er hatte seine Jagdgenossen aus den Augen verloren und befürchtete schon, im Walde übernachten zu müssen, als er aus der Richtung der Spree ein Licht flackern sah. Er folgte dem Schein und gelangte bald an einen im Wasser errichteten Pfahlbau, zu dem ein langer Steg führte. Er pochte ans Hürdentor, und ein Knecht ließ ihn ein. Er wurde in einen von Pechfackeln erhellten Raum geführt, wo der Besitzer der Ansiedlung auf einem Bärenfell saß. Der grüßte ihn nach wendischer Sitte und fragte, was er wünsche. Albrecht, der sich nicht als Fürst des Landes zu erkennen gab, erzählte, dass er seine Gefährten verloren habe, und bat um ein Nachtlager. Der Wende antwortete: »Du bist zwar ein Christ, doch weiß Rudolf von Ystralowe auch diesen gegenüber Gastfreundschaft zu üben. Hier hast Du einige Fische; dort auf dem Fell findest Du einen Platz zur Ruhe.« Albrecht, der die Gebräuche der Wenden kannte, forderte aber Salz und Brot, um es mit dem Wenden gemeinschaftlich zu essen, denn nur dadurch wurde er diesem zum Gastfreunde und sicherte sein Leben. Rudolf von Ystralowe gab beides ungern, aber er gab es – und so konnte sich Albrecht beruhigt auf seinem Lager ausstrecken.

Doch er kam nicht zur Ruhe, denn es herrschte ein reges Kommen und Gehen in dem Haus, bis endlich ein Knecht Rudolf von Ystralowe meldete, es sei alles bereit. Da erhob sich dieser und wollte gehen, doch schon war auch Albrecht auf den Beinen und fragte, wohin er wolle. Der Wende wollte es ihm zuerst nicht sagen, bis ihn der Askanier darauf aufmerksam machte, dass er sein Gastfreund sei. Da teilte ihm Rudolf mit, dass er zu einem Triglawfest wolle. Albrecht begehrte, mitgenommen zu werden. Der Wende musste es ihm als seinem Gastfreund gestatten, doch hüllte er ihn zuvor in einen Wendenpelz.

So bestiegen sie den Kahn, der am Ufer auf sie wartete. Rasch ging die Fahrt spreeabwärts, wo sich ihnen immer mehr Kähne zugesellten. Dort, wo die Spree sich teilte, stiegen sie aus, um zum Triglawtempel emporzusteigen. Dumpfes Gemurmel schlug ihnen am Eingang entgegen: Der Tempel war mit Wenden gefüllt.

Albrecht sah sich um. Im Hintergrund gewahrte er einen großen Vorhang, hinter dem ein seltsames Gestöhn erklang. Da schritt die weiß gekleidete Priesterschaft herein und begann die Anrufung des dreiköpfigen Gottes. Immer wilder und lauter wurde ihr Schreien, und sie flehten den Götzen an, ihnen recht viele Christen zuzuführen, damit sie diese alle töten könnten. Denn diese wollten sie von ihrem alten Glauben abdrängen und ihnen den schwachherzigen Christengott aufschwatzen. Als ihr wildes Rufen den Höhepunkt erreicht hatte, wurde der Vorhang aufgerissen, und Albrecht sah ein scheußliches Abbild ihres Gottes aus Weidengeflecht. Das Innere war gefüllt mit gefangenen Christen, die nun als Brandopfer dargebracht werden sollten. Der Oberpriester schritt auf den darunter aufgeschichteten Holzstoß zu und entzündete ihn – doch da konnte Albrecht nicht länger an sich halten. Er warf den schützenden Mantel ab und zückte sein Schwert, um seine Glaubensgenossen zu befreien.

Ein Wutgeheul umbrandete ihn, denn alle hatten ihn sofort als Christen erkannt und wollten ihn töten. Da stellte sich Rudolf von Ystralowe schützend vor seinen Gastfreund und rief: »Ihr dürft ihm nichts tun. Ich habe mit ihm Salz und Brot gegessen!« Und dann zog er den Gefährdeten rasch hinaus in die finstere Nacht.

Schweigend ging die Fahrt zum Pfahlbau zurück. Als sie dort anlangten, da sprudelten wilde Worte aus Albrechts Mund: »Ein Bärlyn (Bärlein) will ich in den Sumpf da setzen, das soll die Wenden zusammentatzen, damit kein Christ mehr zu brennen braucht!« Erstaunt sah der Wende seinen Gast an: »Du spricht stolze Worte voll Herrengeist! Wer bist du?« Albrecht darauf: »Kennst du mich nicht? Ich bin Albrecht, den sie den Bären nennen – mein Bärlyn soll im Wendenland herrschen und seine Tatzen weit auf Sumpf und Sand pranken! Doch Stralowe soll deren Schutz genießen, weil es mich beherbergt hat – nur der erste Fischzug sei des Fürsten!«

So entstand, zumindest erzählt das die Sage, neben dem wendischen »Cölln« das deutsche »Bärlyn« (Berlin) – und lange bestanden die beiden Städte nebeneinander, bis sie vereinigt wurden. Stralau aber feierte seit jener Zeit regelmäßig seinen Fischzug, bis auf den heutigen Tag.

Steckbrief: Deutscher Bundestag, ehemaliges Reichstagsgebäude

Lage:

Nahe des Brandenburger Tores an der Spree, Platz der Republik 1, Berlin.

Besonderheiten:

Obwohl Sitz des Parlamentes, kann das Gebäude besichtigt werden. Vor allem die begehbare Kuppel mit Ausblick über Berlin und hinein in die Abgeordnetenversammlung erfreut sich wachsender Beliebtheit bei Touristen.

Geschichte:

Am 5.12.1894 nach zehnjähriger Bauzeit eingeweiht. Kaiser Wilhelm II. beschrieb dies als Einweihung des »Reichsaffenhauses«. Nachdem die Mehrheit der Abgeordneten sich für den Eintritt in den Ersten Weltkrieg entschieden hatte, rief am Ende des Krieges, im November 1918, der SPD-Abgeordnete Scheidemann vor Zehntausenden vom Balkon über den Eingangssäulen die Republik aus. Nach dem Reichstagsbrand vom 27.2.1933 wurde der Reichstag als Parlament von Hitler aufgehoben. Im Krieg zerstört, fand das Gebäude erst wieder am 26. Oktober 1998 zu seiner Bestimmung zurück. Der deutsche Bundestag nahm mit diesem Tag seine Arbeit darin auf.

Anfahrt mit der Bahn:

Berlin als Großstadt und Verkehrsknotenpunkt ist von allen Seiten her mit Zügen gut zu erreichen.

Nächstes Tourismusbüro:

- Berlin Tourismus-Marketing GmbH, Europa-Center, Budapester Straße;
- Brandenburger Tor, Südflügel;
- Flughafen Tegel, Haupthalle. Zentrale Rufnummer 0049 (0) 30/25 00 25, Fax 25 00 24 24.

Wichtige kunsthistorische Ziele in der Umgebung:

Brandenburger Tor, Kronprinzenpalais, Prinzessinnenpalais, Opernhaus, Prinz-Heinrich-Palais (heute Humboldt-Universität), Staatsbibliothek, Neue Wache, Palais am Festungsgraben, Zeughaus, St.-Hedwigs-Kathedrale, Friedrichswerdersche Kirche, Dom und Museumsinsel.

Nächste Museen:

- Zeughaus, Unter den Linden 2;
- Museumsinsel: Altes Museum, Pergamonmuseum, Bodemuseum,
- Nationalgalerie; Schinkelmuseum in der Friedrichswerderschen Kirche.

Der besondere Tipp:

1945 zerstörten Bombenangriffe die backsteingotische Petrikirche auf der Museumsinsel. Ihre Vorgängerbauten sollen bis ins 12. Jahrhundert zurückreichen. Eine erste Kapelle habe man auf einer Anhöhe des Petriplatzes errichtet, die einst ein zentrales Heiligtum der Spreewanen trug, mit einer Statue ihres dreiköpfigen Gottes Triglaw. So berichtet jedenfalls die Sage. Heute führen die autobahnähnlichen Gertraudenstraße und der Mühlendamm darüber.

Literaturverzeichnis

Abulafia, David: Friedrich II. von Hohenstaufen. Herrscher zwischen zwei Kulturen, München 1994.
Achtmann, Peter: Im Zeichen des Schwans: Ordensgemeinschaft der Hohenzollern für Religion und Disziplin, in: Die Mark Brandenburg, Nr. 16, Berlin 1995.
Affelt, Rolf; Heinrich, Frank: Die Templer-Kapelle von Mücheln. Nach sieben Jahrhunderten ein echtes Testament der Templer. Auf den Spuren einer Grenz-Komturei im Saale-Tal bei Wettin, Leipzig 1996.
Arndt, Gerda: Die Geschichte des Schwanenritterordens zu Brandenburg-Ansbach, in: Historischer Verein Brandenburg (Havel) e.V., 5.–6. Jahresbericht 1995–1997, Brandenburg 1997.
Baron, Edmund; Hebestedt, Jörg: Die Templerkapelle Unserer Lieben Frauen in Mücheln bei Wettin, Halle 1998.
Barthel, Rolf: Struzeberg – Strausberg. Von der Markgrafenburg zum Generalstabsquartier, Strausberg 1995.
Bauer, Gerd: Geheimnisvolles Hessen. Fakten, Sagen und Magie. 2. Aufl., Marburg 1993.
Beck, Silvia; Melzer, Dirk (Hrsg.): Loreley, Zeichen und Legenden, o.O. 1998.
Biesing, Winfried: Der Petersberg. Von der Fliehburg zur Residenz für Staatsgäste, Königswinter 1990.
Böhm, Emil: Die Sagenwelt des märkischen Zauberwaldes. Blumenthal und der Heilige Hain der Semnonen, Berlin 1927.
Bornheim gen. Schilling, Werner: Klause bei Kastel. Führer der Verwaltung der staatlichen Schlösser und Gärten, Mainz 1990.
Bosl, Karl: Handbuch der historischen Stätten Deutschlands. Bayern, Stuttgart 1981.
Botheroyd, Sylvia; Botheroyd, Paul F.: Lexikon der keltischen Mythologie, München 1992.
Brendow, Volker; Kulick, Jens: Die Johanneskirche bei Züschen. Führungsblatt zu der Wüstung auf dem Johanneskirchkopf bei Züschen, Stadt Fritzlar, Schwalm-Eder-Kreis. Archäologische Denkmäler in Hessen, Nr. 23, Wiesbaden 1982.
Brück, Anton Ph.: Hildegard von Bingen 1179–1979. Festschrift zum 800. Todestag der Heiligen. Quellen und Abhandlungen zur mittelrheinischen Kirchengeschichte 33, Mainz 1979.
Brüning, Kurt; Schmidt, Heinrich (Hrsg.): Handbuch der historischen Stätten Deutschlands. Niedersachsen und Bremen, Stuttgart 1986.
Bürger, Gerhard: Im Zauber der Loreley. Eine Monographie, 3. Aufl., St. Goarshausen 1953.
Bundesministerium für Inneres: 1871 – Fragen an die Deutsche Geschichte. Historische Ausstellungen im Reichstagsgebäude in Berlin und in der Paulskirche in Frankfurt am Main aus Anlass der hundertsten Wiederkehr des Jahres der Reichsgründung 1871, o.O. 1971.
Csampai, Attila; Holland, Dietmar (Hrsg.): Richard Wagner, Tannhäuser. Texte, Materialien, Kommentare, Reinbek 1986.

Cambell, G.A.: Die Tempelritter, Aufstieg und Verfall, Stuttgart o.J.
Castaneda, Carlos: Das Feuer von innen, Frankfurt 1985.
Charpentier, Louis: Macht und Geheimnis der Templer, Herrsching 1986.
Custodis, Paul Georg; Frein, Kurt: St. Goarshausen mit Burg Katz und Patersberg, Rheinische Kunststätten, Heft 258, Köln 1981.
Derolez, R.L.M.: Götter und Mythen der Germanen, Einsiedeln, Zürich, Köln 1963.
Diwald, Hellmut: Heinrich der Erste. Die Gründung des Deutschen Reiches, Bergisch Gladbach 1987.
Döbler, Hansferdinand: Die Germanen. Legende und Wirklichkeit. 2 Bde. München 1975.
Donington, Robert: Richard Wagners »Ring der Nibelungen« und seine Symbole, 4. Aufl., Stuttgart 1995.
Drewitz, Ingeborg (Hrsg.): Märkische Sagen. Berlin und die Mark Brandenburg, Berlin 1985.
Elster, Ernst: Tannhäuser in Geschichte, Sage und Dichtung. Ein Vortrag, gehalten am 7. Oktober 1907, Bromberg 1908.
Feist, Peter; Petrykowski, Andreas; Fach, Andreas: Schlösser und Burgwälle auf Rügen, Berlin 1993.
Fischer, Rudolf W.: Vinculo Ligatus. Zur Akzessvorschrift des Kultes im Semnonenhain, in: Antaios, Jg. V., Nr. 21.
Friz, Diana Maria: Wo Barbarossa schläft – der Kyffhäuser. Der Traum vom Deutschen Reich, Weinheim 1991.
Fuchs, Theodor: Arminius und die Externsteine. Der Kampf um die Geistesfreiheit Europas, Stuttgart 1981.
Gensen, Rolf: Die chattische Großsiedlung von Fritzlar-Geismar, Schwalm-
Eder-Kreis, Ausgrabungsnotizen aus Nordhessen. Archäologische Denkmäler in Hessen. Heft 2, Wiesbaden 1978.
Genzmer, Felix (Übertragung): Die Edda. Götterdichtung, Spruchweisheit und Heldengesänge der Germanen, Köln 1984.
Gorsleben, Rudolf John: Hoch-Zeit der Menscheit, Freiburg 1930.
Grebe, Klaus: Die Brandenburg vor 1000 Jahren, Potsdam 1991.
Graichen, Gisela: Das Kultplatzbuch. Ein Führer zu den alten Opferplätzen, Heiligtümern und Kultstätten in Deutschland, München 1991.
Groeteken, Friedrich Albert: Sagen des Sauerlandes, 5. Aufl., Fredeburg 1991.
Gsänger, Hans: Mysterienstätten der Menschheit. Die Externsteine, Freiburg i.B. 1968.
Hachmann, Rolf; Kossack, Georg; Kuhn, Hans: Völker zwischen Germanen und Kelten, Neumünster 1962.
Halle, Wilhelm: Der Blumenthal, in: Heimatkunde des Kreises Oberbarnim, Strausberg 1933.
Hamkens, Freerk Haye: Der Externstein, Tübingen 1971.
Hammersbacher, Hans W.: Irminsul – das germanische Lebensbaum-Symbol in der Kunstgeschichte Europas, Kiel 1984.
Heinrich, Dr. Gerd (Hrsg.): Handbuch der historischen Stätten Deutschlands. Berlin-Brandenburg, Stuttgart 1985.
Helm, Carl: Altgermanische Religionsgeschichte, in: Streitberg, W.: »Germanische Bibliothek«, Bd. 1, Abt. V, Reihe 2. Band, Heidelberg 1913.
Helmold: Chronik der Slaven, 2. Aufl., Kettwig 1990.
Hepp, Armin E.: Völker und Stämme in Deutschland. Von der Steinzeit zum Mittelalter, Herrsching 1986.

Herrmann, Joachim: Wikinger und Slaven. Zur Frühgeschichte der Ostseevölker, Berlin 1982.
Herrmann, Joachim (Hrsg.): Archäologie in der Deutschen Demokratischen Republik, 2 Bde., Leipzig 1989.
Höfler, Otto: Siegfried, Arminius und der Nibelungenhort, Wien 1978.
Höfler, Otto: Der Runenstein von Rök und die germanische Individualweihe, Wien 1952.
Hornung, Erik: Der eine und die Vielen. Ägyptische Gottesvorstellungen, Darmstadt 1971.
Hundt, Barbara: Ludwig der Bayer. Der Kaiser aus dem Hause Wittelsbach (1282–1347), München 1989.
Hunger, Herbert: Lexikon der griechischen und römischen Mythologie, Reinbek 1974.
Joachim, Hans-Eckart: Der Petersberg im Siebengebirge bei Königswinter. Rheinische Kunststätten, Heft 366, Köln 1991.
Kaltenbrunner, Gerd-Klaus: Johannes ist sein Name. Priesterkönig, Gralshüter, Traumgestalt, Zug 1993.
Kantorowicz, Ernst: Kaiser Friedrich II., Nachdruck der 4. Ausgabe von 1936, Düsseldorf 1973.
Kappel, Irene: Steinkammergräber und Menhire in Nordhessen. Führer zur nordhessischen Ur- und Frühgeschichte, Heft 5, Kassel 1989.
Kiehl, E.: Das Questenfest – Gegenwart und Vergangenheit, Nordhausen 1995.
Klein, H. Diethard; Rosbach, Heike (Hrsg.): Pommersches Hausbuch. Pommern und die Neumark in Sagen und Geschichten, Erinnerungen und Berichten, Briefen und Gedichten, Husum 1989.
Klewitz, Martin: Mettlach an der Saarschleife. Rheinische Kunststätten, Heft 164, 3. veränderte Aufl., Köln 1994.
Koch, P. Laurentius, OSB: Basilika Ettal. Kloster-, Pfarr- und Wallfahrtskirche, Ettal 1989.
Köhler, Michael (Hrsg.): Thüringer Berge und ihre Sagen. Ein Wegweiser, Jena 1994.
Koppal, Sepp: Großheubach. Ein fröhlicher Blick auf einen Marktflecken im schönen Maintal, zwischen Spessart und Odenwald, Großheubach (im Selbstverlag) o.J.
Kozio, Klaus: Kleine Chronik der St. Petri-Kirche zu Berlin, Berlin 1965.
Kühn, Dietrich (Hrsg.): Sagen und Legenden aus Thüringen, Jena 1990.
Kunzendorf, Paul: Sagen der Provinz Brandenburg, Cottbus 1911.
Kuper, Michael (Hrsg.): Der Narrenspiegel. Eine Zotenfibel aus Narragonien, Berlin 1986.
Landesheimatbund Sachsen-Anhalt e.V. Halle (Hrsg.): Konrad von Wettin und seine Zeit. Protokoll der Wissenschaftlichen Konferenz anläßlich des 900. Geburtstags Konrads von Wettin im Burggymnasium Wettin am 18. und 19. Juli 1998, Wettin 1999.
Lehmann, Heinz (Hrsg.): Rügen. Sagen und Geschichten, Schwerin 1990.
Lehmann, Johannes: Die Staufer. Glanz und Elend eines deutschen Kaisergeschlechtes, München 1978.
Leinweber, Josef: St. Bonifatius, Leben und Wirken, Fulda 1983.
Lemmer, Manfred (Hrsg.): Der Saalaffe. Sagen um Halle und Umgebung, Berlin 1999.
Lentwojt, Peter: Die Loreley in ihrer Landschaft. Romantische Dichtungsallegorie

und Klischee. Europäische Hochschulschriften, Frankfurt a.M., Berlin, Bern, New York, Paris, Wien 1998.
Lohmeyer, Karl: Die Sagen der Saar, von ihren Quellen bis zur Mündung, Saarbrücken 1978.
Mast, Peter: Die Hohenzollern. Von Friedrich III. bis Wilhelm II., Wien 1994.
Matthes, Walther: Corvey und die Externsteine. Schicksal eines vorchristlichen Heiligtums in karolingischer Zeit, Stuttgart 1982.
Menke, Karl Theodor: Lage, Ursprung, Namen, Beschreibung, Altertum, Mythos und Geschichte der Externsteine, Münster 1824 (Nachdruck Horn 1981).
Meyer-Sickendiek, Ingeborg: Gottes gelehrte Vaganten. Auf den Spuren der irischen Mission und Kultur in Europa, Stuttgart 1980.
Miller, Max; Taddey, Gerhard: Handbuch der historischen Stätten Deutschlands, Baden-Württemberg 1965.
Minnesinger: Die Minnesinger in Bildern der Manessischen Handschrift. Insel-Bücherei Nr. 450, Leipzig, o.J.
Nauhaus, Wilhelm: Die Burg Giebichenstein. Geschichte einer deutschen Kunstschule 1915–1933, Leipzig 1981.
Neises, Alfred: Heimatschrift von Kastel-Staadt. Wandern auf den Spuren der Kelten und Römer, Saarburg (Selbstverlag) 1996.
Neumann, Hellmuth (Hrsg.): Meine Heimat: Berlin, Bd. 1: Sagen und Geschichten aus Alt-Berlin, Leipzig 1925.
Neumann, Siegfried (Hrsg.): Sagen aus Pommern, Reinbek 1994.
Neumann, Siegfried (Hrsg.): Sagen aus Sachsen-Anhalt. München 1995.
Neumann-Gundrum, Elisabeth: Europas Kultur der Gross-Skulpturen. Urbilder/Urwissen einer europäischen Geisteskultur. 2 Bde., Gießen 1981.
Oberkogler, Friedrich: Richard Wagner, Tannhäuser. Eine musikalisch-geisteswissenschaftliche Werkbesprechung, Schaffhausen 1984.
Patze, Hans; Aufgebauer, Peter (Hrsg.): Handbuch der historischen Stätten Deutschlands. Thüringen, Stuttgart 1989.
Petschel, Günter: Niedersächsische Sagen, Bd.VI, Göttingen 1983.
Petry, Ludwig (Hrsg.): Handbuch historischer Stätten Deutschlands. Rheinland-Pfalz, 3. Aufl., Stuttgart 1988.
Petry, Franz u.a. (Hrsg.): Handbuch der Historischen Stätten Deutschlands. Nordrhein-Westfalen, 2. Aufl., Stuttgart 1970.
Pieper, Werner: Starke Plätze – Orte, die zum Herzen sprechen, Löhrbach 1986.
Pfeifer, Valentin: Spessartsagen, 15. Aufl., Aschaffenburg 1991.
Pförtner, Rudolf: Mit dem Fahrstuhl in die Römerzeit. Städte und Stätten deutscher Frühgeschichte, Gütersloh o.J.
Pförtner, Rudolf: Die Erben Roms. Städte und Stätten des deutschen Früh-Mittelalters, München, Zürich 1967.
Ranke-Graves, Robert von: Griechische Mythologie. Quellen und Deutung, 2 Bde., Reinbek 1955.
Rhein-Sieg-Rundschau vom 5. August 1999.
Riché, Pierre: Die Karolinger. Eine Familie formt Europa, München 1991.
Rippl, Helmut: Branitzer Parkerkundungen, Cottbus 1991.
Rohleder, Peter: Halle an der Saale. Ein Führer durch die Stadt und ihre Geschichte, Leipzig 1992.
Rödger, Ralf; Wäldchen, Petra: Kyffhäuser, Burg und Denkmal. Kunstführer, 7. Aufl., Regensburg 1999.
Rost, Falko; Thon, Ekkehard: Festschrift zur Wiedereinweihung der

St. Stephanuskirche in Schöppenstedt am 6. Juni 1993, Schöppenstedt 1993.
Rumohr, Henning von: Schlösser und Herrensitze in Schleswig-Holstein und in Hamburg, Frankfurt a.M. 1960.
Sante, Georg Wilhelm (Hrsg.): Handbuch historischer Stätten Deutschlands. Hessen, 3. Aufl., Stuttgart 1993.
Schäfer, Thomas: Visionen. Leben, Werk und Mystik der Hildegard von Bingen, München 1996.
Schell, Otto: Bergische Sagen, o.O. 1897.
Schierenberg, G.A.B.: Der Externstein zur Zeit des Heidenthums in Westfahlen, Detmold 1879.
Schlesinger, Walter (Hrsg.): Handbuch der historischen Stätten Deutschlands, Sachsen, Stuttgart 1965.
Schmidt, Margot: Biografie – Mechthild von Magdeburg – Zisterzienserin und Mystikerin. Unveröffentlichtes Manuskript, o.O. o.J.
Schmitt, Reinhard: Burg Giebichenstein in Halle/Saale. Große Baudenkmäler, Heft 446, München, Berlin 1993.
Schnell, Hugo: Ettal, Kloster und Marien-Münster, München 1950.
Schüpferling, Michael: Der Tempelherren-Orden in Deutschland, Bamberg 1915.
Schwineköper, Berent (Hrsg.): Handbuch der historischen Stätten Deutschlands, Provinz Sachsen Anhalt, Stuttgart 1987.
Seibt, Ferdinand: Karl IV. Ein Kaiser in Europa, 1346 bis 1378, München 1994.
Sippel, Hartwig: Die Templer, Geschichte und Geheimnis, Wien, München 1996.
Sievert, Hans H.: Im Zeichen von Kreuz und Rose. Zur Geschichte der Rosenkreuzer, Bd. 1, Berlin 1996.
Slawen und Deutsche zwischen Elbe und Oder: Vor 1000 Jahren: der Slawenaufstand von 983, Ausstellungskatalog des Museums für Vor- und Frühgeschichte, Berlin 1983.
Spatz, Thomas: Wallfahrtskirche Engelberg ob dem Main. Kleine Kunstführer Nr. 1210, München und Zürich 1989.
Sprockhoff, Richard: Sagen aus der Reichshauptstadt, Osterwieck/Harz 1938.
Staerk, Dieter (Hrsg.): Das Saarlandbuch, Saarbrücken 1985.
Steiner, Rudolf: Die Mission einzelner Volksseelen im Zusammenhang mit der germanisch-nordischen Mythologie, Dornach 1974.
Stillfried, R. Graf; Haenle, S.: Das Buch vom Schwanenorden. Ein Beitrag zu den Hohenzollernschen Forschungen, Berlin 1871.
Tacitus, Publius Cornelius: Germania/Die Annalen. Ins Deutsche übertragen und ausgewählt von Dr. Wilhelm Harendza, München 1964.
Tetzlaff, Irene: Unter den Flügeln des Phönix. Der Graf von Saint Germain, Aussagen – Meinungen – Überlieferungen, Stuttgart 1992.
Teudt, Wilhelm: Germanische Heiligtümer. 4. Aufl., Jena 1936.
Uther, Hans Jör (Hrsg.): Sagen aus dem Rheinland, München 1994.
Vána, Zdenek: Mythologie der slawischen Völker. Die geistigen Impulse Ost-Europas, Stuttgart 1992.
Verhagen, Britta: Die uralten Götter Europas und ihr Fortleben bis heute, Tübingen 1999.
Verhagen, Britta: Götter, Kulte und Bräuche der Nordgermanen. Kulturelle Wurzeln des Abendlandes in der nordeuropäischen Bronzezeit, Herrsching 1986.
Vogt, Werner: Geschichte des Disibodenbergs an der Nahe, o.O. 1995.
Vries, Jan de: Altgermanische Religionsgeschichte, 2 Bde., Berlin 1956.

Wahl, Rudolph: Karl der Große. Der Vater Europas, Frankfurt a.M., Hamburg 1954.
Wehr, Gerhard: Europäische Mystik zur Einführung, Hamburg 1995.
Wetzel, Manfred (Hrsg.): Vom Mummelsee zur Weibertreu. Die schönsten Sagen aus Baden-Württemberg, Stuttgart 1997.
Wieden, Helge bei der; Schmidt, Roderich (Hrsg): Handbuch der historischen Stätten Deutschlands. Mecklenburg-Pommern, Stuttgart 1996.
Winkelmann, Wilhelm: Die Bruchhauser Steine bei Olsberg, Hochsauerlandkreis. Frühe Burgen in Westfalen 3, Münster 1983.
Wolf, Johann Wilhelm: Hessische Sagen. Nachdruck der Ausgabe 1853, Hildesheim, Zürich, New York 1982.

Danksagung

An dieser Stelle gilt mein herzlichster Dank den diversen Stadtarchivaren, die mir freundlichst meine Fragen beantworteten. Ebenso den vielen freundlichen Damen in den Fremdenverkehrsbüros, die mich großzügig mit Material versorgten oder Kontakte herstellten.

Dem Herausgeber sei für seine Geduld und für die zahlreichen Verbesserungsvorschläge gedankt.

Mein besonderer Dank gilt meiner Lebensgefährtin Barbara, die unermüdlich meine Texte redigierte.

Last, but not least, danke ich dem Verleger Urs Hunziker, der uns den AT Verlag als Plattform anbot, und seinem Team, das aus unseren Texten ein schönes Buch gestaltet hat.

Wolf-Dieter Storl
Pflanzen der Kelten
Heilkunde, Pflanzenzauber, Baumkalender

Die Kelten waren fast tausend Jahre lang die führende Kultur in weiten Teilen Europas. Zwar wurde das Druidentum zerstört, aber das einfache Volk hielt am altüberlieferten Wissen fest und gab es mündlich und praktisch weiter in Form von Bauernregeln, Märchen, Sagen, Jahreszeitenritualen, Kräuterwissen und Volksheilkunde. Wolf-Dieter Storl, Ethnologe und Kulturanthropologe, führt uns an die Wurzeln unserer Kultur und vermittelt uns über das Urwissen der Kelten einen erstaunlichen Zugang zur Natur und Heilkunde.